本书的出版经费由吉林大学边疆考古研究中心资助

赤峰地区的
聚落形态研究

Settlement Patterns in the
Chifeng Region

赤峰国际联合考古研究项目组　著

文物出版社

图书在版编目（CIP）数据

赤峰地区的聚落形态研究 / 赤峰国际联合考古研究
项目组著 . –– 北京 : 文物出版社 , 2021.11
ISBN 978–7–5010–6590–5

Ⅰ . ①赤… Ⅱ . ①赤… Ⅲ . ①聚落形态—研究—赤峰
Ⅳ . ① K922.63

中国版本图书馆 CIP 数据核字 (2021) 第 079222 号

赤峰地区的聚落形态研究

著　　者：赤峰国际联合考古研究项目组

责任编辑：孙　霞
责任印制：张道奇

出版发行：文物出版社
社　　址：北京市东城区东直门内北小街 2 号楼
网　　址：www.wenwu.com
经　　销：新华书店
印　　刷：宝蕾元仁浩（天津）印刷有限公司
开　　本：787 毫米 × 1092 毫米　1/16
印　　张：14.5
版　　次：2021 年 11 月第 1 版
印　　次：2021 年 11 月第 1 次印刷
书　　号：ISBN 978–7–5010–6590–5
定　　价：230.00 元

目　录

Contents

插图目录

表格目录

第一章

绪 言

第一章 绪 言

林嘉琳（Katheryn M. Linduff） 塔拉

我们对中国史前时期和早期历史的了解，大多数都来源于对中原地区社会发展规律的认知。赤峰国际联合考古研究项目立足于中国东北部内蒙古自治区的赤峰地区，主要是为了提供一个可以与中原地区社会发展规律进行对比的案例。以往的认知强调中原地区高度发展的农业生产力在社会复杂化进程和国家政权的最终形成以及扩张中起到了重要作用。在过去的三十年里，国家政策开始要求对所有发现并进行了工作的遗址和遗物进行保护并及时出版报告，包括那些在基本建设中偶然发现的遗址和遗物，这些工作和研究发现了中国从最早的旧石器时代一直到现代的人类活动遗存，其中在远离中原的地区亦有许多重要发现，使得考古学家得以对黄河流域以外的地区进行各种层次的研究，其中区域性研究也得到了支持和鼓励。许多调查和研究都确切地表明，在中原地区之外，存在着若干独立发展的地区，这些地区的古代文化同样对中国历史的发展做出了贡献。

随着地方机构资助学术研究力度的提高，相关资料的出版物随之增加。同时，中国的考古学家们也开始重新审视这些证据对于传统的中华文明起源说的重要意义。苏秉琦（1909～1997年，中国著名考古学家，北京大学考古系的创建者）通过他的系列论著清楚地阐释了中国新石器时代的区系类型理论和研究方法。他的研究强调中华文明起源的多元性，并重点强调被称为"北方"或"北方区"或"北方地带"的区域，这个区域从辽宁省东部向南一直延伸到黄河一带的中原地区北部，向西延伸到新疆。❶ 在这个大区域的东北部，即我们实施赤峰国际联合考古研究项目的地方，就曾发现了许多著名的红山文化遗址。例如，拥有大型祭祀设施和精美玉器的牛河梁遗址。通过对陶器种类和形制的深入研究，已经建立了这一地区考古学文化的年代序列，并揭示出大部分遗址都延续使用了相当长的时间。

中国的古代文献记载了中原王朝是如何对核心区域以外的地区产生重要影响，并成

---

❶ 苏秉琦：《华人，龙的传人，中国人——考古寻根记》，《今日中国》1987年9期，第79～80页；苏秉琦、殷玮璋：《关于考古学文化的区系类型问题》，《文物》1981年5期，第10～17页。

为促进这些地区发生变迁的催化剂。但是，如何理解像赤峰这样具有引人注目和与众不同的地方传统的地区，如何理解其所经历的社会发展、变化过程，则成为中国学者和世界其他地区、国家的学者最为关注的课题。周代晚期的文献以及商周时期的铭文都提到并且描述了边疆地区古代族群和中原地区族群之间的互动，最新的考古发掘资料也印证了文献中提到的这些族群 ❶。例如，汉代文献中提到的从农业到具有更多游牧经济的生业模式的转变，这与赤峰地区发现的从夏家店下层时期到夏家店上层时期考古学文化的转变恰好对应。尽管这样的比较表明这些经济模式的转变的确发生过，但却不能从考古学上解释这些变化是怎样发生的，以及为什么会发生。赤峰国际联合考古研究项目即是要重新审视这些长期以来形成的观点与解释。

赤峰国际联合考古研究项目

近年来中西方考古学者对区域研究的兴趣促成了赤峰国际联合考古研究项目（以下简称赤峰项目）的成立，即通过实施系统的区域性田野考古调查，记录赤峰地区古代聚落分布变化的规律，并希望借此解释产生这些变化的原因。中国从事东北地区考古的学者和国外专注于区域性考古调查与研究的研究者共同组成了赤峰项目组，这样一种结合既充分利用了中国东北地区以往积累的考古学研究成果，同时又开辟了研究问题的新思路。学者之间的对话将赤峰项目的重点集中在区域性的聚落分析上。虽然这种方法在世界其他地方已经得到了广泛的应用，但类似的研究和区域性的田野考古调查方法在中国的应用尚十分有限，也从未被用于中国北方地区的考古学研究。

1995～1996年，在匹兹堡大学的一次学术讨论会上，张忠培教授（1934～2017年，中国著名考古学家，吉林大学考古学科的创建者，曾任故宫博物院院长）首次提出了关于赤峰国际联合考古研究项目的设想。作为苏秉琦先生的学生，张忠培教授对现今中国北方地区的区域性社会复杂化进程非常感兴趣。我们在讨论中达成了以下共识，即通过成立一个国际合作项目，鼓励美国的考古学家来到中国，和中国的考古学家合作进行这种研究，使得更多专业的中外考古学家以及他们的学生在中国境内实施考古调查和发掘，进行区域性的考古学研究。具体实施这个国际合作项目的计划诞生于在匹兹堡的多次谈话交流中。项目组成员和参加调查的队员是来自吉林大学、匹兹堡大学、希伯来大学的老师和学生，以及来自中国社会科学院考古研究所和内蒙古文物考古研究所的研究人员。

❶ Li Feng, *Landscape and Power in Early China*. Cambridge University Press, 2006.

我们主要的研究目的是进行区域性的聚落研究。几个季度的田野工作（1999～2001年、2003年、2006年和2007年），为我们提供了从大约公元前6000年到公元1100年的考古学资料和数据。我们在田野工作中采集了大量的信息，同时也整合之前的考古学研究成果，最后将它们运用于区域性的社会、政治、文化和经济模式的复原。

与赤峰国际联合考古研究项目密切相关的是1995年吉迪（Gideon Shelach-Lavi）实施的覆盖210平方千米的系统性聚落调查，他力求将中国古代的文化序列纳入到复杂社会的起源和发展的比较研究中。❶

赤峰国际联合考古研究项目的工作成果，是对1234平方公里的范围进行了系统的区域性田野考古调查，其中包括柯睿思（Christian Peterson）在19平方公里范围进行的与其博士论文项目相关的调查（图1.1）❷。此外，我们还对赤峰调查区域内的两处遗址

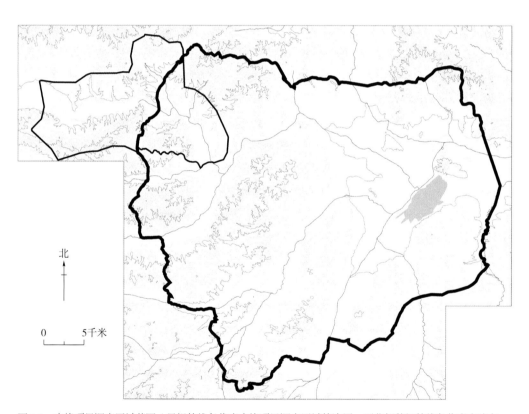

图 1.1　赤峰项目调查区域范围（最粗的线条代表赤峰项目调查区域的边界，西北部稍细的线条代表吉迪在1995年调查范围的边界，东部灰色阴影部分为20世纪90年代赤峰市的范围）

❶ Gideon Shelach, *Leadership Strategies, Economic Activity, and Interregional Interaction: Social Complexity in Northeast China*. New York: Kluwer Academic / Plenum Publishers. 1999.

❷ Christian E. Peterson, *"Crafting" Hongshan Communities? Household Archaeology in the Chifeng Region of Eastern Inner Mongolia, PRC*. Ph.D. Dissertation, Department of Anthropology, University of Pittsburgh. 2006.

进行了试掘，这对于把握年代序列，获取有确切层位关系的人工遗物、与环境生态有关的标本等都十分重要。

本书是基于1999年到2007年进行的赤峰国际联合考古研究项目的工作所完成的区域性聚落研究报告。调查区域内的考古学文化序列开始于公元前7000纪晚期到公元前6000纪早期，此时定居的农业社群刚刚出现；之后的公元前5000纪晚期到公元前4000纪，在所谓的"酋邦"社会中出现了社会分化和仪式中心；到了公元前3000纪晚期，一些小型的酋邦式的政体开始出现；在公元前2000纪末期，这些小型的酋邦政体经历了巨大的社会组织转型。虽然这种转型目前尚未被完全理解，但可以肯定，它绝不仅仅是表示了这些政体的崩溃。上述文化序列大致与中原地区由最初的酋邦到国家的发展（仰韶、龙山、夏、商和周）同步。最终，在公元前300年，这一地区开始受到中原地区政权扩张的政治影响，并在公元1000纪时建立了辽帝国。

与水源充足、土壤肥沃、具有高农业生产率的广大中原地区相比，赤峰地区的环境有些不同，这里更加寒冷和干燥，在过去一万年中的气候变动可能形成了若干个仅可以勉强地进行一些农业生产的时期。不过，与大多数人通常所认为的整个北方地区由不适合发展农业的荒漠和草地构成的一般印象相反，赤峰地区的冲积河谷地带非常肥沃（图1.2），同时在现今的气候条件下，即使那些绵延的丘陵坡地也很肥沃，同样适合发展农业（图1.3）。环绕赤峰市的大片冲积地带是最主要的农业生产区，但在我们研究的那段历史时期里，这些地区可能很容易遭受到洪水的侵害。今天的灌溉系统使得河谷地带

图1.2　赤峰项目调查区域中的河谷平地近景

的农业增产成为可能，这一点在降雨量较少的时候显得尤为重要。不同时期出现的低降雨量如何影响这一地区的经济适应性，同样是我们所感兴趣的课题。

我们在对赤峰地区进行的系列的区域聚落分析中，补充了在过去几十年里发掘的遗址的信息，对区域性的社会发展进行了更加全面的总结，这些总结将为涉及相关问题的比较研究提供帮助。这种区域性研究对早期的定居人群如何安定下来，以及如何开发资源这一过程尤为关注。我们已经划分出区域性的人口兴盛和衰落的时间段，以及人口分布变化的规律，并且利用在对遗址进行的发掘中所获取的更加详细的资料，去进一步深入地理解古代人群的活动和组织。对于赤峰地区，我们之所以追求这种全面的研究视角，是为了更有效地比较该地区与中原地区甚至世界其他地区的社会变化轨迹的异同。当然，在这本报告中，我们并不打算开展这种比较研究。一些利用赤峰项目数据的比较研究已经出版，为未来的研究指明了方向。❶ 这本报告的目的在于提供赤峰项目的田野工作、所获数据和分析的详细信息，这些信息将支持我们对该地区社会发展序列的复原工作。

---

❶ 【以色列】吉迪（Gideon Shelach）：《公元前 1000 年以来中国东北地区牧业生活方式的兴起——区域文化的发展及其与周邻地区的互动》，《边疆考古研究》第 3 辑，科学出版社，2004 年，第 237 ~ 262 页；Gideon Shelach, Economic Adaptation, Community Structure, and Sharing Strategies of Households at Early Sedentary Sites in Northeast China. *Journal of Anthropological Archaeology*, 2006（25）: 318 ~ 345; 滕铭予：《赤峰地区环境考古学研究的回顾与展望》，《边疆考古研究》第 3 辑，科学出版社，2004 年，第 263 ~ 273 页；《GIS 在赤峰市西南部环境考古研究中的实践与探索》，《边疆考古研究》第 5 辑，科学出版社，2006 年，第 226 ~ 256 页；Robert D. Drennan and Dai Xiangming, Chiefdoms and States in the Yuncheng Basin and the Chifeng Region: A Comparative Analysis of Settlement Systems. *Journal of Anthropological Archaeology* 2010（29）: 455 ~ 468；【美国】周南（Robert D. Drennan）、戴向明：《运城盆地和赤峰地区的酋邦与国家：聚落系统的比较分析》，《东方考古》第 7 辑，科学出版社，2010 年，85 ~ 104 页；Robert D. Drennan and Christian E. Peterson, Comparing Archaeological Settlement Systems with Rank-Size Graphs: A Measure of Shape and Statistical Confidence. *Journal of Archaeological Science* 2004（31）: 533 ~ 549；【美国】周南（Robert D. Drennan）、【加拿大】柯睿思（Christian E. Peterson）：《早期酋长制群体的聚落形态比较研究：以内蒙古东部安第斯山北部和美洲中部三个地区为例》，《吉林大学社会科学学报》2004 年 5 期，第 15 ~ 31 页；Robert D. Drennan and Christian E. Peterson, Early Chiefdom Communities Compared: The Settlement Pattern Record for Chifeng, the Alto Magdalena, and the Valley of Oaxaca. In *Settlement, Subsistence, and Social Complexity: Essays Honoring the Legacy of Jeffrey R. Parsons,* Richard E. Blanton, ed., pp. 119 ~ 154. Los Angeles: Cotsen Institute of Archaeology, UCLA, 2005; Patterned Variation in Prehistoric Chiefdoms. *Proceedings of the National Academy of Sciences* 2006（103）: 3960 ~ 3967; Centralized Communities, Population, and Social Complexity after Sedentarization. In *The Neolithic Demographic Transition and Its Consequences,* Jean-Pierre Bouquet-Appel and Ofer Bar-Yosef, eds., pp. 359 ~ 386. New York: Springer, 2008; Christian E. Peterson and Robert D. Drennan, Communities, Settlements, Sites, and Surveys: Regional-Scale Analysis of Prehistoric Human Interaction. *American Antiquity* 2005（70）: 5 ~ 30; Patterned Variation in Regional Trajectories of Community Growth. In *The Comparative Archaeology of Complex Societies,* Michael E. Smith, ed., pp. 88 ~ 137. Cambridge: Cambridge University Press, 2012; Robert D. Drennan, Christian E. Peterson and Jake R. Fox, Degrees and Kinds of Inequality. In *Pathways to Power*, T. Douglas Price and Gary M. Feinman, eds., pp. 45 ~ 76. New York: Springer, 2010; Christian E. Peterson and Gideon Shelach, The Evolution of Yangshao Period Village Organization in the Middle Reaches of Northern China's Yellow River Valley. In *Becoming Villagers*, Matthew S. Bandy and Jake R. Fox, eds., pp. 246 ~ 275. Tucson: University of Arizona Press, 2010。

图 1.3　赤峰项目调查区域中的河谷平地（近景）及远处的丘陵（远景）

本报告所涉及的数据和其他补充信息均已在网上公布，可以在线查询（参看附录）。

　　在以下的章节里，第二章主要讨论相关的陶器和考古学文化的年代序列，以及为理清年代序列问题而进行的试掘。这些工作必须先于区域调查进行，因为它们是对区域调查材料和数据进行分析的基础。由于非陶器制品和动植物遗存是试掘所获材料中不可缺少的一部分，并且必须与第二章的其他内容放在一起才能够被理解，所以我们在第二章也对它们进行了讨论。

　　在第二章建立的年代框架的基础上，第三章主要探讨了赤峰地区的环境以及伴随时间轨迹所出现的环境变化。对区域资源的现代利用为我们思考史前土地使用的规律提供了基础。此外，地貌学研究对研究土地利用和如何解释考古资料同样有所贡献。

　　第四章描述了有关区域性聚落数据的采集方法和计算方法，这些方法被用来进行相对人口和绝对人口的估算，以及古代地方性社群和超地方性社群的界定。第四章还将第二章和第三章的资料结合起来，建立了聚落分布随时间推移而变化的环境基础。

　　第五章是对 7000 年来赤峰地区社会序列变化的综合分析，解释了区域性的聚落分析中所观察到的规律和现象，并将其与对不同时期遗址进行发掘所获得的信息（包括第二章讨论的试掘）结合起来。这种对人群组织变化的综合分析是赤峰国际联合考古研究项目的核心成果，它为赤峰地区和其他地区的比较研究提供了良好的基础，从而有助于更好地理解长期以来人类社会发展变化的内在动力。

第二章

试掘、陶片与年代序列

第二章 试掘、陶片与年代序列

　　赤峰国际联合考古研究项目的主要田野工作是进行区域性的田野考古调查，同时在两个遗址进行了小规模的试掘。进行试掘的主要目的是为区域性的聚落分析提供更为完善的年代序列。赤峰及其周边的广大地区已经建立的考古学文化序列为聚落分析提供了陶器年代序列的框架，但是在赤峰项目开始之初，这个年代序列中有两方面的记录尚不完整，因此，试掘的重点集中在年代序列的这两个部分。进行试掘的第二个目的，是为解释在进行区域性田野考古调查时采集到的地表遗物提供更多有用的信息。为实现上述两个目标，我们在两个遗址的不同部分进行了小面积的试掘，以获取一定数量的陶器、其他人工遗存和可以了解自然环境、生态的标本，以及它们的层位关系。由于试掘旨在为区域性的聚落分析奠定基础，因此，本章将在对区域性调查展开讨论之前，先行介绍对两个遗址进行试掘的结果。

　　在进行 2001 季度的田野工作时，我们选择了调查中编号为 674 的遗址（图 2.1）进行了试掘。之所以选择这个遗址进行试掘，主要是因为该遗址的地表陶片分布密度很高，表明古代人类在该遗址的活动、居住密度很高，文化层堆积或许会有相当的深度。当选择 674 号遗址进行试掘时，关于夏家店下层文化和夏家店上层文化的碳十四测年数据在年代上尚存在缺环，并不明确这两个文化年代之间的分界线在什么地方，也不清楚是否有可能在两者之间存在过一个区域性的居住"休整期"。674 号遗址的地表陶片主要包括夏家店下层文化和夏家店上层文化，两个时期陶片的数量均十分可观，这为理清两个时期之间过渡阶段的发生时间和性质提供了可能性。

　　在进行 2006 季度田野工作时，选择了调查中编号为 342 的遗址（图 2.1）进行了试掘。与 674 号遗址类似，342 号遗址的地表陶片分布密度同样非常高，陶片的时间跨度甚至更长，在田野调查时采集到的人工遗存中包括了除辽时期以外其他所有时期的陶片。其中夏家店下层文化和夏家店上层文化的陶片数量均异常丰富，这为研究夏家店下层文化到夏家店上层文化之间的过渡阶段提供了更多的有用信息。更重要的是，发现了小河

·674

·342

图 2.1　进行试掘的两个遗址位置示意图

沿文化的陶片，虽然数量有限，却使我们研究夏家店下层文化之前的小河沿文化——这一学术界尚缺乏深入研究的时期——成为可能。考虑到红山文化的年代更早，采集到的陶片数量也较多，这就使得我们有可能通过在这个遗址的试掘，识别并确立一个明确的地层序列，这个序列开始于较早的阶段，并包括了在年代序列上存在着缺环的所有时期。

本章的第一部分描述了该地区各考古学文化陶片的特征，早在赤峰项目开始之前，这些陶片特征就已经被当地长期的田野发掘工作所认识和明确。描述陶片的重点并不在于完整的器物，而是关注那些在区域性调查中采集到的陶片上容易观察和识别的特征。

本章的第二部分讨论了两个遗址的发掘方法和试掘结果。

第三部分试图理清不同时间段的年代（包括第二部分提到的两个进行试掘遗址的年代背景），主要的判断依据是碳十四测年结果。

第四部分对在 674 号遗址和 342 号遗址试掘出土的石器、动物遗存、骨制品进行描述。动物遗存和骨制品通常不会在地表被发现，所以通过试掘获得的这些遗存是赤峰项目发现的动物遗存和骨制品的仅有样本。尽管石器可以长期保存在地表，但由于调查中发现的大多数遗址往往跨越多个时代，很难准确地判断石器的所属时代。因此，试掘中获取的石器成为判断地表采集石器年代的参考。第四部分还提供了石器、动物遗存和骨制品这三种遗存信息的简表，对这些表格的解读在第五章总结部分有相关论述。

本章的最后部分是对试掘中出土的植物遗存的深入分析，其结果将被包括在本报告的总结部分。

第一节 陶片的特征与文化属性

朱延平 郭治中

在一个地区是否可以成功地进行区域性田野考古调查，主要取决于能否对地表采集的人工制品进行准确的断代。到目前为止，这些人工制品中以陶器最为重要，由于陶器在形制、纹饰、火候、表面处理技术、陶质以及掺和物等方面变化频率较快，因此是反映考古学文化的最佳遗存。在区域性田野考古调查中虽然很少能够在地表采集到完整的陶器，但往往可以采集到数量巨大的陶片，通过对陶片的文化属性进行判断，就可以了解调查区域内所发现的遗址的年代。陶片除了可以判断遗址的年代以外，对于估算区域人口水平也具有重要的作用。正如第四章第二节所详细讨论的那样，对区域人口水平的最佳衡量标准是散落在地表上的垃圾数量。由于陶片数量巨大且不易腐化分解，使其成为考古学上最常见的垃圾构成。陶片所具有的这一特点，以及对其进行文化属性和年代判断的可操作性，使得陶片成为讨论区域内聚落的空间分布和古代人口数量的基础，即聚落分析依赖于对一个区域内不同时期的大量陶片的定量化处理。这不仅需要对少数特征明显的陶片进行分析，更重要的是，需要对调查所得的大部分陶片进行大致的年代判断，以减少无法判断文化属性、年代、种类的陶片数量。同时，对所有时期陶片的可判断比例都必须相似，否则那些拥有更多明显特征使其容易被判断出来的陶片的时期，就会在整体中被夸大它实际存在的比重，而那些很难断代的陶片所属的时期则将被忽视。

幸运的是，到目前为止的考古学工作对赤峰地区考古学文化序列中每一个时期的文化面貌与典型特征都进行了深入的研究，建立了判断田野调查时所采集陶片的考古学文化归属和年代的基础，我们不仅可以明确那些具有典型特征陶片（例如器物口沿、器底和足）的文化属性和年代，即使是大部分的器身碎片也同样可以判断其考古学文化的归属和年代。这样即使在田野调查中采集到的陶片中有许多都是很小的碎片，但是也可以把绝大多数陶片划归到相应的时期。除小河沿文化的陶片特征尚未完全清楚外，其他时期的陶片基本都能与相应的文化与时代对应，而这些不同的考古学文化则构成了对该地区进行聚落分析的序列。对于那些不能被划分到下文所描述的那些时期的陶片，则暂时将其归为"不能确定"的类别，数量也会被登记在陶片数据里。

兴隆洼文化

兴隆洼文化得名于内蒙古敖汉旗的兴隆洼遗址，该遗址首次发现于 1983 年。[1] 兴隆洼文化的遗址大都沿西拉木伦河和燕山南北分布，[2] 从内蒙古向河北东部、东北部以及辽宁西部延伸。[3] 除兴隆洼遗址以外，内蒙古境内发现了兴隆洼文化遗存的有敖汉旗兴隆沟[4]、林西县白音长汗[5]、克什克腾旗南台子[6] 和金龟山[7] 等遗址，辽宁境内有阜新县查海遗址[8]，河北境内有迁西县东寨遗址[9]，北京境内有平谷县上宅遗址[10]。

兴隆洼时期[11]的陶片不仅数量极其有限，而且很容易辨别。陶器的器形很少，基本都是用于存储的敞口、直腹、平底的筒形罐或小型的钵类器物。口沿简单，无把手，器

---

[1] 中国社会科学院考古研究所内蒙古工作队：《内蒙古敖汉旗兴隆洼遗址发掘简报》，《考古》1985 年 10 期，第 865 ~ 874 页。

[2] 中国社会科学院考古研究所内蒙古工作队：《内蒙古敖汉旗兴隆洼聚落遗址 1992 年发掘简报》，《考古》1997 年 1 期，第 1 ~ 26 页。

[3] 杨虎、刘国祥：《兴隆洼聚落遗址发掘再获硕果》，《中国文物报》1993 年 12 月 26 日；《兴隆洼文化居室葬俗及相关问题探讨》，《考古》1997 年 1 期，第 27 ~ 36 页。

[4] 中国社会科学院考古研究所内蒙古第一工作队：《内蒙古赤峰市兴隆沟聚落遗址 2002 ~ 2003 年的发掘》，《考古》2004 年 7 期，第 3 ~ 8 页；赵志军：《从兴隆沟遗址浮选结果谈中国北方旱作农业起源问题》，《东亚古物》（A 卷）2004 年，第 188 ~ 199 页。

[5] 内蒙古自治区文物考古研究所：《内蒙古林西县白音长汗新石器时代遗址发掘简报》，《考古》1993 年 7 期，第 577 ~ 586 页；《白音长汗：新石器时代遗址发掘报告》，科学出版社，2004 年。

[6] 内蒙古自治区文物考古研究所：《克什克腾旗南台子遗址发掘简报》，李逸友、魏坚：《内蒙古文物考古文集》第 1 辑，中国大百科全书出版社，1994 年，第 87 ~ 95 页；《克什克腾旗南台子遗址》，魏坚：《内蒙古文物考古文集》第 2 辑，中国大百科全书出版社，1997 年，第 53 ~ 78 页。

[7] 徐光冀：《乌尔吉木伦河流域的三种史前文化》，李逸友、魏坚：《内蒙古文物考古文集》第 1 辑，中国大百科全书出版社，1994 年，第 83 ~ 86 页。

[8] 辽宁省文物考古研究所：《阜新查海新石器时代遗址试掘简报》，《辽海文物学刊》1988 年 1 期，第 11 ~ 16 页；《辽宁阜新县查海遗址 1987 ~ 1990 年三次发掘》，《文物》1994 年 11 期，第 4 ~ 19 页；辽宁省文物考古研究所：《查海：新石器时代聚落遗址发掘报告》，文物出版社，2012 年；方殿春：《阜新查海遗址的发掘与初步分析》，《辽海文物学刊》1991 年 1 期，第 7 ~ 34 页；辛岩、方殿春：《查海遗址 1992 ~ 1994 年发掘报告》，辽宁省文物考古研究所：《辽宁考古文集》，辽宁民族出版社，2003 年，第 12 ~ 43 页。

[9] 河北省文物研究所：《河北省迁西县东寨遗址发掘简报》，《文物春秋》1992 年增刊，第 128 ~ 143 页。

[10] 北京市文物研究所、北京市平谷县文物管理所上宅考古队：《北京平谷上宅新石器时代遗址发掘简报》，《文物》1989 年 8 期，第 1 ~ 8 页。

[11] 由于本报告关注的是赤峰项目调查区内约自公元前 6000 年至公元 1000 年长达 7000 年左右的聚落、人口等方面的变化，因此每一个考古学文化都被看成是一个时期，加之以较晚的战国至汉，以及辽代前后，都是被视为一个时期而弱化了考古学文化的概念，从而称为战国至汉时期和辽时期。因此在英文报告中，每一个考古学文化，除在最开始出现时强调其文化属性而称之为某某文化以外，在其他的论述中，大多称为某某时期。中文版本也延续了这一用法。如对兴隆洼文化进行论述时，如需强调其文化属性时，则按中国考古学的惯例称之为"兴隆洼文化"。在其他的论述中，除了在特别需要时仍称之为"兴隆洼文化"外，为了强调其所代表的一个时期，则称之为"兴隆洼时期"。其他考古学文化亦如此，不再说明。

壁很厚且不平整。所有器物都是手制而成的夹砂红陶，通常掺有压碎的黑色石块和云母。器物易碎，器表易剥落。通常钵的制作材质稍好一些，器壁薄于大型存储器，但其内、外壁的处理方法基本相似。

兴隆洼时期的陶器烧制温度较低且不均匀。陶胎通常是红色的，而器表则多为黑色或黑色和红褐色相间。也有部分陶片表面呈灰褐色或黄灰褐色，即使是一些比较小的陶片也常常具有不同的颜色。

兴隆洼时期的陶片很容易辨别，因为几乎所有的器表都有戳印纹饰。最典型的纹饰为交叉纹或者"之"字纹（图2.2）。交叉纹的制作方法是用一根短直的工具压印在还没烧制的陶器表面，然后拔出工具，用与之前纹饰垂直的角度再压一次。"之"字纹在世界的其他地方又被称作"摇动戳印"，戳印的工具并不离开器表，而是从一边摇动到另一边，前进中形成锯齿形结构。另外一种戳印纹饰是由沿着一个方向分布或者互相垂直的平行线条组成，最终形成一种网格纹。少量陶片上还会出现由密集戳印的圆圈和点组成的纹饰（图2.2，6）。较大型的筒形罐上部有时候会出现泥条附加形成的堆纹，上面印有不同的几何状图形。这种附加的泥条（有的仍然粘在器物上，有的已经脱落）在调查中偶有发现。

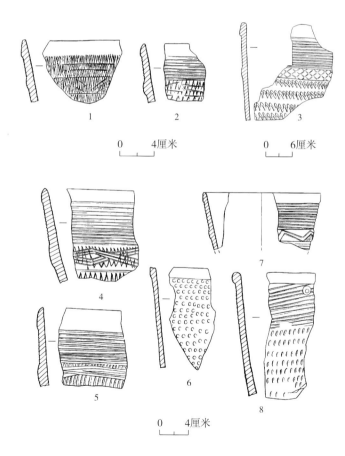

图2.2 兴隆洼时期的陶片（线图分别引自内蒙古自治区文物考古研究所：《白音长汗：新石器时代遗址发掘报告》，科学出版社，2004年，第73、103和110页）

赵宝沟文化

赵宝沟文化因 1986 年发掘的内蒙古敖汉旗赵宝沟遗址而得名。❶与兴隆洼文化相似，赵宝沟文化分布的范围很广，远远超出赤峰调查的区域。内蒙古境内发现了赵宝沟文化遗存的有敖汉旗小山❷、南台地❸、翁牛特旗小善德沟❹、林西县白音长汗❺和水泉❻遗址，河北境内有迁西县西寨❼、迁安县安新庄❽和滦平县金沟屯❾遗址。

赵宝沟时期的陶器继承了许多兴隆洼时期陶器的制作传统，但是赵宝沟时期的陶片质地更好，并且纹饰更为复杂。从器形上看，赵宝沟时期虽然也有较多的直腹筒形罐，但与兴隆洼时期相比，更多的是鼓腹的深腹罐。因此，在对田野调查采集到的陶片进行分析时，根据上述特点可以很容易将两个时期的陶片区分开来。另外，赵宝沟时期的部分器物呈现椭圆形的造型，即使在器身碎片中也很容易被发现。与兴隆洼时期的陶器类似，大多数赵宝沟时期的陶器为敞口且口沿简单。大量的陶器仍为平底器，但出现了一些兴隆洼时期不见的矮圈足陶器。

兴隆洼时期的传统纹饰，即典型的"之"字纹，在赵宝沟时期继续被使用。然而，与兴隆洼时期的陶片相比，赵宝沟时期的陶片又有明显不同，主要体现在纹饰的复杂性和多样性上（图 2.3 和图 2.4）。除之前讨论过的戳印纹饰外，出现了刻划纹饰的技术，还有少量器底有编织纹的印痕。和兴隆洼时期的陶器一样，大多数赵宝沟时期的陶器器身都饰有纹饰，因此即使是极小的陶片也很容易辨别。赵宝沟时期的"之"字纹是由重叠的长水平线和垂直线组成。水平的"之"字纹与垂直的"之"字纹相重合，形成短且有序的排列。这样的"之"字纹与兴隆洼时期的"之"字纹相差极大，很容易辨认（图

---

❶ 中国社会科学院考古研究所内蒙古工作队：《内蒙古敖汉旗赵宝沟一号遗址发掘简报》，《考古》1988 年 1 期，第 1 ~ 6 页；朱延平：《赵宝沟遗址浅析》，魏坚：《内蒙古文物考古文集》第 2 辑，中国大百科全书出版社，1997 年，第 24 ~ 29 页。

❷ 中国社会科学院考古研究所内蒙古工作队：《内蒙古敖汉旗小山遗址》，《考古》1987 年 6 期，第 481 ~ 506 页。

❸ 敖汉旗博物馆：《敖汉旗南台地赵宝沟文化遗址调查》，《内蒙古文物考古》1991 年 1 期，第 2 ~ 10 页。

❹ 刘晋祥：《翁牛特旗小善德沟新石器时代遗址》，《中国考古学年鉴·1989》，文物出版社，1990 年，第 130 页。

❺ 内蒙古自治区文物考古研究所：《内蒙古林西县白音长汗新石器时代遗址发掘简报》，《考古》1993 年 7 期，第 577 ~ 586 页；《白音长汗：新石器时代遗址发掘报告》，科学出版社，2004 年。

❻ 内蒙古文物考古研究所：《内蒙古林西县水泉遗址发掘简报》，《考古》2005 年 11 期，第 19 ~ 29 页。

❼ 河北省文物研究所：《河北省迁西西寨遗址发掘简报》，《文物春秋》1992 年增刊，第 128 ~ 143 页。

❽ 河北省文物管理处：《河北迁安安新庄新石器遗址调查和试掘》，《考古学集刊》第 4 集，中国社会科学出版社，1987 年，第 96 ~ 110 页。

❾ 承德地区文物保管所、滦平县博物馆：《河北滦平县后台子遗址发掘简报》，《文物》1994 年 3 期，第 53 ~ 71 页。

2.3，6 和 7）。除"之"字纹外，赵宝沟时期的陶器还使用由长的水平线、垂直线、斜线和折线构成的似 F、S、W 状的几何纹，在这些几何形纹饰中间的空白处常饰以篦点纹或平行线（图 2.3，4；图 2.4，1、5 和 6)。以不同类型的"之"字纹图案和几何纹以及篦点或短平行线所构成的这种组合，仅见于赵宝沟时期，这也将其与此前的兴隆洼时期和稍晚的红山时期区分开来。

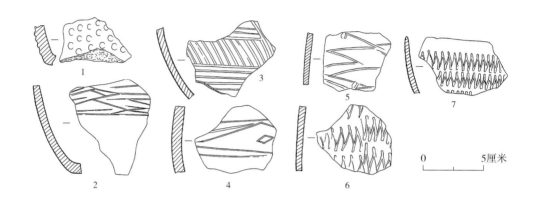

图 2.3　赵宝沟时期的陶片（线图分别引自中国社会科学院考古研究所、内蒙古自治区文物考古研究所、吉林大学边疆考古研究中心：《半支箭河中游先秦时期遗址》，科学出版社，2002 年，第 112 和 252 页）

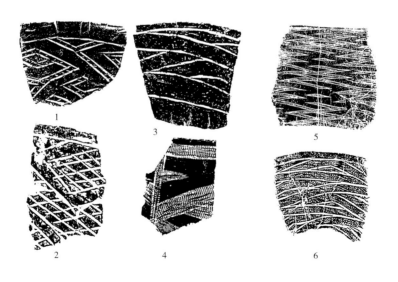

图 2.4　赵宝沟时期陶片的纹饰（拓片分别引自中国社会科学院考古研究所：《敖汉赵宝沟：新石器时代聚落》，中国大百科全书出版社，1997 年，第 145、157 和 160 页）

红山文化

红山文化是在 20 世纪 30 年代由日本学者主持的赤峰红山后遗址的发掘中得以确认，当时被称之为"赤峰第二期文化"，不过那时还很少有对红山文化遗址进行的全面发掘。❶ 后尹达先生于 1955 年在《中国新石器时代》中将其称为"红山文化"。❷ 红山文化最大的分布范围是从七老图山到科尔沁沙地，南到渤海湾，北至大兴安岭。内蒙古境内的红山文化遗址有赤峰市蜘蛛山 ❸、西水泉 ❹、林西县白音长汗 ❺、巴林左旗二道梁 ❻、巴林右旗那斯台 ❼、敖汉旗兴隆洼和西台 ❽，辽宁境内的红山文化遗址包括阜新县胡头沟 ❾、凌源县城子山 ❿、喀左县东山嘴 ⓫、建平县牛河梁 ⓬ 和锦西县沙锅屯 ⓭。

红山时期的陶片延续了兴隆洼时期和赵宝沟时期的传统，但又与它们有明显的区别，即使很小的碎片也可以很容易的辨识出来。红山文化延续的时间很长，所以传统上又被划分为若干个阶段，但这种划分很大程度上依赖于用于墓葬中随葬和在仪式中使用并保

❶ Guo Dashun, Hongshan and Related Cultures. In *Beyond the Great Wall: The Archaeology of Northeast China*, Sarah M.Nelson, ed., pp. 21 ~ 64. London: Routledge, 1995.

❷ 尹达：《关于赤峰红山后的新石器时代遗址》，《中国新石器时代》，生活·读书·新知三联书店，1955 年，第 143 ~ 146 页。

❸ 中国社会科学院考古研究所内蒙古工作队：《赤峰蜘蛛山遗址的发掘》，《考古学报》1979 年 2 期，第 215 ~ 244 页。

❹ 中国社会科学院考古研究所内蒙古工作队：《赤峰西水泉红山文化遗址》，《考古学报》1982 年 2 期，第 183 ~ 193 页。

❺ 内蒙古自治区文物考古研究所：《内蒙古林西县白音长汗新石器时代遗址发掘简报》，《考古》1993 年 7 期，第 577 ~ 586 页；《白音长汗：新石器时代遗址发掘报告》，科学出版社，2004 年。

❻ 内蒙古自治区文物考古研究所：《巴林左旗友好村二道梁红山文化遗址发掘简报》，李逸友、魏坚：《内蒙古文物考古文集》，中国大百科全书出版社，第 96 ~ 113 页。

❼ 巴林右旗博物馆：《内蒙古巴林右旗那斯台遗址调查》，《考古》1987 年 6 期，第 507 ~ 518 页。

❽ 杨虎、林秀贞：《内蒙古敖汉旗红山文化西台类型遗址简述》，《北方文物》2010 年 3 期，第 13 ~ 17 页。

❾ 方殿春、刘葆华：《辽宁阜新县胡头沟红山文化玉器墓的发现》，《文物》1984 年 6 期，第 1 ~ 5 页；方殿春、刘晓鸿：《辽宁阜新县胡头沟红山文化积石冢的再一次调查与发掘》，《北方文物》2005 年 2 期，第 1 ~ 3 页。

❿ 李恭笃：《辽宁凌源县三官甸子城子山遗址试掘报告》，《考古》1986 年 6 期，第 497 ~ 510 页。

⓫ 郭大顺、张克举：《辽宁省喀左县东山嘴红山文化建筑群址发掘简报》，《文物》1984 年 11 期，第 1 ~ 11 页。

⓬ 朝阳市文化局、辽宁省文物考古研究所：《牛河梁遗址》，学苑出版社，2004 年；李宇峰：《辽宁建平县红山文化遗址考古调查》，《考古与文物》1984 年 2 期，第 18 ~ 22,31 页；辽宁省文物考古研究所：《辽宁牛河梁红山文化"女神庙"与积石冢群发掘简报》，《文物》1986 年 8 期，第 1 ~ 17 页，《牛河梁红山文化遗址与玉器精粹》，文物出版社，1997 年，《辽宁凌源牛河梁第五地点 1998 ~ 1999 年度的发掘》，《考古》2001 年 8 期，第 15 ~ 30 页，《牛河梁第十六地点红山文化积石冢中心大墓发掘简报》，《文物》2008 年 10 期，第 4 ~ 14 页，《牛河梁红山文化第二地点一号冢石棺墓的发掘》，《文物》2008 年 10 期，第 15 ~ 33 页；魏凡：《牛河梁红山文化第三地点积石冢石棺墓》，《辽海文物学刊》1994 年 1 期，第 9 ~ 13 页。

⓭ 【瑞典】安特生（Johan Gunnar Andersson）著，袁复礼译：《奉天锦西县沙锅屯石穴遗址》，《古生物志》丁种第一号第一册，农商部地质调查所印行，1923 年。

存下来的完整器物，在遗址中出土的日常生活用器的碎片则很难明确其阶段的归属。由于在田野调查中采集到的红山文化遗存绝大部分是这些日常生活用器的陶片，因此，在这次调查研究中并不对红山文化的遗存做进一步的阶段的划分。

整体而言，红山时期陶片的质量要比之前的兴隆洼时期、赵宝沟时期的陶片高出很多。夹砂陶数量大大减少，开始普遍流行精细的泥质陶。陶器的烧成温度相对较高，所以和赵宝沟时期陶片相比，更不易碎，而且颜色更加均匀。被认为是日常使用的粗胎陶器和被认为是仪式中使用、展示的细胎陶器之间开始出现了明显的区别。细胎陶器通常器壁更薄且厚度均一，外壁常有磨光。

在红山时期，大型筒形罐的比例减少，碗、小口罐、瓮和矮腹罐的比例增加。大多数器物的口沿都很简单，只有少数器物的口沿较之前时期更为突出。许多容器仍为平底，偶尔在底部可见一些席纹（图2.5，5）。少见圜底器和圈足器。发现有器盖和一些带有小桥状耳的器物（图2.5，8）。

日常生活用陶器的纹饰，仍以"之"字纹最为普遍，只不过在风格、类型上与兴隆洼时期和赵宝沟时期的之字纹有所差别，其线条更加曲折，而且排列更紧密（图2.5，3、6和8）。赵宝沟时期陶器上典型的几何形纹饰在红山时期较为少见，而且纹饰也比较简单（图2.5，4）。指甲纹和堆纹非常常见（图2.5，6）。另外还有部分素面陶器。

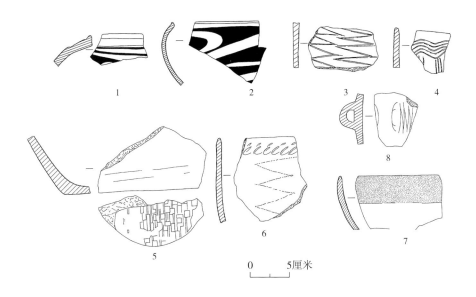

图2.5　红山时期的陶片（线图分别引自中国社会科学院考古研究所、内蒙古自治区文物考古研究所、吉林大学边疆考古研究中心：《半支箭河中游先秦时期遗址》，科学出版社，2002年，第19、89、101、114和304页）

彩陶是红山时期出现的一种新的陶器类型（图 2.5，1 和 2）。虽然有报告称赵宝沟遗址也发现有极少数的彩陶，但是在赤峰调查中从未发现属于赵宝沟时期的彩陶陶片。另外，虽然在小河沿时期也有少量的彩陶，以及夏家店下层时期的墓葬中亦出土过彩陶器，但是在赤峰的田野调查中没有发现这两个文化的彩陶遗存。红山时期的彩陶中，多用黑、红和紫色颜料绘于精制的陶器表面，常见的彩陶纹饰包括"Z"字纹、实心带状纹、水平平行线、三角形、菱形、钩状和鳞斑形。有一些制作精致的细泥薄壁红陶钵，在上壁和口沿处有深色条带（图 2.5，7），即使只有一小片，也很容易辨认出来。红山时期彩陶的另外一个显著特征就是器物外壁常有磨光的红色陶衣。

小河沿文化

小河沿文化的遗存最早是在 20 世纪 70 年代于内蒙古敖汉旗小河沿乡南台地遗址进行的发掘中被确认的。❶ 在此之前，偶尔会发现类似的陶片，但是数量较少，无法将其与红山时期的陶片区分开来。在翁牛特旗大南沟墓地进行的发掘，❷ 对于定义小河沿文化做出了重要贡献。小河沿文化的分布范围和赵宝沟文化很相似，北到西拉木伦河，南到渤海湾，东到医巫闾山，西至西拉木伦河的源头 ❸，其最具特点的遗存多发现于努鲁儿虎山山地。除南台地和大南沟外，内蒙古境内发现有小河沿文化遗存的遗址还有林西县白音长汗 ❹、克什克腾旗上店 ❺ 和敖汉旗石羊石虎山 ❻，辽宁境内发现了小河沿文化遗存的有锦西县沙锅屯遗址 ❼。整体而言，即使在上述小河沿文化分布的区域里，出土有小河沿时期陶片的遗址数量并不多见。

由于相关遗址数量极少，小河沿时期的陶片就成为赤峰地区文化序列中我们了解最

❶ 辽宁省博物馆、昭乌达盟文物工作站、敖汉旗文化馆：《辽宁敖汉旗小河沿三种原始文化的发现》，《文物》1977 年 12 期，第 1 ~ 22 页。

❷ 辽宁省文物考古研究所：《大南沟——后红山文化墓地发掘报告》，科学出版社，1998 年。

❸ 夏正楷、邓辉、武弘麟：《内蒙西拉木伦河流域考古文化演变的地貌背景分析》，《地理学报》2000 年 3 期，第 329 ~ 336 页；汤卓炜、朱永刚、王立新：《西拉木伦河流域夏家店上层文化人地关系初步研究》，《环境考古研究》第四辑，北京大学出版社，2007 年，第 202 ~ 212 页。

❹ 内蒙古自治区文物考古研究所：《内蒙古林西县白音长汗新石器时代遗址发掘简报》，《考古》1993 年 7 期，第 577 ~ 586 页。

❺ 克什克腾旗博物馆：《克什克腾旗上店小河沿文化墓地及遗址调查简报》，《内蒙古文物考古》1992 年 2 期，第 77 ~ 83 页。

❻ 内蒙古自治区昭乌达盟文物工作站：《内蒙古昭乌达盟石羊石虎山新石器时代墓葬》，《考古》1963 年 10 期，第 523 ~ 524 页。

❼ 【瑞典】安特生（Johan Gunnar Andersson）著，袁复礼译：《奉天锦西县沙锅屯石穴遗址》，《古生物志》丁种第一号第一册，农商部地质调查所印行，1923 年。

少的遗存。在目前的工作中，我们很可能只辨别出一部分小河沿时期的陶片，而将一些原本属于小河沿时期的陶片归入了红山时期或者后来的夏家店下层时期。

小河沿时期的陶片以夹砂陶为主，大部分陶片的陶质要比红山时期的陶片更脆。部分陶片中夹杂了云母或者磨碎的贝类，使得陶片形成一种独特的质地。小河沿时期陶片的颜色变化异常丰富，有黑色、灰色、棕色和红色。单个器物、甚至陶片的颜色都非常不均匀。从陶片的断面上，有时可以观察到不同的颜色，最外层为黑色，而胎心变浅。所有的陶器均为手工制作。

小河沿时期的陶器大多为敞口，口沿简单，但也有少数器物为高领，或有比较突出的、外翻的口沿。比较常见的器形有碗、豆、圆腹罐和直腹罐。大多数器物都是平底，较少见圈足器。与红山时期相比，桥状耳更加普遍。

大多数小河沿时期的陶片为素面。在饰有纹饰的器物上，仍以刻纹和压印纹最为常见，包括绳压印、方格纹、十字纹。那种在小河沿之前的时期最常见的"之"字纹，在小河沿时期几乎完全消失。附加堆纹和突出的条带纹偶有发现。

彩绘是小河沿时期陶片最容易辨认的特点。有些彩绘是在陶器烧制之后绘上去的，所以保存状况较差。彩绘的图案大多数是几何图形和线条，包括平行直线、平行斜线、缠绕的线段、三角形、半圆和不太规范的几何图形。据学者研究，小河沿时期的彩绘图案中包括一些动物图形，如青蛙、鸟和山羊，不过在赤峰的田野调查中很少采集到这样的彩绘陶片。要区分小河沿时期和红山时期的彩绘纹饰是比较容易的，小河沿时期的陶片都是在彩绘的背景上再绘上图案，背景一般被绘成浅色的白色或奶油色，图案则为深色的黑色或者红色，多为线形和几何状。这些与红山时期的彩陶图案通常占据很大的空间，而且倾向于带有弧线形状的特点不同。

夏家店下层文化

夏家店下层文化因最早发现于内蒙古赤峰市夏家店遗址而得名。夏家店下层文化分布在西拉木伦河沿线以北，目前已确知的夏家店下层文化遗址多达上千个，不论是在分布范围上，还是遗址的数量上，都远远超过之前的其他任何时期。夏家店下层文化遗址较为集中的分布于羊肠子河和努鲁儿虎山之间。内蒙古境内经重点发掘的包含夏家店下层文化遗存的遗址有敖汉旗大甸子❶、喀喇沁旗大山前❷、河东❸、赤峰市蜘蛛山❹、药王庙❺、四分地❻、新店、福山庄、西道❼、三座店❽和松山区上机房营子❾，辽宁境内经过发掘的包含有夏家店下层文化遗存的遗址有阜新市平顶山❿、北票县丰下⓫、建平县水泉⓬和锦西县水手营子⓭。夏家店下层文化的遗物有时会和晚商文化的遗物共出，这一现象在努鲁儿虎山南麓的夏家店下层文化遗址中更为常见，但偶尔也见于西拉木伦河以北地区。

夏家店下层时期的陶片具有明显的特点，很容易和之前各时期的陶片区分开。其陶器质量、制作工艺技术、器型和纹饰等与这一区域之前其他时期的陶片完全不同。夏家店下层时期的陶片烧制温度很高，质量更稳定，会有一种类似金属的坚硬感。陶片的颜色很均匀，颜色变化从深灰到浅黑，偶尔会出现少量的红棕色。陶胎主要使用两种陶土，即普通黏土和砂质黏土。大多数陶器经轮制或者模制而成，这种制作技术在该地区尚属首次出现。

与之前的诸时期相比，夏家店下层时期的陶器种类更加丰富，最常见的有作为烹煮器的鬲和甗、三足鼎，以及浅盘豆、尊、小口或中口的罐、盆、盘和碗等。每一种器类又演化出许多类型。所有陶器均为曲腹，完全不见在此之前各时期中常见的筒形罐。许

❶ 中国社会科学院考古研究所：《大甸子～夏家店下层文化遗址与墓地发掘报告》，文物出版社，1996 年。
❷ 中国社会科学院考古研究所、吉林大学边疆考古研究中心：《内蒙古喀喇沁旗大山前遗址 1998 年的发掘》，《考古》2004 年 3 期，第 31 ～ 39 页；王立新：《辽西区夏至战国时期文化格局与经济形态的演进》，《考古学报》2004 年 3 期，第 243 ～ 269 页。
❸ 辽宁省博物馆文物工作队、朝阳地区博物馆文物组：《辽宁建平县喀喇沁河东遗址试掘简报》，《考古》1983 年 11 期，第 973 ～ 998 页。
❹ 中国社会科学院考古研究所内蒙古工作队：《赤峰蜘蛛山遗址的发掘》，《考古学报》1979 年 2 期，第 215 ～ 244 页。
❺ 中国科学院考古研究所内蒙古发掘队：《内蒙古赤峰药王庙、夏家店遗址试掘简报》，《考古》1961 年 2 期，第 77 ～ 81 页；中国科学院考古研究所内蒙古工作队：《赤峰药王庙、夏家店遗址试掘报告》，《考古学报》1974 年 1 期，第 111 ～ 144 页。
❻ 辽宁省博物馆、昭乌达盟文物工作站、赤峰县文化局：《内蒙古赤峰县四分地东山嘴遗址试掘简报》，《考古》1983 年 5 期，第 420 ～ 429 页。
❼ 刘晋祥：《赤峰市点将台青铜时代遗址》，《中国考古学年鉴·1991 年》，文物出版社，1992 年，第 150 ～ 151 页。
❽ 内蒙古自治区文物考古研究所：《内蒙古赤峰市三座店夏家店下层文化石城遗址》，《考古》2007 年 7 期，第 17 ～ 27 页。
❾ 吉林大学边疆考古研究中心、内蒙古自治区文物考古研究所：《内蒙古赤峰市上机房营子遗址发掘简报》，《考古》2008 年 1 期，第 46 ～ 55 页。
❿ 辽宁省文物考古研究所、吉林大学考古学系：《辽宁阜新平顶山石城址发掘报告》，《考古》1992 年 5 期，第 399 ～ 417 页。
⓫ 辽宁省文物干部培训班：《辽宁北票县丰下遗址 1972 年春发掘简报》，《考古》1976 年 3 期，第 197 ～ 210 页。
⓬ 李宇峰：《辽宁建平县红山文化遗址考古调查》，《考古与文物》1984 年 2 期，第 18 ～ 22 页。
⓭ 齐亚珍、刘淑华：《锦县水手营子早期青铜时代墓葬》，《辽海文物学刊》1991 年 1 期，第 102 ～ 103 页。

多器物都有外翻的口沿，相当繁复（图2.6，1、2和6）。多见实心和空心的圆锥形鬲足（图2.6，10–13），以及较多的高圈足器（图2.6，7）。还发现上面有按压纹的耳状鋬（图2.6，5）。整体而言，调查时在地表采集到的陶片中，夏家店下层时期的陶片很容易辨别，其中鼎和鬲的足极具特点。

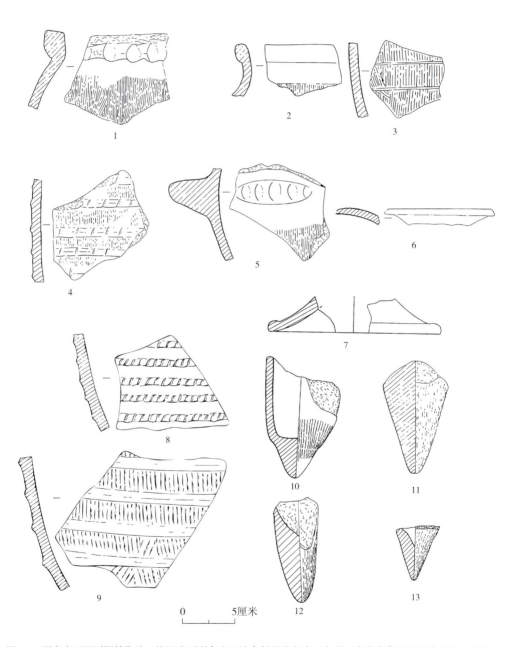

图2.6　夏家店下层时期的陶片（线图分别引自中国社会科学院考古研究所、内蒙古自治区文物考古研究所、吉林大学边疆考古研究中心：《半支箭河中游先秦时期遗址》，科学出版社，2002年，第26、35、74、91、175、220、224、257、278和293页）

素面陶片在夏家店下层时期也有发现，但相比之下，有纹饰的陶片数量更多。最常见的是弦断绳纹（图 2.6，1-4 和 9），这些平行的弦纹所压印的区间有时候彼此相连，又或相互平行，或有角度，有时会被无装饰区域或者凸起的边缘隔断。上面有按压纹的附加堆纹也较常见（图 2.6，4 和 8）。有些素面陶器表面部分磨光。陶器在火烧后施彩的做法见于夏家店下层时期随葬于墓葬中的器物，但在赤峰调查中未有发现。

夏家店上层文化

与夏家店下层文化一样，夏家店上层文化亦以赤峰市的夏家店遗址命名。两个文化的分布范围相似，发现的遗址和墓葬的数量亦相当惊人。❶内蒙古境内经发掘的夏家店上层文化遗址有宁城县小黑石沟 ❷、喀喇沁旗大山前 ❸、克什克腾旗龙头山 ❹、巴林右旗塔布敖包 ❺、林西县大井 ❻、敖汉旗周家地 ❼ 和松山区西道 ❽。夏家店上层文化的年代大体上相当于中原地区西周到春秋时期，其上限可能会追溯到晚商时期。

夏家店上层时期的陶器从器形看和夏家店下层时期比较相似，但是这两个时期的陶片在陶质、陶色和纹饰等方面还是存在着明显的差别。夏家店上层时期的陶器烧制温度低于夏家店下层时期，因此陶片更容易破碎。夏家店上层时期最具特色的陶器是夹砂陶，大多数呈红色或者红褐色，但是因为烧制温度不均匀，陶器的部分器身会呈现出黑色和灰色的斑点，甚至在很小的陶片上也能看得很清楚。夏家店下层时期广泛流行轮制陶器，相比之下，夏家店上层时期出现了更多的手制陶器，以及部分模制陶器。所以，夏家店上层时期的陶器器形较不规整，器壁厚度也不均匀。

---

❶ 朱永刚：《夏家店上层文化的初步研究》，苏秉琦：《考古学文化论集》，文物出版社，1987 年，第 99～128 页；《夏家店上层文化向南的分布态势与地域文化变迁》，吉林大学边疆考古研究中心：《庆祝张忠培先生七十岁论文集》，科学出版社，2004 年，第 422～436 页。

❷ 内蒙古文物考古研究所、赤峰市宁城县博物馆：《小黑石沟考古发掘报告》，科学出版社，2014 年。

❸ 中国社会科学院考古研究所、吉林大学边疆考古研究中心：《内蒙古喀喇沁旗大山前遗址 1998 年的发掘》，《考古》2004 年 3 期，第 31～39 页。

❹ 内蒙古自治区文物考古研究所：《内蒙古克什克腾旗龙头山遗址第一、二次发掘简报》，《考古》1991 年 8 期，第 704～712 页；齐晓光：《内蒙古克什克腾旗龙头山遗址发掘的主要收获》，内蒙古文物考古研究所：《内蒙古东部地区考古学文化研究文集》，海洋出版社，1991 年，第 58～72 页。

❺ 齐晓光：《巴林右旗塔布敖包新石器时代及夏家店上层文化遗址》，《中国考古学年鉴·1992 年》，文物出版社，1994 年，第 171～172 页。

❻ 王刚：《林西县大井古铜矿遗址》，《内蒙古文物考古》1994 年 1 期，第 45～50 页。

❼ 中国社会科学院考古研究所内蒙古工作队：《内蒙古敖汉旗周家地墓地发掘简报》，《考古》1984 年 5 期，第 417～426 页。

❽ 刘晋祥：《赤峰市点将台青铜时代遗址》，《中国考古学年鉴·1991 年》，文物出版社，1992 年，第 150～151 页。

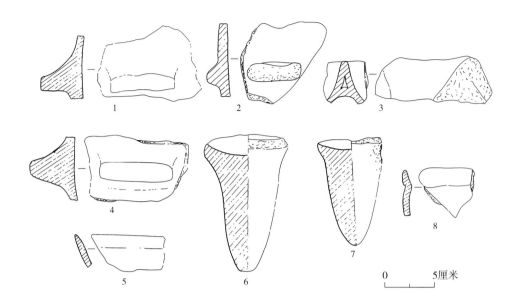

图 2.7　夏家店上层时期的陶片（线图分别引自中国社会科学院考古研究所、内蒙古自治区文物考古研究所、吉林大学边疆考古研究中心：《半支箭河中游先秦时期遗址》，科学出版社，2002 年，第 86、150、164、209 和 211 页）

在夏家店上层时期，鬲和甗仍然很普遍，但与夏家店下层时期相比，其器壁更加笔直。在田野调查中常见有锥状鬲足，比夏家店下层时期的鬲足更大，而且通常没有纹饰（图 2.7，6 和 7）。在田野调查时发现的最具标志性的夏家店上层时期的陶片是三足鬲的裆部（图 2.7，3）。高足豆和敞口碗也比较普遍，但这些器物的口沿处理方式与夏家店下层时期相比则更加简单（图 2.7，5 和 8），錾状把手更为常见（图 2.7，1、2 和 4）。

夏家店上层时期的陶片以素面为主，这一点与夏家店下层时期大多数陶片施有绳纹不同。当然也有一些复杂的纹饰。例如有足杯、碗和罐，外表会有一层磨光的深红色陶衣，但饰有彩绘的陶片极少。

战国至汉时期

战国时期和秦汉时期的制陶技术与赤峰地区此前各时期的制陶技术十分不同，这可能与外来传统的传入有关。战国时期由燕国修建的长城在广大的赤峰地区至今依然可见，燕国统治下的右北平郡和辽西郡也在此地❶。随后，这一区域又受到了中原汉文化的影

---

❶　王立新：《辽西区夏至战国时期文化格局与经济形态的演进》，《考古学报》2004 年 3 期，第 243 ~ 269 页。

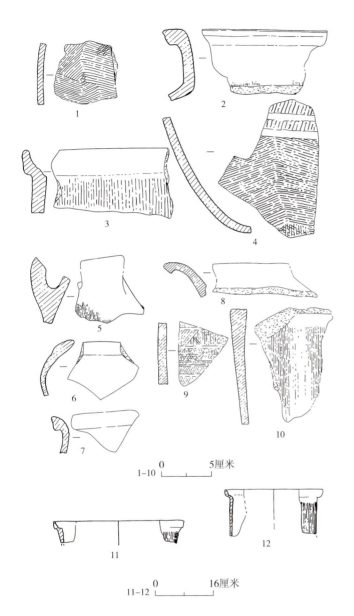

图 2.8　战国至汉时期的陶片（线图分别引自中国社会科学院考古研究所、
内蒙古自治区文物考古研究所、吉林大学边疆考古研究中心：《半
支箭河中游先秦时期遗址》，科学出版社，2002 年，第 185、
204、230、290、294 和 307 页）

响。在区域调查中，发现了大量与此前各时期相比都具有不同特点的陶片。战国至汉时期的所有陶器均为轮制，烧制火候很高，陶片质地较夏家店下层时期更硬。调查中共发现两种属于这一时期的主要的陶片：第一种采用精细的灰色陶土，第二种采用橘红色陶土，并夹杂大量云母。第二种陶片的独特色泽和耀眼的云母使得它们在调查中很容易被发现。

最典型的战国至汉时期的陶器器型是圜底釜、深腹盆、宽肩短颈罐、小口圆腹壶以及长柄的盘豆。很多陶器的颈部非常明显，将器身和口部明确地区分开来（图 2.8，2、3、11 和 12），这一特征不见于此前各时期的陶片。器物的口沿也更加复杂，出现了大量的侈口，方缘（图 2.8，2、3、7 和 8），有个别敛口的钵类器物（图 2.8，6）。少量的器物有耳状的把手（图 2.8，5）。还发现有少量的鼎和鬲的足，但不见夏家店下层时期和上层时期常见的那种锥状足。发现有圈足器物，但数量不多。

大多数战国至汉时期的陶器都施有绳纹，与夏家店下层时期的绳纹相似。这些绳纹排列整齐，或为弦断绳纹（图 2.8，1、4 和 9）。较少有素面器物。

25

辽时期

在赤峰项目进行的调查中被划归为"辽时期"的陶片并不特指历史上的"辽代"，而是用来泛指自汉以降直至明清这一阶段。由于研究课题及研究问题的缘故，赤峰调查更加关注早期的历史，故而划分出这一广泛的历史时期，并且不再对其进行具体的划分。不过，看起来大多数划分为辽时期的遗存事实上的确属于辽代。也有一部分遗址属于金、元两代，而魏晋、隋、唐、明和清等时期的遗存则很少。

辽时期陶片很容易与之前的各时期陶片相区分，因为其烧制火候高，质地很好。另外，陶片的颜色、形制，表面处理和纹饰也都与此前各时期的陶片不同。大多数辽时期陶片都是用精细的陶土制作，颜色呈均匀的灰色，或近乎黑色。大多数陶器为轮制而成，少数为手制。

圆腹高颈的高罐是很典型的辽时期陶器。瓶、碗和卷沿小口瓮也很常见。陶器上少见把手。大多数器物为平底。

很多辽时期的陶片都十分朴素，未加纹饰。在施加纹饰的陶片上，以刻划、压印和凸起的纹饰较为常见，包括施有压印的堆纹、刻划的波浪纹、篦纹以及其他纹饰。自辽时期开始，釉陶和瓷器开始出现在赤峰地区，所有带釉的陶片和瓷片，除明显属于现代制品外，均划归在"辽时期"内。砖和排水管等遗物在辽时期遗址中也十分常见。

第二节　发掘方法与地层堆积

周南 (Robert D. Drennan)

在 674 号和 342 号两个遗址都采用了相同的发掘方法。

首先，利用和区域调查时同样的地表采集方法，先对遗址进行系统性的地表采集（详见第四章第一节）。674 号遗址共有 24 个采集点，342 号遗址共有 88 个采集点。在每一个采集点内随机划定一个直径为三米的圆圈，将圆圈内的所有人工遗物全部采集，❶

---

❶ 在田野调查中发现遗址并需要进行采集时，首先根据地表陶片分布范围划出大小在 1 万平方米左右的采集单位，这样的采集单位在英文中表述为"collection"，本报告称为采集点。每个遗址根据面积大小所划分出的采集点的数量不同，而每个采集点需根据地表陶片分布密度情况而采用不同的采集方法，详见第四章第一节。

并带回实验室进行清洗和分析。在两处遗址划定的采集圆圈都广泛地分布于遗址内各处。在这两处遗址进行系统性地表采集的目的是评估地表遗存的性质，以便和区域调查中采集的信息进行比较。系统性地表采集的结果同样可以与通过地表可见遗迹而了解到的遗址内涵和通过发掘而得知的遗址内涵进行比较。这些比较将在第四章第二节进行专门的讨论。

在进行了系统性的地表采集之后，选择在遗址的不同区域布置 1 米 ×2 米的探方。有些探方靠近现代修建的梯田、排水沟等，可以避免发掘那些上部很厚的晚期堆积，很快就可以发掘到早期地层。由于时间的关系，在 2001 年的田野工作中，我们在 674 号遗址完成了 4 个探方的发掘，这 4 个探方分布于遗址的 4 个不同区域。2006 年在 342 号遗址完成了 10 个探方的发掘。由于受到当时地表农作物的影响，这些探方未能广泛地分布于遗址各处，从而影响了对遗址地层的全面了解。

发掘初始，利用平锹水平取土，以随时观察土质的变化。所有的土都用 6 毫米筛孔的方形筛子进行筛选。陶片和其他遗物根据地层用采集袋分开收集，带回实验室进行清洗和分析。骨头残片以及可见的炭屑亦分袋收集。依此方法，以每 10 厘米为单位或以遇到新的土质土色为标准向下进行下一层的发掘。在进行下一层发掘之前，首先将上一层土清理干净，记录该层距基准面的深度，距探方四角的深度，以及距探方长边中点的深度。如果已清理干净的层面上显示出不同的堆积单位，那么下一步的发掘就要根据堆积情况划分成不同的单位进行，在划出的各个单位中发现的遗物按发掘单位分开收集。根据地层的复杂性和发掘单位的大小，有时需使用手铲以便于进行更细致的发掘。若发现足够用于碳十四测年的炭屑时，要将它们收集起来并用铝箔纸包裹。对发现炭屑的地点进行三维坐标的测量。发掘直到生土层时停止，有时候可以再向下发掘少许深度，以确保其下不再有文化层。

每一个探方完成发掘之后，即绘制探方四壁的剖面图。这些剖面图是解释地层堆积序列的基础。根据发掘时每一个层/单位的测量数据，可以将其与剖面图中的自然层位以及每一层的出土遗物关联起来。依据地层中所出陶片的年代可推算出地层堆积的年代。在 674 号遗址，当剖面图绘制完成后，从探方 B、C、D 的地层单位中采集土样以进行孢粉分析。

根据发掘地层/单位的顺序，所有探方的剖面序列和出土遗物的完整数据均上传至网络（见附录）。公布的在线信息包括剖面图、照片以及对每一个探方的地层序列和结构的综合解释。此外，对将要在下一章节讨论的测年样品的地层背景也进行了描述。

总而言之，在这两个遗址进行的地表采集中，均发现了大多数时期的遗物，但在发

27

掘中几乎所有地层中的遗物都来自夏家店下层时期和夏家店上层时期。在发掘中也发现了兴隆洼、赵宝沟、红山和小河沿时期的陶片，但数量很少，多混入到夏家店下层时期或上层时期的堆积中。夏家店下层时期的大量陶片都出土于相对比较单纯的地层，地层堆积中很少混有其他时期的遗物。夏家店上层时期的陶片也有大量的发现，但从两处遗址的地层堆积情况看，夏家店上层时期的地层中大多混入了相当数量的夏家店下层时期的陶片，表明这些陶片曾被翻出地面并再次堆积于夏家店上层时期的地层中。几乎没有发现战国至汉时期和辽时期的地层，这是由于当初在选择拟进行发掘的遗址时，一个很重要的前提就是要避开堆积较厚的战国至汉和辽时期的地层。

最终，在两个遗址的发掘工作获取了数量相当可观的夏家店下层时期的人工制品和与环境有关的自然生态样品，同时也在夏家店下层时期和上层时期混合的层位中收集了人工制品和生态样品。仅就夏家店下层时期而言，由于其地层相对单纯，因此可对其人工制品和生态样品进行直接的讨论。同时基于夏家店上层时期的地层混入了相当数量的夏家店下层时期的遗物这一事实，我们至少可以对夏家店下层时期向上层时期转变的这一过程进行探讨。从夏家店下层时期和上层时期的地层中采集到了相当好的炭屑标本，它们对绝对年代序列的精确化作出的贡献将在下一章节进行讨论。本章节没有对发掘出土的陶片进行深入分析，主要原因是在 674 号遗址和 342 号遗址进行的发掘所获资料并未改变我们对夏家店下层时期和上层时期陶器的原有认知。发掘所获石器、动物遗存、骨制品和植物遗存将在后续章节中进行讨论，根据两处遗址的发掘情况和两个主要的年代序列分类标准（夏家店下层时期；混合的夏家店下层时期 / 上层时期），这些遗物将以表格的方式表述。

第三节　放射性碳十四测年数据与绝对年代

吉迪 (Gideon Shelach-Lavi)　　周南（Robert D. Drennan）　　柯睿思（Christian E. Peterson）

本章第一部分表述的年代序列是由具备典型特征的陶片所定义的考古学文化的序列。对许多实际分析而言，仅仅了解那些不同的陶片组合以及它们之间的早晚关系就已足够。但是，我们的分析在很多时候都必须考虑到某个考古学文化的年代跨度，而自夏家店下层文化以降，赤峰地区的考古学文化序列与见于中国文献记载的东亚其他地区的历史时期关系密切，因此，搞清楚这些考古学文化的绝对年代是非常必要和重要的。

表 2.1 列出了赤峰及附近地区遗址的放射性碳十四测年数据，其中结合了陶器组合
分析的结果。碳十四测年的标本中包括了取自 674 号遗址和 342 号遗址的发掘标本，这
些数据首次在本报告发表，亦可在线查询。图 2.9 中的数据是按照碳十四年代的先后顺
序整理排列的，并根据相应的考古学文化将碳十四年代进一步划分为若干个时间段，本
报告各时期的起始和结束年代即以此为依据。大体来说，这些数据显示出高度的连续性，
仅在相邻时期的交界处存在部分重叠，这很可能是由于统计误差或其他原因造成的。整
个年代序列中，有少数时间段的年代较为分散。唯一可被精确测定年代的是夏家店下层
时期。以下将要讨论的是各时期的绝对年代（图 2.10）。

表 2.1　　　　　　　　　赤峰地区已获得的放射性碳十四测年数据表

实验室编号	测定年代（距今）*	校正年代**	时期	遗址	文献***
BA-2239	2649 ± 60	900 ~ 780 B.C.	夏家店上层	674（赤峰）	本报告
BA-2240	2770 ± 60	980 ~ 840 B.C.	夏家店上层	674（赤峰）	本报告
BA-2241	3183 ± 60	1520 ~ 1400 B.C.	夏家店下层	674（赤峰）	本报告
BA-2242	3230 ± 60	1610 ~ 1430 B.C.	夏家店下层	674（赤峰）	本报告
BA-2243	3100 ± 100	1500 ~ 1210 B.C.	夏家店下层	674（赤峰）	本报告
BA-2244	3220 ± 60	1610 ~ 1420 B.C.	夏家店下层	674（赤峰）	本报告
BA-6769	3190 ± 35	1495 ~ 1430 B.C.	夏家店下层	342（赤峰）	本报告
BA-6770	3335 ± 35	1690 ~ 1530 B.C.	夏家店下层	342（赤峰）	本报告
BA-6771	3235 ± 35	1530 ~ 1445 B.C.	夏家店下层	342（赤峰）	本报告
BA-6772	3280 ± 35	1610 ~ 1515 B.C.	夏家店下层	342（赤峰）	本报告
BA-6773	3375 ± 40	1740 ~ 1620 B.C.	夏家店下层	342（赤峰）	本报告
BA-6774	3370 ± 35	1740 ~ 1620 B.C.	夏家店下层	342（赤峰）	本报告
BA-6775	3370 ± 35	1740 ~ 1620 B.C.	夏家店下层	342（赤峰）	本报告
BA-6776	3260 ± 35	1610 ~ 1490 B.C.	夏家店下层	342（赤峰）	本报告
BA-6777	3300 ± 35	1620 ~ 1525 B.C.	夏家店下层	342（赤峰）	本报告
BA-6778	3305 ± 35	1620 ~ 1525 B.C.	夏家店下层	342（赤峰）	本报告
BA-6837	3025 ± 35	1380 ~ 1210 B.C.	夏家店下层	三座店	张家富，个人通讯
BA-6838	3240 ± 30	1530 ~ 1450 B.C.	夏家店下层	三座店	张家富，个人通讯
BA-6839	3265 ± 30	1610 ~ 1490 B.C.	夏家店下层	三座店	张家富，个人通讯
BA-93001	7360 ± 150	6380 ~ 6080 B.C.	兴隆洼	查海	辽宁 1994:19
BK-77024	2720 ± 90	980 ~ 790 B.C.	夏家店上层	林西大井	中国 1992:54
BK-77028	2970 ± 115	1380 ~ 1040 B.C.	夏家店上层	林西大井	中国 1992:54
BK-82079	4895 ± 70	3770 ~ 3630 B.C.	红山	东山嘴	中国 1992:76
WB-82-08	4345 ± 80	3090 ~ 2880 B.C.	小河沿	石棚山	中国 1992:55

续表1

实验室编号	测定年代（距今）*	校正年代**	时期	遗址	文献***
WB-82-38	3180 ± 90	1610 ~ 1310 B.C.	夏家店下层	范杖子	中国 1992:56
WB-90-1	6590 ± 85	5620 ~ 5480 B.C.	兴隆洼	白音长汗	内蒙古 2004:501
WB-90-2	7040 ± 100	6020 ~ 5810 B.C.	兴隆洼	白音长汗	内蒙古 2004:501
ZK-0153	3550 ± 80	2020 ~ 1770 B.C.	夏家店下层	丰下	中国 1992:68
ZK-0176	3965 ± 90	2580 ~ 2290 B.C.	夏家店下层	蜘蛛山	中国 1992:55
ZK-0282	2220 ± 75	380 ~ 200 B.C.	战国至汉	大六道沟	中国 1978:285
ZK-0402	3390 ± 90	1870 ~ 1530 B.C.	夏家店下层	大甸子	中国 1992:56
ZK-0411	2780 ± 100	1050 ~ 820 B.C.	夏家店上层	林西大井	中国 1992:54
ZK-0412	2795 ± 85	1050 ~ 830 B.C.	夏家店上层	林西大井	中国 1992:55
ZK-0480	3420 ± 85	1880 ~ 1620 B.C.	夏家店下层	大甸子	中国 1992:56
ZK-0542	3640 ± 120	2200 ~ 1780 B.C.	小河沿	石棚山	中国 1992:55
ZK-0692	2360 ± 70	750 ~ 350 B.C.	夏家店上层	水泉	中国 1992:66
ZK-0695	3540 ± 75	2000 ~ 1700 B.C.	夏家店下层	水泉	中国 1992:66
ZK-0697	2140 ± 115	400 ~ 0 B.C.	夏家店上层	水泉	中国 1992:66
ZK-0699	3780 ± 90	2350 ~ 2000 B.C.	夏家店下层	水泉	中国 1992:66
ZK-0740	3785 ± 100	2400 ~ 2030 B.C.	小河沿	石棚山	中国 1992:55
ZK-1180	4455 ± 85	3340 ~ 3010 B.C.	红山	五道湾	中国 1992:59
ZK-1208	3545 ± 95	2020 ~ 1740 B.C.	夏家店下层	范杖子	中国 1992:56
ZK-1209	3510 ± 75	1940 ~ 1740 B.C.	夏家店下层	范杖子	中国 1992:56
ZK-1351	4970 ± 80	3910 ~ 3650 B.C.	红山	牛河梁	中国 1992:67
ZK-1352	4975 ± 85	3930 ~ 3650 B.C.	红山	牛河梁	中国 1992:67
ZK-1354	4605 ± 125	3650 ~ 3100 B.C.	红山	牛河梁	中国 1992:67
ZK-1355	4995 ± 110	3940 ~ 3660 B.C.	红山	牛河梁	中国 1992:67
ZK-1389	5660 ± 170	4700 ~ 4300 B.C.	兴隆洼	兴隆洼	中国 1992:56
ZK-1390	6895 ± 205	5990 ~ 5630 B.C.	兴隆洼	兴隆洼	中国 1992:57
ZK-1391	7470 ± 115	6440 ~ 6230 B.C.	兴隆洼	兴隆洼	中国 1992:57
ZK-1392	7240 ± 95	6220 ~ 6020 B.C.	兴隆洼	兴隆洼	中国 1992:57
ZK-1393	6965 ± 95	5980 ~ 5740 B.C.	兴隆洼	兴隆洼	中国 1992:57
ZK-1394	5865 ± 90	4840 ~ 4610 B.C.	红山	兴隆洼	中国 1992:57
ZK-2061	6150 ± 85	5220 ~ 4990 B.C.	赵宝沟	小山	中国 1992:58
ZK-2062	6060 ± 85	5200 ~ 4840 B.C.	赵宝沟	小山	中国 1992:58
ZK-2064	5735 ± 85	4690 ~ 4490 B.C.	红山	兴隆洼	中国 1992:57
ZK-2135	6210 ± 85	5300 ~ 5050 B.C.	赵宝沟	赵宝沟	中国 1992:57
ZK-2136	6220 ± 85	5300 ~ 5060 B.C.	赵宝沟	赵宝沟	中国 1992:58
ZK-2137	6155 ± 95	5220 ~ 4960 B.C.	赵宝沟	赵宝沟	中国 1992:58

实验室编号	测定年代 （距今）*	校正年代**	时期	遗址	文献***
ZK-2138	6925 ± 95	5950 ~ 5700 B.C.	兴隆洼	查海	中国 1987：654
ZK-2222	3535 ± 55	2000 ~ 1750 B.C.	夏家店下层	朝阳	中国 1992:67
ZK-2223	3430 ± 250	2150 ~ 1400 B.C.	夏家店下层	朝阳	中国 1992:68
ZK-2224	3580 ± 75	2150 ~ 1750 B.C.	夏家店下层	朝阳	中国 1992:68
ZK-2225	3725 ± 135	2350 ~ 1900 B.C.	夏家店下层	朝阳	中国 1992:68
ZK-2269	5915 ± 125	4960 ~ 4610 B.C.	赵宝沟	新井	中国 1992:55
ZK-2270	6045 ± 90	5190 ~ 4800 B.C.	赵宝沟	新井	中国 1992:56
ZK-3010	2300 ± 50	410 ~ 230 B.C.	夏家店下层	大山前	中国 2000:70
ZK-3017	3141 ± 51	1500 ~ 1320 B.C.	夏家店下层	大山前	中国 2000:70
ZK-3018	2451 ± 57	750 ~ 410 B.C.	夏家店下层	大山前	中国 2000:70
ZK-3022	2966 ± 108	1380 ~ 1040 B.C.	夏家店下层	大山前	中国 2000:70
ZK-3025	3374 ± 55	1750 ~ 1560 B.C.	夏家店下层	大山前	中国 2000:71
ZK-3032	3140 ± 56	1500 ~ 1320 B.C.	夏家店下层	大山前	中国 2000:71
ZK-3033	3180 ± 57	1520 ~ 1400 B.C.	夏家店下层	大山前	中国 2000:71
ZK-3034	3027 ± 55	1390 ~ 1210 B.C.	夏家店下层	大山前	中国 2000:71
ZK-3035	3164 ± 57	1500 ~ 1390 B.C.	夏家店下层	大山前	中国 2000:71
ZK-3036	3184 ± 77	1610 ~ 1320 B.C.	夏家店下层	大山前	中国 2000:71
ZK-3070	6694 ± 48	5660 ~ 5560 B.C.	兴隆洼	兴隆洼	中国 2001:84
ZK-3074	5425 ± 53	4350 ~ 4200 B.C.	兴隆洼	兴隆洼	中国 2001:84
ZK-3075	5133 ± 54	4000 ~ 3750 B.C.	兴隆洼	兴隆洼	中国 2001:84

* 该数据的含义为若不考虑其他误差因素，测试样品的年代应该有 68.3% 的概率落在正负为一个标准差的年代区间。

** 校正年代使用 Oxcal Version 3.10 计算所得。

*** 文献说明：

辽宁 1994：辽宁省文物考古研究所：《辽宁阜新县查海遗址 1987 ~ 1990 年三次发掘》，《文物》1994年 11 期，第 4 ~ 19 页。

内蒙古 2004：内蒙古自治区文物考古研究所：《白音长汗：新石器时代遗址发掘报告》，科学出版社，2004 年。

中国 1978：中国社会科学院考古研究所实验室：《放射性碳素测定年代报告（五）》，《考古》1978 年 4 期，第 280 ~ 287 页。

中国 1987：中国社会科学院考古研究所实验室：《放射性碳素测定年代报告（一四）》，《考古》1987 年 7 期，第 653 ~ 659 页。

中国 1992：中国社会科学院考古研究所：《中国考古学中碳十四年代数据集 (1965 ~ 1991)》，文物出版社，1992 年。

中国 2000：中国社会科学院考古研究所考古科技实验研究中心：《放射性碳素测定年代报告 (二六)》，《考古》2000 年 8 期，第 70 ~ 74 页。

中国 2001：中国社会科学院考古研究所考古科技实验研究中心：《放射性碳素测定年代报告 (二七)》，《考古》2001 年 7 期，第 82 ~ 86 页。

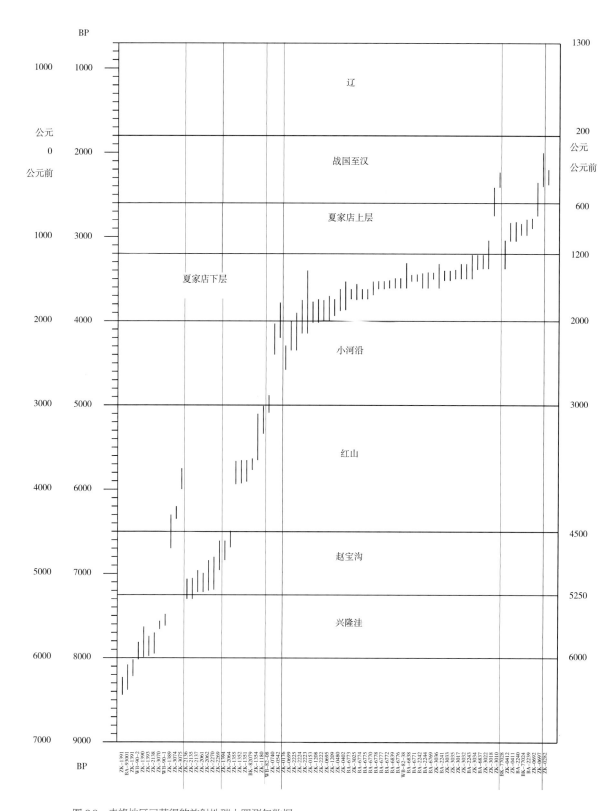

图 2.9　赤峰地区已获得的放射性碳十四测年数据

赤峰地区的新石器时代文化开始于兴隆洼时期，我们将公元前 6000 年作为其起始时间，这也是目前学术界普遍采用的时间起点。在兴隆洼时期的九个碳十四测年数据中，有三个数据早于公元前 6000 年，如果后续研究发现类似的其他更早的数据，我们可能会考虑将兴隆洼时期的起始年代相应地提前。若严格依据图 2.9 中的时间框架，兴隆洼时期和赵宝沟时期之间的界限应该在公元前 5400 年，但我们在此将这个分界点设定在公元前 5250 年，这也是目前中国学术界通用的观点。赵宝沟时期的结束时间与图 2.9 的时间大致吻合，基本在公元前 4500 年。这样的区分结果导致了有两个红山时期早期的测年数据落入了赵宝沟时期的范围，这似乎提示我们可以把赵宝沟结束和红山开始的时间稍微提前。从另外一个角度考虑，这两个红山时期早期的测年数据与其他六个红山时期的测年数据相距较远，而其他六个数据均晚于公元前 4000 年，因此，这两个红山时期早期的测年数据的准确性就值得怀疑。不过，这同时也显示出“红山时期的开始远在公元前 4500 年之后”的可能性。要解决这个问题，需要获取更多的赵宝沟时期晚期和红山时期早期的碳十四测年数据，这将有助于我们判断公元前 4500 年是否可以作为赵宝沟时期和红山时期的分界线，抑或是需要将分界线提前或推后。在我们的分析里，我们采用了传统的分界方法，即将公元前 4500 年作为赵宝沟时期和红山时期的分界线。

在目前中国考古学已有的研究中，通常认为红山时期结束于公元前 3000 年。这一时间恰好是在红山时期测年数据中最晚的年代之后、在小河沿时期测年数据中最早的年代之前。目前只有三个关于小河沿时期的测年数据，一个年代偏早，另外两个偏晚，后者与早期的数据相距近一千年，而夏家店下层时期的最早测年数据则落在了小河沿时期最早和较晚的两个测年数据之间。与小河沿时期的其他遗存一样，小河沿时期的碳十四测年数据过少，亟须补充新的数据信息。遗憾的是，在 674 号遗址和 342 号遗址进行的发掘并未获得有助于明确小河沿时期年代上下限的遗存。鉴于此，我们依照传统观点，将红山时期的结束年代划定在公元前 3000 年。

若排除夏家店下层时期最早的那个测年数据，其余的测年数据具有很好的连续性，可以据此将夏家店下层时期的起始年代大体定在公元前 2000 年。这样小河沿文化的年代很可能就是从公元前 3000 年到公元前 2000 年之间的这段时间。丰富的夏家店下层文化的测年数据一直延续到公元前 1200 年，才与夏家店上层时期的最早或较早的两个测年数据发生重叠。674 号遗址和 342 号遗址的放射性碳十四测年数据清楚地表明夏家店下层时期和夏家店上层时期之间不存在年代上的缺环。两处遗址的剖面均未发现介于夏家店下层时期和夏家店上层时期之间的堆积，更加证实了这一推论。为了避免对整个年代序列产生影响，如果忽略夏家店下层时期最晚的两个测年数据和夏家店上层时期最早

图 2.10　本报告采用的年代框架示意图

的一个测年数据，则可以将公元前 1200 年作为夏家店下层时期和夏家店上层时期的分界线。与夏家店下层时期相比，夏家店上层时期没有那么多的测年数据，但是现有的六个测年数据是连续的，从而有助于确定其主要的时间范围。根据历史文献，我们将夏家店上层时期的结束时间确定为公元前 600 年。

对于图 2.9 的最后两个时期——战国至汉时期和辽时期，是本报告分析中最晚的两个时间段。已获取的碳十四测年的数据不多，更多的是参考相关的历史文献记载。需要指出的是，考虑到区域调查的研究性质，这里所说的辽时期有自己对应的一系列的陶片，并不完全对应于历史文献中记载的"辽代"。鉴于陶片是区域调查中最重要的断代工具，如果要明确辽时期的起始和终止时间，则需要对辽时期的遗址进行发掘，并获取与陶片共存的炭屑标本的测量结果（图 2.10）。

第四节　石器、动物遗存和骨制品

柯睿思（Christian E. Peterson）

　　在 674 号遗址和 342 号遗址进行的发掘中一共出土了 443 件石制品、2572 件动物遗存和 31 件骨制品。出土的每一件人工制品和骨制品都在强侧光下经过肉眼和 10-20X 放大镜进行观察。这些检测都与田野调查工作同时进行，完全依据考古学标准程序，并以已发表的器物分类作为参考（因为没有可以比较的标准器物）。关于人工制品的鉴别以及在鉴别过程中使用的辅助方法，将会在以下章节进行讨论。这些分析结果将在第五章被重新关注，相关的完整数据请见在线数据集（参见附录）。

　　正如本章第二节所讨论的那样，674 号遗址和 342 号遗址中发现的大多数遗存都属于夏家店下层时期和夏家店上层时期。只有夏家店下层时期的地层堆积未混入其他时期的遗存。夏家店上层时期的地层堆积中，常伴有夏家店下层时期的陶片，应是被夏家店上层时期的人为活动扰乱而混入的。同样的混合也存在于其他类型的人工制品和生态样品当中，这些遗物缺少标志性的特征，因此很难将其严格区分。674 号遗址和 342 号遗址出土的这些遗物有助于我们认识夏家店下层时期的人类活动以及夏家店下层时期向夏家店上层时期过渡阶段中人群生活模式的转变。

石制品

　　石制品组合包括石片、磨制石器、打制石器以及相关的石器生产废料。首先对采集到的石制品进行清洗和晾干，然后记录每一件石制品的以下四类信息：（1）工具或碎片的类型和状况；（2）制作方法；（3）是否存在石皮（背部表面大于 10%）和（4）是否存在使用痕迹。石器在使用过程中产生的微痕与制作石器时产生的均匀抛光不同，看起来更像是条带状的光泽，形成的多重细纹与工作边缘平行，并且边缘处容易损坏，包括挤压和剥离石片的痕迹。根据每一个人工石制品的保存状况和相对的完整性，可区别为以下几种情况：完整、几乎完整、破损（破损部位包括近端、远端、外侧、内侧，或未知部位）。石片可区分为四种碎片类型：完整石片、破裂石片、片状碎片、残片或碎块。❶ 有些石制品上存在着对石器的使用边缘进行重新修整以使其恢复功能的现象，表明这些石器在此之前就被使用过。

夏家店下层时期和夏家店下层 / 夏家店上层混合时期发现的石制品中，有 305 件石制品可分为 23 种类型（见表 2.2）。在两处遗址选择的发掘地点都随机地分布在遗址范围内，可以覆盖各种不同的家庭活动或其他活动区域。但采集到的人工石制品数量仍然太少，并不足以让我们对不同地层单位中石制品的类别比例，基于石器残片和残留石皮碎片的数量所推断的石器生产阶段，以及人工制品在使用痕迹等诸方面的差异进行对比。为了对夏家店下层时期遗存与夏家店下层 / 夏家店上层时期混合型遗存进行大致的比较，我们将石制品划分为 10 个类别，包括石片、石叶、切割 / 刮削器、农业工具、植物加工工具、狩猎或战争工具、用于石器生产的工具、加工其他人工制品的工具、个人装饰品和没有分类的制品（表 2.3）。夏家店下层和夏家店下层 / 夏家店上层时期混合型遗存除了在可以表现石器生产的石片与非石片上具有比较明显的差别外，上述诸类器物彼此之间的差别非常微小。反映石器生产的工具，如石核、石锤、石坯、碎片等，其数量在夏家店下层时期远比夏家店下层 / 夏家店上层混合要高得多。与之相反，石片的比例后者则比前者高。这些差别可能表明在夏家店上层时期的某些生产活动中，在技术上出现了由使用石器工具向金属工具的转变。

表 2.2   **工具和剥片类型的定义**

工具 / 剥片类型	描述
石核	剥落石片的目标体。可以观察到两类石核：单向剥片石核（仅有一个台面）和多向剥片石核（有多个台面）。
石片	有 / 或没有使用痕迹的被剥落的不规则石片，没有加工迹象。台面，打击泡，背疤以及 / 或边缘清晰可见。
修理石片	对有 / 或没有使用痕迹的石片进行加工，在一条边上至少有三个连续的修理片疤。
石叶	被剥落的有平行边缘的长石片。可能有 / 或者没有使用痕迹。估计原始长度至少是宽度的两倍。
修理石叶	对有 / 或没有使用痕迹的石叶进行加工，在一条边上至少有三个连续的修理片疤。横截面常为梯形。
石锤	作为石器制作的打击体使用的工具，或是用作锤击 / 砍研的工具。

---

❶ Christian E. Peterson and Gwen P. Bennett, Identification and Analysis of Hongshan Period Lithic Artifacts from Fushanzhuang. In *"Crafting" Hongshan Communities? Household Archaeology in the Chifeng Region of Eastern Inner Mongolia, PRC,* Christian E. Peterson, ed., pp. 212 ～ 215. Ph.D. Dissertation, Department of Anthropology, University of Pittsburgh, 2006; Alan P.Sullivan and Kenneth C. Rosen, Debitage Analysis and Archaeological Interpretation. *American Antiquity* 1985（50）: 755 ～ 779.

续表

工具/剥片类型	描述
有槽研磨器	椭圆形或长方形石器，在制造或维护（其他）工具期间，被用来形成或磨锐工具边缘，因此（表面）有凹槽或凹陷。
工具毛坯或未制成工具	有意未完成的工具毛坯或预制品（以及为交换而制作的），或由于破损、制作失误或原料缺陷，在完工前放弃的（未制成工具）。没有明显的使用迹象。
石斧/石锛/石凿	双面加工的切割/砍斫/挖掘工具（在捆柄方式上没有区别），具有明显的刃部（与器体本身平行）。可能是磨制以及/或打制的。
铲/锄/犁	体阔，有时带肩的双面加工的农业工具。打制的毛坯经过磨制以及/或抛光形成成品工具。
磨盘	琢制以及/或磨制的石板，用来处理植物性物质，与磨棒或其他研磨工具配合使用。
磨棒	琢制以及/或磨制的长形棍状物，横截面呈"D"形或三角形。与磨盘配合使用。
多功能研磨工具	扁平，通常有手掌大小，表面有颗粒感的石制品，被用作处理植物、其他有机物，或用来制造石器。
单面工作的刮削/砍斫工具	用大石片制作的工具，仅在一面的边缘进行修理。
双面工作的刮削/砍斫工具	用大石片制作的工具，在两面的边缘都有修理。
石刀	直方、卵圆形或半月形的切割工具，通体细长，一些工具的背部被修整过。
抛射尖状器	小而有规则（主要是三角形），单面或双面加工的尖状器，捆柄作为抛射物。
石锥	具有长方形或圆形横截面的细长工具，从柄部到尖部逐渐变细，尖部较钝，由于在压力下旋转而具有抛光、破碎或微小崩疤的迹象。
石钻	具有细长钻头的工具，钻头以双肩的方式从较厚的柄部突出。钻头显示出与压力下旋转有关的光泽，边缘破碎或微小崩疤。
雕刻器	具有倾斜端部的狭窄工具（端部与工具本身垂直），用于凿削或刮擦较软的材料。
装饰品	磨制以及/或穿孔的作为个人装饰品使用的石器。
不能确定的打制工具/断块	打制产生的工具或工具断块，但不能确定功能。
不能确定的琢制工具/断块	琢制产生的工具或工具断块，但不能确定功能。
不能确定的磨制工具/断块（无抛光）	磨制产生的工具或工具断块，但不能确定功能。表面没有抛光。
不能确定的磨制及抛光工具/断块	磨制产生的工具或工具断块，但不能确定功能。在制作的最后阶段进行了抛光。
不能确定的打制及磨制工具/断块	混合利用打制和磨制技术产生的工具或工具断块，但不能确定功能。
不能确定的打制、磨制、抛光工具/断块	混合利用打制、磨制和抛光技术产生的工具或工具断块，但不能确定功能。
不能确定的工具/断块（没有制作方法的信息）	不能确定功能的工具或工具断块，无法确定制作方法。
废片/剥片	不能被认定为工具的废片（包括碎屑）或其他非石片类的剥片。
使用废片/剥片	有使用痕迹，随机用作切割或刮削的废片（包括碎屑）或其他非石片类的剥片。

表 2.3　　　　　　　　　　夏家店下层和夏家店上层时期石器的主要类型

	夏家店下层		夏家店上层	
	数量	%	数量	%
石片	119	61%	75	68%
石叶（作为镶嵌工具使用？）	5	3%	1	1%
其他主要的切割 / 刮削工具	9	5%	3	3%
农业生产工具	4	2%	3	3%
植物加工工具	1	1%	2	2%
狩猎 / 战争	2	1%	0	0%
石器生产工具	49	25%	20	18%
其他的器物生产工具	0	0%	1	1%
个人装饰品	0	0%	1	1%
不能确定用途的工具	5	3%	5	5%
总计	194	100%	111	100%

动物遗存

　　对于遗址出土的动物遗存，均用干刷扫去表面残留的土屑，然后对其进行鉴定。动物遗存虽然均呈碎片状，但基本保存完好。可拼接的碎片按一个标本计数。首先将所有的标本鉴定到种一级，如鱼类、有壳类、鸟类、哺乳类等等，在可能的情况下，会对标本做进一步种属的划分。对那些不能按照种属细分的标本，按照标本的大小分为四类：小型、小型 – 中型、中型 – 大型以及大型。在可辨识的情况下，记录标本的部位、属于该部位的哪一部分以及左右（如果骨骼对称的话）。在可能的情况下，对每一块骨骼部位的完整程度进行估算。发现无法辨识的骨骼部位，统一记录为"未分类"。未对动物的相对年龄或性别进行判断。检查所有的骨骼标本是否经过如烧灼或煅烧之类的热处理，以及是否经过砍斫和食肉类或啮齿类动物的啃咬。其他有助于解释动物骨骼的信息也会被记录。

　　674 号遗址和 342 号遗址共出土夏家店下层时期的动物骨骼 1227 件、夏家店下层 / 夏家店上层混合时期的动物骨骼 885 件。动物骨骼的分类统计表格见表 2.4。大多数骨骼标本属于无法确认种属的中型到大型哺乳类，在可鉴别的动物骨骼中，主要包括中型到大型的家养哺乳类，如山羊、绵羊、猪和牛。发现了一些疑似被食用的野生动物骨骼，但数量较少，若与绵羊、山羊、猪和牛相比则多是一些比较小型的动物。因此，我们认为，当时的可食用肉类主要来自于家养动物。在第五章，我们将讨论夏家店下层时期和夏家店下层／夏家店上层混合时期家养动物比例的差异及其潜在意义。

表 2.4　　　　　　　　　　　　　　　　不同时期的动物遗存

	夏家店下层		夏家店下层和夏家店上层混合堆积	
	数量	%	数量	%
主要驯化动物				
羊（Ovicapridae）	39	3%	22	2%
牛属（*Bos*）	3	0%	5	1%
牛科（Bovidae）	3	0%	3	0%
牛科／鹿科（Bovidae/Cervidae）	4	0%	4	0%
猪（*Sus*）	71	6%	14	2%
野猪（*Sus scrofa*）	29	2%	64	7%
犬（*Canis*）	7	1%	4	0%
潜在的野生动物资源				
鸟类（Aves）	38	3%	6	1%
双壳软体动物（Bivalva）	1	0%		0%
贝类（Mollusca）	3	0%	5	1%
鱼（Pisces）	1	0%	4	0%
其他种类				
偶蹄目（Artiodactyla）	1	0%		0%
食肉类（Carnivora）	1	0%		0%
啮齿类（Rodentia）	47	4%	26	3%
智人（*Homo*）	1	0%		0%
不确定的哺乳动物				
小型	89	7%	40	5%
小～中型	15	1%	46	5%
中～大型	861	70%	629	71%
大型	13	1%	12	1%
合计	1,227	100%	884	100%

骨制品

在对动物遗存进行鉴别之后，我们对加工过的骨骼和骨制品进行了分析。在条件允许的情况下，记录下每一件骨制品的制作工艺和可能的功能。大多数骨制品似乎在磨光之前已被锯开或被砍／咬开，有四件尚未完成的骨制品残片就是以上述两种方式之一从主骨骼上剥离的。许多骨制品似乎在被制作成最后的形状之前就已经被磨平。有一些制品在制作的最后阶段被有意识地磨光，另外一些则似乎是在使用过程中被磨光并产生了其他条纹。674号遗址和342号遗址出土的夏家店下层时期或夏家店下层／夏家店上层混合时期的骨制品共计23件，包括骨铲、骨钻、大小不等的骨针、骨箭镞、装饰品，以及一些未定义的工具和加工过的骨头（表2.5）。尽管样本量过小，不足以对两处遗址的骨制品种类和比例进行区别，但结合两处遗址出土的骨制品种类，我们至少可以判断在夏家店下层时期和夏家店上层时期已经存在着一定规模的农业生产、皮革制作、缝纫、狩猎和个人装饰。

表 2.5　　　　　　　　　　　不同时期的骨制品

	夏家店下层		夏家店下层和夏家店上层混合堆积	
	数量	%	数量	%
铲	0	0%	1	8%
锥	0	0%	3	25%
针	3	27%	1	8%
镞	1	9%	3	25%
工具	3	27%	0	0%
装饰品	1	9%	1	8%
有使用痕迹的骨器	3	27%	3	25%
合计	11	100%	12	100%

第五节　植物遗存

赵志军

在对 674 号遗址和 342 号遗址进行发掘时，从地层堆积中或大量炭屑的周围采集了土壤样本进行浮选，浮选工作在当地的实验室进行。首先对每一份土样的体积进行记录，90 份土壤样本中有 82 个样本测有体积数据，总体积为 246.3 升。另有 8 个样本的体积数据丢失，在计入总体积值时，按上述 82 个样本的平均值、即每个样本 3 升计算。90 份土样总计为 270 升。浮选主要依靠手工操作，辅助以一些非常简单的技术。土样被慢慢地倒入到一桶清水中，用手轻缓地进行搅拌，从而使碳化植物漂浮到水面上来。两处遗址的土壤都近乎砂质黏土，很少有土壤结块，因此无需添加浮选剂。大块的标本可以直接从水里拣出，小块的标本则通过由尼龙袜裁剪成的细筛筛出。有一些土壤样本看似含有炭屑，但浮选时并未发现任何碳化物。所有浮选物在阳光下风干。最终，从两处遗址采集的 90 份土样中（37 份来自 674 号遗址，53 份来自 342 号遗址）提取的浮选物，送至中国社会科学院考古研究所植物考古实验室进行分析。

像其他已经讨论过的遗存一样，植物遗存的鉴定结果分为两类：一类是来自夏家店下层时期堆积，另一类来自夏家店下层 / 夏家店上层时期混合的堆积。它们不仅提供了夏家店下层时期植物遗存的情况，而且还提供了夏家店下层向夏家店上层转变时期植物遗存的比例变化趋势。某些植物遗存的年代尚不确定，这些将在下面的章节进行讨论。

碳化木屑

在实验室对土样进行清洗的过程中，将碳化木屑和碳化种子进行了分离。碳化木屑可能主要来自未燃尽的燃料或遭到焚烧的建筑用木材或其他用途的木料等。碳化木屑大多比较细碎，通过显微镜观察，木屑的细胞结构清晰可见，但其种属并不确定。对大于 1 毫米的碎片都进行了称重，对每份样本中碳化木屑的总重都进行了记录。90 份样本中共分离出 253 克碳化木屑。如果按土量计算（270 升），平均每升浮选土样所含碳化木屑的重量约是 0.9 克（0.9 克 / 升）。根据我们以往浮选工作的经验，在 674 号遗址和

342 号遗址的浮选土样中，其碳化木屑的含量相当高，这可能是由于浮选样本是从灰土和那些明显的含有大量碳化物质的堆积里采集的。每个发掘单位的每升土样中所含碳化木屑的数量各异。单位 674X012、674X014 和 674X117 远远高出其他单位，每升浮选土样中有高于 7.5 克的碳化木屑。毫无疑问，在这三个单位里一定发生过用火的活动，其土质呈灰色亦证实了这一点。不过由于这三个单位的时代尚不确定，因此这一结果在分析其他问题方面的价值也比较有限。

碳化植物种子

在 674 号遗址和 342 号遗址的 90 份浮选土样中共发现了 65602 粒碳化植物种子，平均每份浮选样本出土的碳化植物种子超过 700 粒。考虑到每份土样平均仅有 3 升的土量，可知这两个遗址的文化层堆积中包含着相当多的碳化植物种子。经过植物种属鉴定，出土的碳化植物种子可以进一步分为农作物、杂草类植物、其他植物和未知植物四类。这些种类的总况可见表 2.6，详情可以在线查询（参见附录）。

表 2.6 不同类型的植物种子

	农作物		杂草类		其他		未知		合计	
	数量	%	数量	%	数量	%	数量	%	数量	%
全部	61341	93.5%	3654	5.6%	59	0.1%	548	0.8%	65602	100.0%
两个遗址的夏家店下层堆积	7176	70.8%	2591	25.6%	54	0.5%	311	3.1%	10132	100.0%
两个遗址的夏家店下层和夏家店上层混合堆积	540	47.9%	354	31.4%	1	0.1%	233	20.7%	1128	100.0%
342 号遗址的夏家店下层堆积	4760	66.2%	2075	28.8%	52	0.7%	307	4.3%	7194	100.0%
342 号遗址的夏家店下层和夏家店上层的混合堆积	21	70.0%	5	16.7%	0	0.0%	4	13.3%	30	100.0%
674 号遗址的夏家店下层堆积	2416	82.2%	516	17.6%	2	0.1%	4	0.1%	2938	100.0%
674 号遗址的夏家店下层和夏家店上层的混合堆积	519	47.3%	349	31.8%	1	0.1%	229	20.9%	1098	100.0%

1. 农作物

674 号遗址和 342 号遗址浮选出土的农作物有粟（*Setaria italica*）、黍（*Panicum miliaceum*）、大豆（*Glycine max*）和大麻（*Cannabis sativa*）四个品种，合计 61341 粒，

占出土植物种子总数的 93.5%。

粟

在浮选出土的农作物籽粒中，碳化粟粒的数量具有绝对优势，共计 57873 粒，占出土农作物籽粒总数的 94.3%，占所有出土碳化植物种子的 88.2%（表 2.7）。出土的碳化粟粒在形态特征上可分两类，一类呈近圆球状，直径一般在 1.2 毫米以上，表面较光滑，胚部较长，因受热而爆裂呈深沟状（图 2.11 和图 2.12）。另一类呈长椭圆形，籽粒不饱满，长度一般在 1.2 毫米左右，但宽度和厚度均小于 1 毫米。经过与现代植物标本对比，后一类即籽粒不饱满的碳化粟粒应该是未成熟的籽粒，也被称作"秕子"，其数量占整个粟类的 3.5%。

表 2.7　　　　　　　　　　　　　　　　　　农作物的种子

	粟		黍		大豆		大麻		全部农作物	
	数量	%	数量	%	数量	%	数量	%	数量	%
全部	57873	94.3%	3420	5.6%	8	0.0%	40	0.1%	61341	100%
两个遗址的夏家店下层堆积	5357	74.7%	1817	25.3%	1	0.0%	1	0.0%	7176	100%
两个遗址的夏家店下层和夏家店上层混合堆积	453	83.9%	50	9.3%	0	0.0%	37	6.9%	540	100%
342 号遗址的夏家店下层堆积	3062	64.3%	1697	35.7%	1	0.0%	0	0.0%	4760	100%
342 号遗址的夏家店下层和夏家店上层的混合堆积	20	95.2%	1	4.8%	0	0.0%	0	0.0%	21	100%
674 号遗址的夏家店下层堆积	2295	95.0%	120	5.0%	0	0.0%	1	0.0%	2416	100%
674 号遗址的夏家店下层和夏家店上层的混合堆积	433	83.4%	49	9.4%	0	0.0%	37	7.1%	519	100%

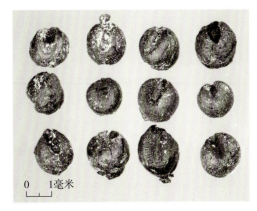

图 2.11　342 号遗址 570 发掘单位出土的粟粒

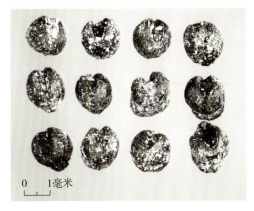

图 2.12　674 号遗址 049 发掘单位出土的粟粒

黍

在两处遗址浮选出土的碳化黍粒的数量相对较少，共发现 3420 粒，占出土农作物籽粒总数的 5.6%，约占所有出土植物种子的 5.2%。这些出土的碳化黍粒的形状大多也是近圆球状，但个体较大，直径多在 1.6 毫米以上，表面较粗糙，胚部较短，爆裂后呈V 状（图 2.13 和图 2.14）。在出土碳化黍粒中也有少部分籽粒不饱满的"秕子"，占可鉴定黍粒的 11.3%，应该是未成熟的黍粒。

另外，在有些浮选样品中还发现了一些板结成团的碳化小米。这些小米团所包含的小米颗粒数量很多，但因板结在一起无法统计颗粒的个体数量。另外，这些板结在一起的小米形态有些变形，很难判断是粟，还是黍（图 2.15）。

图 2.13　342 号遗址 570 号发掘单位出土的黍粒

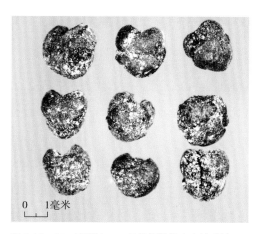

图 2.14　674 号遗址 049 号发掘单位出土的黍粒

图 2.15　674 号遗址 014 号发掘单位出土的板结成团的碳化小米

大豆

浮选结果发现了 6 粒完整、2 粒破碎
的大豆粒。完整的大豆粒呈椭圆形，背部
圆鼓，腹部微凹，豆脐呈窄长条形，位于
腹部偏上部（图 2.16）。这些完整豆粒的
长度在 4.28 ～ 5.83 毫米，宽度在 2.37 ～ 3.17
毫米。我们曾先后在不同地点采集过几组
现代野生大豆，并对豆粒进行过测量。其
中采自安徽黄山地区的野生大豆测量数据
为：豆粒长度的平均值是 3.81 毫米，宽度

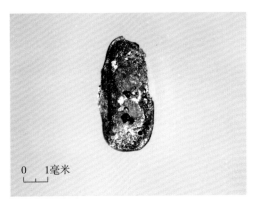

图 2.16　342 号遗址 368 号发掘单位出土的大豆

的平均值为 2.77 毫米。采自俄罗斯远东地区的野生大豆测量数据为：豆粒长度的平均值
是 3.49 毫米，宽度的平均值为 2.60 毫米。由此看出，此次浮选出土的碳化大豆的测量
数据明显大于现在野生大豆的平均尺寸，已经接近现在的栽培大豆的平均尺寸。所以可
以确定这些出土的碳化大豆遗存属于栽培大豆。

大麻

共发现了 40 粒碳化大麻籽，均出土于
674 号遗址的夏家店下层 / 夏家店上层混合
时期的浮选土样中。在 342 号遗址没有发
现大麻。大麻属于桑科的大麻属，籽粒呈
扁卵状，具有油性。由于碳化，出土的大
麻籽均有些变形，外壳爆裂，经测量，直
径在 3 ～ 4 毫米（图 2.17）。

图 2.17　674 号遗址 031 号发掘单位出土的大麻种子

2．杂草类植物

浮选出的杂草类植物遗存主要是属于禾本科、豆科和藜科的植物种子。

禾本科

禾本科植物种子的出土数量较多，共计 2286 粒，约占所有出土植物种子总数的 3.5%。
这些禾本科植物种子有些可以进一步鉴定到属。狗尾草种子（*Setaria sp.*）共计 1071 粒，
呈长扁形，背部略鼓，腹部扁平，胚部保存完好，尺寸大小不一，粒长在 0.5 ～ 1.2 毫米，
粒宽在 0.2 ～ 0.9 毫米。另外，还鉴别出了少量的稗属（*Echinochloa sp.*）和黍属（*Panicum
sp.*）的植物种子，其中稗属植物种子的籽粒形状呈椭圆形，长度在 1 毫米以上，胚区较

宽大，胚长约占颖果的 2/3 至 3/4。

豆科

浮选出的豆科植物种子总计 654 粒，约占所有出土植物种子总数的 1%。在植物界，豆科是一个大科，品种繁多，根据植株形态可分为木本、藤本和草本三大类。此次浮选出土的豆科种子个体都非常小，粒长在 1.5 ~ 2 毫米，粒宽在 1 毫米左右（图 2.18），估计是草本类豆科植物种子。其中有一粒可能属于黄芪属（*Astragalus*）植物种子。通过进一步鉴定，从豆科植物种子中鉴别出了 32 粒野生大豆（*Glycine soja*），其形态特征与栽培大豆基本相同，但尺寸很小，粒长在 3 毫米左右，粒宽在 2 毫米左右（图 2.19），明显小于栽培大豆的尺寸。

图 2.18　342 号遗址 509 号发掘单位出土的草本类豆科植物种子

图 2.19　342 号遗址 526 号发掘单位出土的野生大豆

藜科

藜科植物种子的出土数量是 714 粒，约占所有出土植物种子总数的 1.1%。经过进一步鉴定，其中绝大部分属于猪毛菜属（*Salsola*）。猪毛菜属的植物种子都为扁圆形，胚的特征很明显，呈螺旋状，尺寸较小，直径在 1 毫米左右。

3. 其他植物

在 674 号遗址和 342 号遗址浮选出土的其他植物种子数量较少，经过鉴定有郁李（*yuli or Prunus japonica*）、冬葵（*dongkui or Malva crisp*）和葫芦科植物种子。

郁李

郁李属于蔷薇科。此次发现了两粒种子，种壳坚硬，似菱形，长 6.6 毫米，宽 4.4 毫米（图 2.20）。另外，还发现了 8 粒尚未鉴定到属种的蔷薇科植物种子。

图 2.20　674 号遗址 085 号发掘单位出土的郁李种子

图 2.21　342 号遗址 059 号发掘单位出土的冬葵种子

冬葵

冬葵属于锦葵科。共出土了 48 粒种子，呈圆扇状，背侧较厚，有明显隆脊，腹侧扁平，中部有一凹陷口，直径约 2 毫米（图 2.21）。

葫芦科

葫芦科植物种子仅发现了一粒。

4. 未知植物

在 674 号遗址和 342 号遗址还浮选出了一些特征不明显或者由于碳化过甚而失去了特征部位的未知种属的植物种子（图 2.22）。

图 2.22　674 号遗址 031 号发掘单位出土的未确认种属的种子

讨论

从表2.6可以看出，674号遗址和342号遗址浮选出土的碳化植物种子最重要的特征，就是以农作物籽粒为大宗（93.5%），表明农耕生产应该是这两个遗址古代居民物质生活资料的主要来源。在粟、黍、大豆和大麻四个品种里（表2.7），豆和大麻数量很少，粟和黍占了绝大多数，特别是粟的绝对数量远远高于其他农作物品种（94.3%）。这说明，粟是这两个遗址古代居民在农耕生产中种植和在日常生活中消费的最为重要的农产品。

碳化植物遗存的埋藏因素（包括堆积和保存）都很复杂，从而很难对这类遗存进行量化分析。鉴于这个原因，我们的解释基于可鉴定种子的数量和比率。对于碳化植物遗存，数量和比率很大程度上依赖观察到的一些特殊物质。对这组遗存来讲，比如说，大量的粟依赖了两个年代不确定的发掘堆积，分别得到了36000粒和10000粒的粟。这两处遗址的农耕生产特点应该是以种植粟为主的。但是我们也不能过分依赖现在所获取的植物种子种类的比重，这是因为我们取样的单位共有90个，而五分之四的粟都来自于其中的两个发掘单位。

除了考虑到绝对数量这一因素之外，还应该采用其他计量方法如植物遗存的出土概率做进一步的统计分析。植物遗存的出土概率是指在遗址中发现某种植物种类的可能性，是根据出土有该植物种类的样品在采集到的样品总数中所占的比例计算得出的，这种统计方法的特点是不考虑每份浮选样品中所出土的各种植物遗存的绝对数量，仅以"有"和"无"二分法作为计量标准，其结果反映的是植物遗存在遗址内的分布范围。90个发掘单位的土样其所属的遗址和时期如表2.8，而四大类植物和四大类农作物出土概率的统计结果见表2.9和2.10。根据对浮选结果中农作物和其他植物种子出土概率的统计和比较，各遗址不同时期之间差距虽然大大缩小，但农作物仍然是分布最广泛的植物种类。在674号遗址和342号遗址中，粟的分布最为广泛，在90个土样中比率为86%。对于碳化种子的量化分析，不论是绝对数量还是出土概率，粟都在这两个遗址的农业生产中居于首位。

表 2.8 不同遗址以及不同堆积中获取的浮选标本数量

	夏家店下层	夏家店下层 / 夏家店上层混合堆积	不明	合计
342 号遗址	44	8	1	53
674 号遗址	13	16	8	37
合计	57	24	9	90

表 2.9 不同遗址以及不同堆积中出土主要植物类型的概率

	农作物	杂草	其他	未知
全部	81%	64%	10%	27%
两个遗址的夏家店下层堆积	84%	19%	9%	28%
两个遗址的夏家店下层和夏家店上层混合堆积	67%	46%	0%	8%
342 号遗址的夏家店下层堆积	95%	18%	9%	34%
342 号遗址的夏家店下层和夏家店上层的混合堆积	63%	50%	0%	13%
674 号遗址的夏家店下层堆积	46%	23%	8%	8%
674 号遗址的夏家店下层和夏家店上层的混合堆积	69%	44%	0%	6%

表 2.10 不同遗址以及不同堆积中出土主要农作物类型的概率

	粟	黍	大豆	大麻
全部	86%	59%	3%	3%
夏家店下层堆积	84%	65%	2%	2%
夏家店下层和夏家店上层混合堆积	67%	33%	0%	4%
342 号遗址的夏家店下层堆积	95%	77%	2%	0%
342 号遗址的夏家店下层和夏家店上层混合堆积	63%	13%	0%	0%
674 号遗址的夏家店下层堆积	46%	23%	0%	8%
674 号遗址的夏家店下层和夏家店上层混合堆积	69%	44%	0%	6%

相对粟而言，674 号遗址和 342 号遗址出土碳化黍粒的绝对数量要少得多，在出土农作物总数中仅占 5.6%。然而，黍的出土概率并不低，为 59%。这说明，黍在当时人们的生活乃至农业生产中的地位还是比较重要的，很可能是被作为当时的主体农作物粟的重要辅助作物而进行种植。这些发现和大量的考古发现相一致，即粟和黍这两种小米的农作物组合是典型的古代中国北方旱作农业的特点。

大豆是当今世界上重要的一种油料作物。国内外学术界普遍认为大豆应该是起源于中国，但以往有关大豆的研究却十分薄弱，其中一个重要原因就是缺乏考古出土的实物证据。此次浮选出土的碳化大豆数量虽少，而且显示大豆不是大量生产的，至少不能和粟相比，但却十分重要。因为根据测量结果，这些出土的大豆毫无疑问都属于栽培品种，这就为探讨大豆的起源和发展补充了新的实物资料。

大麻是一种十分特殊的农作物品种，纤维可以纺织成麻布，种子可榨油或药用。大麻与蚕丝同为中国古代先民衣着服装材料的主要来源，因此在古代文献中有大量的关于大麻的记载和描述。例如，中国古代文献中常见的所谓"五谷"有两种解释：一是赵岐注释《孟子·滕文公上》的"黍、稷（粟）、稻、麦、菽"，二是郑玄注释《周礼·天官疾医》的"黍、稷、麦、菽、麻"，二者的区别就是稻与麻的替换。而在《吕氏春秋·审时》中则干脆将这六种农作物并列叙述。大麻在中国古代先民的农业生产和日常生活中的地位与价值都非常高，中国古代最为重要的六种农作物中只有大麻不是粮食作物，虽然与 674 号遗址和 342 号遗址中出土的粟相比，大麻很少而且分布没有那么广泛，但是此次浮选出土的大麻籽粒从考古学的角度再次证实了大麻在中国古代社会的重要性。

禾本科、豆科和藜科这几类植物都包含有许多杂草类品种，有的生长在田间，有的生长在人类居住区，与人类日常生活关系十分密切，因此在一般考古遗址的浮选样品中或多或少地都可以见到属于这几个科的植物种子遗存，674 号遗址和 342 号遗址也不例外。杂草之所以被人类视为危害，是因为它们与人类所种植的农作物争夺光、水、土地、养分等生存资源。植物间的竞争仅发生在相同的生存空间中，作为田间杂草，它们的竞争对象主要是与其在形态上、生长习性上和对生态环境的需求上都十分相似的农作物品种，粟和黍都属于禾本科，因此以种植这两种谷物为主的农田中的伴生杂草自然以禾本科品种为多。据此分析，此次浮选出土的禾本科植物种子应该与粟和黍这两种谷物关系密切，它们很可能是混杂在收获的粟或黍中从而被带入遗址。

由于在 674 号遗址和 342 号遗址采集到的植物种子的样本量较小，不同植物种子的样本数量亦不均匀，同时还要考虑到浮选标本出于不同的堆积，因此对这两个遗址出土的两个时期的植物种子进行比较就存在一定的困难。但是不论采用什么样的量化方法，无论其出土背景或是按不同的时期划分，或是按不同的遗址划分，或是按不同的时期和遗址划分，农作物一直都是最丰富的植物遗存。在农作物中，粟又是最丰富或者分布最广泛的种类。它们来自夏家店下层时期堆积，以及夏家店下层／夏家店上层时期的混合堆积。总的来说，以栽培粟为主，伴随着栽培黍的农业生产体系贯穿了整个夏家店下层至夏家店上层时期。当通过种子数量的比例来研究时，以 674 号遗址为例，粟在夏家店下层／夏家店上层时期的混合堆积中比较少，而在夏家店下层时期的堆积中则比较多。这与在 342 号遗址观察到的现象恰好相反。根据出土概率得到的结果更让人不解，在 674 号遗址中，粟在夏家店下层／夏家店上层时期的混合堆积中比较多，但在 342 号遗址中，粟在夏家店下层／夏家店上层时期的混合堆积中则比较少。这样就没有确凿的证据可以显示农作物（特别是粟）从夏家店下层时期到夏家店上层时期发生了转变。

然而，值得注意的是，唯一的一粒有明确年代背景的大豆遗存出土于 342 号遗址的夏家店下层时期的堆积中，而有明确年代背景的大麻遗存均出土于 674 号遗址的夏家店下层／夏家店上层时期的混合堆积中。不过因为样本量太小，所以不能提供让人信服的证据来说明这些种属的生产和使用在这两处遗址或者在夏家店下层和夏家店上层时期之间存在差异。

总之，通过采样和浮选，从 674 号遗址和 342 号遗址获取到了比较丰富的碳化植物遗存，为探讨夏家店下层时期和夏家店上层时期的古代人类生活与生产方式提供了重要的资料和信息。根据浮选结果，在夏家店下层时期和夏家店上层时期，这两处遗址所在的地区已经处在了比较发达的古代农业经济阶段，当时的农业生产特点属于古代中国北方旱作农业的传统，即以种植粟和黍这两种小米为主。在两处遗址浮选结果中发现的大豆和大麻是以往考古发掘不常见的农作物遗存，虽然出土的数量非常有限，不足以据此就相关问题展开深入的分析，但对今后的系统研究提供和积累了考古实物资料，仍然具有十分重要的学术价值和意义。

第三章

赤峰地区的自然环境

第三章　赤峰地区的自然环境

对于任何尝试理解和说明古代区域聚落模式的研究而言，自然环境无疑是最重要的因素之一。赤峰项目调查区域所在的赤峰地区地处中国北方内蒙古长城地带的西拉木伦河流域，整体上气候要比中原地区干旱，但与中国北方边疆地区的自然环境并不完全相同，这里既没有真正意义上的沙漠，也没有开阔的草原。现在的赤峰调查区域内，人口分布密集，到处精耕细作，农业生产非常发达。

本章的第一部分较详细地描述了赤峰调查区域内的自然环境，以及现代人类对其开发和利用的情况。文中涉及的地理范围较广，除赤峰调查区域外，还包括位于内蒙古东部的整个赤峰地区，以便在更广阔的自然背景中理解赤峰调查项目。对自然环境的描述主要集中在与人类有关的生计资源上。

本章的第二部分总结了赤峰调查项目所在的更大范围内的气候变化规律。尽管现有的古气候数据并不完善，但我们将尽可能完整并系统地呈现，同时尝试对其进行解读，我们尤其关注环境变化对赤峰调查区域内人类生计模式的影响。对环境变化的解读将依照本书第二章第一节中的考古学文化序列，以便于读者在后续章节中更方便地将环境变化与聚落模式的变化对应起来。

本章的最后部分将探讨自然环境对于聚落考古研究在方法论上的启示。文中重建了过去一万年赤峰调查区域内地质地貌景观的发展过程，以探究在此过程中平坦的河谷平原对人类聚落的适用性，以及高地侵蚀和低地沉积对古代聚落遗存的影响。

第一节　自然环境与现代经济类型

滕铭予　吉迪（Gideon Shelach-Lavi）

地理位置

赤峰地区地处内蒙古自治区东部，包括今天的赤峰市、巴林左旗、巴林右旗、阿鲁科尔沁旗、翁牛特旗、喀喇沁旗、敖汉旗、克什克腾旗、林西县、宁城县等。赤峰地区西邻内蒙古高原，东依松辽平原南部，位于北纬41°17′~45°11′和东经116°20′~120°58′，面积超过90000平方千米。❶西拉木伦河位于现赤峰市以北100千米的地方，在某些地段，河流将不适宜农耕的北部干旱草原和沙漠与南部生产力高度发达的湿润地区分隔开来。在河流以南的某些地区，即使依靠最普通的灌溉技术，也能确保局部农业生产的丰收。

赤峰项目调查区域位于赤峰地区的西南部，包括了赤峰市区及市区以西和西南在内的1234平方千米的范围。在调查区域内的河谷平原上，种植玉米、粟、向日葵以及其他农作物的现代灌溉农业已经高度发达。耕作者沿着河流修建堤坝，以保护河谷平原的庄稼免受洪水侵害。在延绵起伏的丘陵坡地上，亦开垦有大规模的农田，以种植玉米和粟为主，但通常无法进行灌溉。与河谷平地相比，这些起伏的坡地因其天然的地形优势避免了洪水侵害，但生产率相对较低，并且庄稼更容易因干旱而死。在更干旱、地势更高的区域里，种植着各种不同种类的果树；在一些非常不适宜种植庄稼的斜坡上，则分布着大片的人工林。附近的村庄里有的人家养着很少量的山羊和绵羊，通常不会超过10只，他们会在未开垦的野地里放牧羊群。此外，住在村庄里的人家大多还饲养猪和牛。

---

❶ 赤峰市地方志编纂委员会：《赤峰市志（上）》卷三，内蒙古人民出版社，1996年，第383~384页；夏正楷、邓辉、武弘麟：《内蒙西拉木伦河流域考古文化演变的地貌背景分析》，《地理学报》2000年3期，第329~336页。

地貌概况

赤峰项目调查区内的地势为西高东低，西部山地最高海拔 1250 米左右，最低为东部河谷平地，海拔在 550 米左右。调查区内有几条宽阔的河谷，河谷的宽度可达 2 ~ 8 千米。在调查区的东部，几条河流汇合在一起形成了东西宽 14 千米、南北长 11 千米的宽阔的赤峰谷地，赤峰市区就坐落在这里。调查区内的河道都很浅，频发的洪水经常侵袭河谷的底部。不过由于近代修建的人工堤坝，已经大大降低了这种洪水灾害的影响。今天，人们把这些宽阔的河谷地带开发为农田，并从水井中抽水或引河水和渠水对农田进行灌溉。

在高出河谷平地 20 米左右的地方，分布着较为平缓的斜坡或平坦的自然台地，大多数的村庄就分布在河谷平地边缘靠近台地的地方。台地之上是绵延的丘陵。由于雨水和山洪的作用而形成的冲沟，将台地和丘陵分割，这样的地形在下雨之后，会导致土壤中的水分快速流失，因此在这些台地和丘陵上难以实施灌溉，只能大规模发展旱作农业、种植果木和进行小规模的放牧。

气温、降水量和土壤

赤峰调查区域地处温带半干旱大陆性季风气候区。大部分地区的年平均气温为 0℃ ~ 7℃，从海拔较高的西部到海拔较低的东部，气温逐渐缓慢升高。在调查区域西部和北部的高海拔山区中，1 月份的平均气温在 −18℃ ~ −22℃，7 月份的平均气温保持在 20℃ 以下。南部地区，1 月份的平均气温为 −12℃ ~ −18℃，7 月份的平均气温为 20℃ ~ 22℃。西部地区的无霜期为 60 ~ 115 天，东部地区的无霜期则长达 135 ~ 148 天。

赤峰地区的年平均降水量为 381 毫米。受地形和季风的影响，从西南到东北方向，降水量逐渐减少。西部山地中的年降水量为 450 ~ 500 毫米，但盛行的西风在西部山区带走了大量水分，而东部的年降水量只有 330 ~ 350 毫米。

每年夏季的 6 ~ 8 月气候最为湿润，降水量达到了全年的 72%。对赤峰地区降水量的统计表明，降水在空间和时间上表现出强烈的变化。例如在过去的 40 年中，林西县的年降水量波动范围为 176 ~ 613 毫米，位于其西部的库伦旗则为 190 ~ 593 毫米。除干旱年份和湿润年份之间降水量有明显差别外，甚至一些在地理位置上非常接近的地点，其不同年份间降水量的变化也非常惊人。例如 1967 年，林西县的全年降水量为 370 毫米，到了 1968 年降水量只有 176 毫米。库伦旗的情况恰好相反，1967 年的降水量为 190 毫米，而 1968 年则达到了 384 毫米。❶

这样不稳定的降水量确实给当地的农业生产方式带来了很大的影响，使赤峰地区的农业生产面临着洪水和干旱两种风险。特别是自 2005 年以来，在这个地区发生了几场严重的旱灾，由于地下水位严重下降，超出了水井理想的抽水范围，整个河谷地区的灌溉系统无法应对这些旱灾。在没有灌溉设施的丘陵高地上，由于旱情而导致的农作物损失更为严重。在历史时期和现代，人们通过建造堤坝，已经很大程度上缓解了洪水对河谷地区庄稼的危害，但这种危害还远没有被完全消除。这种灌溉和建造堤坝的工程，直到辽代才出现，因而，这种风险规避行为对于古代居住者而言更加重要。这样的自然条件可能促使居住者们从事两种不同的生产行为，即在风险最低的地区专门从事农业生产，同时还要依靠多样化的资源，例如种植抗旱作物以及放养动物。

赤峰调查区域内的土壤主要属于栗褐土和黄土，这两种土壤都非常适合于进行农业种植。

赤峰地区不同的经济类型

赤峰地区在地貌、海拔、土壤、气温以及降水量等方面的变化，形成了各地多样的经济类型。为便于讨论这种经济多样性，我们将赤峰地区划分为以下三个区域（图 3.1）。

1. 西北区

在赤峰地区的北部和西部，多为海拔 1000 米以上的山脉。气候特点是冬季漫长而寒冷，夏季则相对短暂和凉爽。无霜期较短，仅有 60 ～ 115 天，这对农业生产造成了一些限制。降水量充沛，年降水量在 330 ～ 540 毫米。地区内的土壤以富含有机质的棕壤性土和栗钙土为主。草类生长茂盛，有非常适宜放牧的草地以及森林资源。这一地区完全在赤峰调查范围之外。

2. 中区

中部地区的海拔多为 700 米左右，地势多为低山和丘陵，也包括狭窄的河谷。冬季和春季的下雪量较少，但多风；夏季和秋季非常温暖，但日夜的温差非常大。无霜期较

---

❶ 赤峰市地方志编纂委员会：《赤峰市志（上）》卷三，内蒙古人民出版社，1996 年，第 399 ～ 406 页。

图 3.1 赤峰地区以及本报告所讨论的三个生态区域

西北区长，大约为 115 ~ 135 天，更有利于发展农业生产。降水稍显不足，年降水量在
326 ~ 380 毫米。该地区的土壤以栗褐土、栗钙土和棕壤性土为主。植被比西北部稀疏，
有不太发达的森林和广阔的草地。今天，这一地区的居民主要在自然草场上放养山羊和
绵羊，并在河谷以及山坡上种植庄稼。尽管有小规模的沟渠灌溉，但主要依靠自然降水。
赤峰调查项目中的最西部属于这一区域。

3. 东南区

可以划分为两个子区域。

北部

沿西拉木伦河的中下游和老哈河北岸，这一带地势比较低，土壤以沙土、潮土为主，部分区域有流动的沙丘。年降水量较少，大体在 300 ~ 340 毫米，但蒸发量很高。不过，这一区域内的地下水位比较高。无霜期较长，为 135 ~ 144 天。沿河的两岸有些地方开垦为农田，但更多的地方是利用森林资源和自然草地进行放牧，以获得和维持更高的收益。该区域不在调查区域内。

南部

该区域多为海拔 400 ~ 750 米的丘陵和河谷平地。年平均气温适中，无霜期相对较长，为 140 ~ 148 天。年平均降水量为 361 ~ 456 毫米。该区域内的土壤以富饶的黄土和栗褐土为主，土壤肥力较高。尽管区域内气候整体偏干燥，但仍然比赤峰地区的大部分地方要湿润。广阔的河谷和肥沃的土壤使得这一区域成为最适宜发展非灌溉农业的地区。与今天赤峰地区的大部分地方相比，这里有更多的灌溉农业，主要的农作物包括玉米、粟、向日葵、花生、红薯、芝麻及其他经济作物。这些作物非常普遍地种植在无法灌溉的高地和具有灌溉条件的河谷地区。在一些海拔较高地区，更多的是种植果树。调查范围大部分都分布在这个区域内。

第二节　距今一万年以来的气候变化

滕铭予　吉迪（Gideon Shelach-Lavi）

赤峰调查区域内的现代环境以及人口对环境的利用，促使我们思考环境变化对过去生计模式系统的影响。在过去的一万年中，即使是温度和降水量的轻微改变，也会使赤峰地区的潜在生计模式发生巨大改变。

早在 20 世纪 60 年代，中国学者就已经认识到气候变化对史前人口波动的潜在影响。但是，大规模的重建古气候年代序列的研究直到 20 世纪 90 年代才开始出现。中国有关环境考古的会议最早于 1990 年在西安召开，随后又召开了三次会议。这四次会议共出版了四册论文集，对当时我国的环境考古做了概要性的总结。[1]此后，对于古环境的重

❶ 莫多闻、曹锦炎、郑文红、袁靖、曹兵武：《环境考古研究》第四辑，北京大学出版社，2007 年。

建成为考古发掘报告，以及与农业起源相关研究中重要的组成部分。不过，尽管针对古气候和古环境的研究日益增多，但很多重建工作都是着眼于对若干广大区域的概括性总结，从而很难将其与特定区域的社会、政治和经济变化的轨迹关联起来。更多的区域性的环境重建仅根据非常有限的数据，仍然停留在较初级的水平。同时亦有学者指出，目前对于中国北方全新世早期的气候变化资料还存在着不少相互矛盾之处。❶

本文对气候变化的总结同样受上述不利因素的影响。赤峰调查区域内与环境有关的资料本就极少，因此本文的总结将很大程度上依赖于更广大地区的环境资料，必要时会就过去的环境如何影响调查区域的生计模式做出有根据的推测。之所以如此，主要目的是寻求建立一个大的环境背景，在此基础上探讨古代居民为了适应环境而做出的应对性活动的变化规律（详见第四章第四节）以及社会——政治变化的轨迹（详见第五章）。

古代气候资料的来源

目前对于赤峰地区古代气候与环境变化的研究，主要是通过对文化层和自然地层中的孢粉化石以及遗址中出土的植物遗存的分析，并辅以古土壤的研究来了解古代气候的变化。

在赤峰地区共有 27 个地点发表了与古代气候、环境有关的数据。在遗址的文化层或遗迹(含墓葬)中提取标本做孢粉分析,或利用植物遗存进行植被分析的共有 17 个地点。其中 11 个地点分布在西拉木伦河南岸，6 个地点分布在西拉木伦河北岸。其余 10 个地点来自不具有考古遗存的自然地层，有 7 个地点集中在西拉木伦河南岸，3 个地点在西拉木伦河北岸，其中有 1 个地点位于距河很近的阶地上（图 3.2）。

综合起来，上述 27 个地点除了 1200 米以上高海拔的山地、山顶之外，已基本涵盖了赤峰地区西拉木伦河两岸的主要地形，包括科尔沁沙地边缘、海拔偏低的丘陵地带（如位于翁牛特旗中部偏东的乌兰敖都甸子、苍米营和松树山等地点）、位于赤峰东端与西辽河平原接壤的平谷地带（如敖汉旗东部的兴隆洼遗址、西台遗址等地点），以及一些海拔较高的丘陵山区（如位于克什克腾旗的关东车、井沟子、热水汤，位于翁牛特旗的小善德沟等地点）。和调查区域相比，这些地点提供的数据表现的是一个更加广阔和多变的生态环境，使得我们可以在现有中国北方古气候资料的大背景下对调查区域内的气候变化规律进行观察。上述 27 个地点的数据所涉及的时间跨度较大，从公元前 3500 年到公元 1250 年。因此，很难将不同年代的样本完全准确地按照年代顺序排列起来。正

---

❶ Mayke Wagner, *Neolithikum und Frühe Bronzezeit in Nordchina vor 8000 bis 3500 Jahren*. Berlin: Deutschen Archäologischen Institut, 2006.

图 3.2　赤峰地区获取史前气候数据的考古遗址（以 ● 表示）和自然堆积（以 ▲ 表示）的地点。

考古遗址包括：1. 兴隆洼；2. 白音长汗；3. 小山；4. 小善德沟；5. 隆昌镇大坝；6. 二道梁子；7. 祭坛；8. 西台；9. 富河沟门；10. 喇嘛洞山；11. 大甸子；12. 哈力海吐；13. 大山前；14. 井沟子；15. 关东车；16. 周家地；17. 小黑石沟。自然堆积的地点包括：1. 七锅山；2. 王祥沟；3. 乌兰敖都甸子；4. 松树山；5. 热水塘；6. 马家沟营子；7. 四道帐房；8. 苞米营；9. 半拉山；10. 乌丹镇少郎河。

因如此，重建的赤峰地区气候变化序列可能并不如我们所预期的那样清楚，同时下文的总结同样依赖于对中国北方整体气候趋势的广泛理解。

气候变化序列

通常认为，整个中国北方在上一个大冰期的顶峰时期受到了寒冷气候的严重影响。在超过 200 多个被认为是寒冷草原环境的地点发现了猛犸象和披毛犀的骨骼。北纬 51°的永冻层一直延伸到北纬 40°，[1] 远远超过赤峰地区所在的北纬 41°15′。在大约公元前11000 年之后，气候变得更加温暖和湿润。[2] 大部分学者认为，大约在公元前 9000 年左右，中国北方经历了一场与新仙女木期相当的干冷期，在那之后（大约公元前 9000 ~ 前4000 年），气候变得温暖和潮湿。[3] 在此过程中，形成于更新世晚期的中国北方干草原环境被全新世早期的常绿阔叶与落叶阔叶林取代。

兴隆洼时期

从目前赤峰地区所属区域的可用数据来看，至少在兴隆洼时期（公元前 6000 ~ 前5250 年）的早期，气候就已经以温暖、湿润为主。整个中国北方的气候数据显示，当时的湖平面相当高[4]，平均气温也比今天高出 2℃ ~ 4℃ [5]。这就意味着在调查区域内，生长着更为密集的植被和更加丰富的动物种类。河谷地区可能会非常湿润，在这里居住和进行农业生产会容易受到洪水灾害的影响。相比之下，高地的农田可能比今天的生产率

---

[1] Majorie G. Winkler and Pao K. Wang, The Late Quaternary Vegetation and Climate of China. In *Global Climates Since the Last Glacial Maximum,* H.E. Wright, Jr., J. E. Kutzbach, T. Webb III, W.F. Ruddiman, F.A. Street−Perrott and P.J. Bartlein, eds., pp. 221 ~ 261. Minneapolis: University of Minnesota Press, 1993.

[2] Tracy Lie Dan Lu, *The Transition From Foraging to Farming and the Origin of Agriculture in China.* Oxford: BAR International Series 774, pp. 12 ~ 13. Oxford: Archaeopress, 1999.

[3] An Zhisheng, Stephen C. Porter, John E. Kutzbach, Wu Xihao,Wang Suming, Liu Xiaodong, Li Xiaoqing and Zhou Weijian, Asynchronous Holocene Optimum of the East Asian Monsoon. *Quaternary Science Reviews* 2000（19）: 743 ~ 762; Zhou Jie, Zhou Weijian, Chen Huizhong, Xue Xiangxi and G.Nanson, Evidence for Asian Summer Monsoon Precipitation Instability of the Younger Dryas Phase. *Chinese Science Bulletin* 1999（44）: 849 ~ 852.

[4] An Zhisheng , Stephen C. Porter, John E. Kutzbach, Wu Xihao,Wang Suming, Liu Xiaodong, Li Xiaoqing and Zhou Weijian，Asynchronous Holocene Optimum of the East Asian Monsoon. *Quaternary Science Reviews* 2000（19）:747; Majorie G.Winkler and Pao K. Wang，The Late Quaternary Vegetation and Climate of China. In *Global Climates Since the Last Glacial Maximum,* H.E. Wright, Jr., J. E. Kutzbach, T. Webb III, W.F. Ruddiman, F.A. Street−Perrott and P.J. Bartlein, eds., pp. 229 ~ 233. Minneapolis: University of Minnesota Press, 1993.

[5] 施雅风、孔昭宸、王苏民：《中国全新世大暖期气候与环境的基本特征》，施雅风：《中国全新世大暖期气候与环境》，海洋出版社，1992 年，第 7 页。

更高更可靠。根据敦德（Dunde）冰芯记录，在公元前 5800 年到公元前 5200 年期间，至少发生过两次气温下降。江苏省建湖的孢粉数据显示，公元前 5600 年前后的平均温度和现在基本持平。❶ 距离赤峰调查区域很近的克什克腾旗热水塘的自然层（大约公元前 5200 年）和林西县白音长汗的文化层（大约公元前 5800 年）的孢粉样本也显示了干旱的草原气候。❷ 如此干冷的气候可能促使人们在兴隆洼时期的晚期阶段，更多的选择在较湿润的河谷地区进行农业生产。

赵宝沟时期至红山时期早期

公元前 5200 年到公元前 4000 年期间（包括赵宝沟时期，公元前 5250 ～ 前 4500 年；以及红山文化早期，公元前 4500 ～ 前 4000 年），气候比较稳定，气温和降水量都在现代水平之上。来自中国西北地区青海湖的冰川和湖水沉积证据显示，当时的降水量是现在的两倍。青海省和吉林省辉南县孤山屯的孢粉数据显示，平均温度比现在高 2℃ ～ 3℃。❸ 离调查区域很近的敖汉旗小山遗址文化堆积中的孢粉分析显示，在公元前 5000 年到公元前 4800 年时，植被主要是代表气候温暖较干的针阔叶混交林，该遗址的孢粉数据以及遗址出土的胡桃楸果核及中旱生乔灌木李属的种子亦说明当时的气候较为温暖。❹

红山时期晚期至小河沿时期

公元前 4000 年（相当于红山时期的晚期阶段）之后，气候的变化更加多样。敦德（Dunde）冰芯记录显示了几个重要的寒冷事件，某些事件对中国北部和东部的影响异常明显。❺ 这些气候条件也被吉林省金川的泥炭纤维素 δ13C 值和 δ18O 值的时间序列

❶ 施雅风、孔昭宸、王苏民：《中国全新世大暖期气候与环境的基本特征》，施雅风：《中国全新世大暖期气候与环境》，海洋出版社，1992 年，第 8 页。
❷ 降廷梅：《内蒙古农牧交错带全新世孢粉组合及植被探讨》，周廷儒、张兰生：《中国北方农牧交错带全新世环境演变及预测》，地质出版社，1992 年，第 71 ～ 86 页；宋豫秦：《中国文明起源的人地关系简论》，科学出版社，2002 年，第 39 页。
❸ 沈才明、唐领余、许雪珉：《长白山、小兴安岭地区全新世气候》，施雅风：《中国全新世大暖期气候与环境》，海洋出版社，1992 年，第 33 ～ 39 页。
❹ 宋豫秦：《中国文明起源的人地关系简论》，科学出版社，2002 年，第 40 页。
❺ 彭晓莹、钟巍、赵引娟、薛积彬：《全新世大暖期气候环境特征及其机制的再认识》，《华南师范大学学报（自然科学版）》2005 年 2 期，第 52 ～ 60 页；杨子赓、李幼军、丁秋玲、何宝成：《试论河北平原东部第四纪地质几个基本问题》，《地质学报》1979 年 4 期，第 264 ～ 279 页。

证实。[1] 目前大多数研究认为这次气候的变动始于公元前 4000 年，不过后来对来自太仆寺旗古土壤剖面的孢粉和植硅体的研究显示，气候转向更加干冷是发生在公元前 3000 年。[2] 在此之前海平面较高，水面上涨，渤海湾向内推进 100 千米，此后由于气候的逐渐回落，海水慢慢退下。[3] 在公元前 3500 年或稍早，海平面有些许的升降变化，表明在红山文化中期和晚期有过短暂的气候回暖。内蒙古自治区翁牛特旗四道杖房自然地层中的孢粉数据（公元前 2095 ~ 前 1925 年）显示，当时的气候较现在更加温暖、潮湿。[4] 来自内蒙古自治区敖汉旗王祥沟的孢粉分析（公元前 3000 ~ 前 1700 年）亦证实了这一点。[5] 至公元前 3000 年，内蒙古境内的草原上又开始出现阔叶林，年平均气温比现在高 2℃ ~ 3℃。[6]

已有研究通常将这个时期（红山时期晚期至小河沿时期）的气候变化与一些全球性的气候事件联系起来进行讨论，相关例子可参见之前的引用文章[7]。考虑到根据不同地点、不同方式获得的数据所观察到的气候变化趋势并不完全一致，因此有些研究者们对中国北方寒冷期（公元前 3000 ~ 前 1500 年）出现的时间有不同的观点亦属正常。实际上这段寒冷期，或者至少是周期性的寒冷 – 温暖期，不论是在其出现时，抑或是其终结时，当时的气温都要比现在高出数度，因此即使是在最寒冷的时期，赤峰地区的气温也并不比今天冷多少。

和气温一样，中国北方降水量的数据也未能显示出清晰、一致的规律，这种状况应该表明当时的降水量发生了频繁的变化。部分公元前 3500 年到公元前 3300 年的遗址中

[1] Y.T. Hong, Z.G. Wang, H.B. Jiang, Q.H. Lin, B. Hong, Y.X. Zhu, Y. Wang, L.S. Xu, X.T. Leng and H.D. Li, A 6000-year Record of Changes in Drought and Precipitation in Northeastern China Based on δ 13C Time Series from Peat Cellulose. *Earth and Planetary Science Letters*, 2001（185）:111 ~ 119.

[2] 黄翡、K. Lisa、熊尚发、黄凤宝：《内蒙古中东部全新世草原植被、环境与人类活动》，《中国科学（D 辑：地球科学）》2004 年（11），第 1029 ~ 1040. 页。

[3] Huang Jinsen, Changes of Sea Level since the Late Pleistocene in China. *The Evolution of the East Asian Environment, Vol. 1: Geology and Palaeoclimatology*, R. O. Whyte, ed., pp. 309 ~ 319. Centre of Asian Studies Occasional Papers and Monographs No. 59, University of Hong Kong, 1984; Yang Hauijen and Xie Zhiren, Sea Level Changes in East China over the Past 20,000 Years. In *The Evolution of the East Asian Environment, Vol. 1: Geology and Palaeoclimatology*, R. O. Whyte, ed., pp. 288 ~ 308. Centre of Asian Studies Occasional Papers and Monographs No. 59. University of Hong Kong, 1984.

[4] 武吉华、郑新生：《中国北方农牧交错带（赤峰市沙区）8000 年来土壤和植被演变初探》，周廷儒、张兰生主编：《中国北方农牧交错带全新世环境演变及预测》，地质出版社，1992 年。

[5] 李永化、尹怀宁、张小咏、陈占娇：《5000 aBP 以来辽西地区环境灾害事件与人地关系演变》，《冰川冻土》2003 年 1 期，第 20 ~ 26 页。

[6] Kam-biu Liu, Quaternary History of the Temperate Forests of China. *Quaternary Science Reviews* 1988（7）:1 ~ 20.

[7] 吴文祥、刘东生：《4000 aBP 前后降温事件与中华文明的诞生》，《第四纪研究》2001 年 5 期，第 441 ~ 451 页；《5500 aBP 气候事件在三大文明古国古文明和古文化演化中的作用》，《地学前沿》2002 年 1 期，第 155 ~ 162 页；许靖华：《太阳、气候、饥荒与民族大迁移》，《中国科学（D 辑：地球科学）》1998 年 4 期，第 366 ~ 384 页。

的孢粉数据表明，当时的自然环境主要是开阔的森林混合草原，这是干旱气候的典型特征。❶ 不过，正如由吉林省金川的 $\delta^{13}C$ 值和 $\delta^{18}O$ 值❷ 以及热水塘自然地层的孢粉数据所推测的那样❸，这一时期大部分时间里的气候要比今天湿润。翁牛特旗小善德沟遗址的孢粉也显示，公元前 4000 年的时候，气候以寒冷、湿润为主。❹

面对上述各种不同的结论，想要非常准确地重建红山时期后期调查区域的气候条件，几乎毫无可能。目前尚无确切证据表明当时的气温与今天存在有巨大的差距，即使是比今天稍冷的气候（无论是整体性的还是间歇性的），在当时可能也并没有对环境资源产生很大的负面影响。而更加湿润的气候则可能使得河谷地区不太适宜种植，但却十分有利于高地地区发展旱作农业。

上述气候特征延续至小河沿时期（公元前 3000～前 2000 年）。没有证据表明，小河沿时期的高地旱作农业在生产力上要低于今天或者红山时期晚期。

夏家店下层时期

多重证据显示，夏家店下层时期（公元前 2000～前 1200 年）最初的几个世纪中，气候比现在要湿润得多。对夏家店下层时期遗址出土碳化木屑的研究显示，当时的气温比今天稍高，年降水量在 600～800 毫米，几乎是今天降水量的两倍。❺ 位于赤峰调查区域内的大山前遗址（公元前 2000～前 1500 年）和属于夏家店下层时期的内蒙古自治区敖汉旗大甸子墓地，分别出土了碳化木屑和孢粉样本，其分析结果同样支持上述结论。❻ 另一方面，来自敖汉旗夏家店下层时期喇嘛洞山遗址灰坑的五个孢粉样本也暗示了当时温暖但相对干旱的气候条件。❼ 出自敖汉旗王祥沟自然地层（公元前 1700 年）的孢粉显

❶ 宋豫秦：《中国文明起源的人地关系简论》，科学出版社，2002 年，第 40 页。

❷ Y.T. Hong, Z.G. Wang, H.B. Jiang, Q.H. Lin, B. Hong, Y.X. Zhu, Y. Wang, L.S. Xu, X.T. Leng and H.D. Li, A 6000-year Record of Changes in Drought and Precipitation in Northeastern China Based on δ 13C Time Series from Peat Cellulose. *Earth and Planetary Science Letters*, 2001（185）：111～119.

❸ 降廷梅：《内蒙古农牧交错带全新世孢粉组合及植被探讨》，周廷儒、张兰生：《中国北方农牧交错带全新世环境演变及预测》，地质出版社，1992 年，第 71～86 页。

❹ 孔昭宸、刘观民、杨虎：《内蒙古自治区赤峰市距今 8000‐2400 年间环境考古学的初步研究》，周昆叔、巩启明主编：《环境考古研究》第一辑，科学出版社，1991 年，第 112～119 页。

❺ 李宜垠、崔海亭、胡金明：《西辽河流域古代文明的生态背景分析》，《第四纪研究》2003 年 3 期，第 291～298 页。

❻ 孔昭宸、杜乃秋：《内蒙古自治区几个考古地点的孢粉分析在古植被和古气候上的意义》，《植物生态学与地植物学丛刊》1981 年 3 期，第 193～202. 页；孔昭宸、刘观民、杨虎：《内蒙古自治区赤峰市距今 8000‐2400 年间环境考古学的初步研究》，周昆叔、巩启明：《环境考古研究》第一辑，科学出版社，1991 年，第 112～119 页。

❼ 宋豫秦：《中国文明起源的人地关系简论》科学出版社，2002 年，第 41 页。

示，相比公元前第五个千年，此时的气温和降水量均有所降低。❶ 距离赤峰地区较远的河北东部，泥炭孢粉分析指示出相对干旱和较温暖的气候。❷ 对整个黄河流域以北地区（包括赤峰区域在内）的气候重建工作认为，公元前 1500 年以后急剧下降的降水量直接导致了生计资源的消竭。❸ 赤峰调查区域临近地区几个地点的孢粉分析结果显示，在这一时间以后，乔木植物孢粉减少，杂草类植物和禾本科植物的孢粉增加。❹

与公元前第五个千年的情况相似，公元前第二个千年的气候记录存在着不一致的地方。在赤峰调查区域内，与其他时期相比，夏家店下层时期早些阶段的降水量充足，足以使高地旱作农业维持着较高的生产力，而不产生任何风险。不过，丰富的降水量对河谷地区的农业产生很大的负面影响，因为那里的排水系统很差，并且有发生洪水灾害的风险。此后的一段时期里，降水量下降并影响了很大一片区域，导致气候的极不稳定，具体表现为更加频繁和严重的周期性干旱。这种气候波动对高地的农业生产有很大影响，但也使得河谷地区的土壤更加肥沃、饱水，更适合发展农业生产。

夏家店上层时期至战国至汉时期

夏家店下层时期后半段极不稳定和干旱的气候持续到了夏家店上层时期（公元前 1200～前 600 年）。吉林省金川出土的植物稳定碳同位素比值显示出在这一时期持续性增加的干旱气候。❺ 西拉木伦河以西达里诺尔湖的湖芯分析显示，沙漠化最早出现于公

---

❶ 李宜垠、崔海亭、胡金明：《西辽河流域古代文明的生态背景分析》，《第四纪研究》2003 年 3 期，第 291～298 页。

❷ 李文漪、梁玉莲：《河北东部全新世温暖期植被与环境》，《植物学报》1985 年 6 期，第 640～651 页。

❸ 孔昭宸、刘观民、杨虎：《内蒙古自治区赤峰市距今 8000～2400 年间环境考古学的初步研究》，周昆叔、巩启明：《环境考古研究》第一辑，科学出版社，1991 年，第 112～119 页；李文漪、梁玉莲：《河北东部全新世温暖期植被与环境》，《植物学报》1985 年 6 期，第 640～651 页；李宜垠、崔海亭、胡金明：《西辽河流域古代文明的生态背景分析》，《第四纪研究》2003 年 3 期，第 291～298 页；史培军：《地理环境演变研究的理论与实践》，科学出版社，1991 年；滕铭予：《赤峰地区环境考古学研究的回顾与展望》，《边疆考古研究》第 3 辑，科学出版社，2004 年，第 263～273 页；Majorie G. Winkler and Pao K. Wang, The Late Quaternary Vegetation and Climate of China. In *Global Climates Since the Last Glacial Maximum,* H.E. Wright, Jr., J. E. Kutzbach, T. Webb III, W.F. Ruddiman, F.A. Street-Perrott and P.J. Bartlein, eds., pp. 221～261. Minneapolis: University of Minnesota Press, 1993；杨志荣、索秀芬：《中国北方农牧交错带东南部环境考古研究》，周昆叔、宋豫秦：《环境考古研究》第 2 辑，科学出版社，2000 年，第 81～88. 页。

❹ 宋豫秦：《中国文明起源的人地关系简论》，科学出版社，2002 年，第 40 页；汤卓炜、朱永刚、王立新：《西拉木伦河流域夏家店上层文化人地关系初步研究》，莫多闻、曹锦炎、郑文红、袁靖、曹兵武：《环境考古研究》第 4 辑，科学出版社，2007 年，第 202～212 页。

❺ Y.T. Hong, Z.G. Wang, H.B. Jiang, Q.H. Lin, B. Hong, Y.X. Zhu, Y. Wang, L.S. Xu, X.T. Leng and H.D. Li, A 6000-year Record of Changes in Drought and Precipitation in Northeastern China Based on δ 13C Time Series from Peat Cellulose. *Earth and Planetary Science Letters,* 2001（185）：111～119.

元前第四个千年，在公元前 900 年（即夏家店上层时期中段）之后加剧❶，大水诺尔湖的沉积沙层也证实了这一点❷。当时出现了沙漠 – 干旱草原环境并呈带状延续了 100 千米，赤峰地区的西边和北边均受到影响，但调查区域本身内部的干旱并没有那么严重。尽管降水量有明显的下降，但由于夏家店下层时期的气候非常湿润，所以，虽然整体上有转向干燥的趋势，但夏家店上层时期的气候条件（湿润程度）应当至少与今天持平，这意味着无论在高地还是在河谷都有特别适合农业生产的地方。

根据有些研究者的研究❸，在气候转向干旱的同时，年平均气温下降了 3℃ ~ 5℃。相反，翁牛特旗少郎河北岸自然地层（公元前 550 ~ 前 400 年）的孢粉样本分析显示了一个茂密的草原环境，表明当时气候较为温暖。❹ 克什克腾旗的关东车遗址也显示了相似结果。❺

战国至汉时期（公元前 600 ~ 公元 200 年），虽然有证据显示，在公元前后降水量有所增加，❻ 但属于这一时期的大部分时间里，赤峰调查区域内的气候条件和夏家店上层时期基本一致。

辽时期

上述气候条件一致延续到辽时期（公元 200 ~ 1300 年）的前半段。公元 900 年至公元 1300 年这段时间，由于整个中国东部的气候转向温暖，辽时期的后半段也变得暖和起来。这是全球性气候事件的一部分，即所谓的欧洲“中世纪暖期”❼，同时在三个气温高峰期（公元 10 世纪中期、公元 11 世纪晚期和公元 13 世纪）之间，隔着两个相

❶ Liu Hongyang, Xu Lihong and Cui Haiting, Holocene History of Desertification along the Woodland–Steppe Border in Northern China. *Quaternary Research* 2002（57）：259 ~ 270.

❷ 杨志荣、索秀芬：《中国北方农牧交错带东南部环境考古研究》，周昆叔、宋豫秦：《环境考古研究》第 2 辑，科学出版社，2000 年，第 81 ~ 88 页。

❸ 索秀芬：《内蒙古农牧交错带考古学文化经济形态转变及其原因》，《内蒙古文物考古》2003 年 1 期，第 62 ~ 68 页。

❹ 降廷梅：《内蒙古农牧交错带全新世孢粉组合及植被探讨》，周廷儒、张兰生：《中国北方农牧交错带全新世环境演变及预测》，地质出版社，1992 年，第 71 ~ 86 页。

❺ 汤卓炜、朱永刚、王立新：《西拉木伦河流域夏家店上层文化人地关系初步研究》，莫多闻、曹锦炎、郑文红、袁靖、曹兵武：《环境考古研究》第 4 辑，科学出版社，2007 年，第 202 ~ 212 页。

❻ 李宜垠、崔海亭、胡金明：《西辽河流域古代文明的生态背景分析》，《第四纪研究》2003 年 3 期，第 292 ~ 293 页。

❼ 葛全胜、郑景云、满志敏：《过去 2000 年中国温度变化研究的几个问题》，《自然科学进展》2004 年 4 期，第 452 ~ 453 页；满志敏、张修桂：《中国东部中世纪温暖期（MWP）的历史证据和基本特征的初步研究》，张兰生：《中国生存环境历史演变规律研究（一）》，海洋出版社，1993 年，第 95 ~ 104 页；王绍武、龚道溢：《全新世几个特征时期的中国气温》，《自然科学进展》2000 年 4 期，第 325 ~ 332 页。

对较冷的时期（公元 11 世纪早期和公元 12 世纪早期）。在西辽河流域，从 10 世纪开始到 11 世纪早期这段时间，气候极其温暖，而且非常适合农业生产。❶ 不过赤峰调查区域及其临近地方尚无资料证实这一事件。总之，这些气候波动都很短暂，现有的考古学资料并不能提供辨别其是否存在的证据。

第三节　地貌学研究

吉迪（Gideon Shelach-Lavi）　Yoav Avni

在对区域调查获得的数据进行分析时，我们总是关心这样一个问题，分布于现在地表的那些古代人类活动留下的遗存，是否受到了地质沉积形成以后的地质活动的影响，以及这些地质活动是如何影响了分布在地表的这些人工遗存的密度和可见度。地质沉积形成后的地质活动存在于世界上的任何地方，而且对某些地区的影响程度十分严重。区域调查的数据记录了人工制品（主要是陶片）以及地表可见的建筑遗存的分布状况，而上述的一些自然界活动则可能会掩盖这些人工遗存或者将其运离原生位置，这样就会影响到我们在田野工作中对分布在地表的人工遗物的采集、记录和观察。

为评估沉积形成以后的地质活动对调查区域内的地理变化以及对考古数据分析的影响，我们先后进行了三个季度的野外地貌学研究。这项研究结合了地貌学调查、调查区域的地质剖面发掘以及利用光释光和放射性碳十四对地质剖面中的沉积物进行测年研究。地貌学研究由以色列地质调查局的 Yoav Avni 博士完成。北京大学城市与环境学院的张家富教授采集了测年标本，测年工作由北京大学地质系地球表面过程实验室的周力平教授完成。上述工作对田野考古调查数据的考古学解释提供了重要帮助。有关上述工作的更详细的信息，包括光释光和放射性碳十四的全部测年结果以及对地貌过程的完整分析，请参见 Avni 等人于 2010 年发表的文章 ❷。

地貌调查研究显示，水土流失和沉积这一自然过程对调查地区内的考古遗存几乎没有任何影响，因此我们可以确定，田野调查所获得的有关人工遗存的信息可以反映古代人群的活动状况以及活动的地点。按照地貌学术语，调查区域可以分为两个不同的部分：

---

❶　韩茂莉：《辽代西辽河流域气候变化及其环境特征》，《地理科学》2004 年 10 期，第 550～556 页。

❷　Yoav Avni, Zhang Jiafu, Gideon Shelach and Zhou Liping, Upper Pleistocene-Holocene Geomorphic Changes Dictating Sedimentation Rates and Historical Land Use in the Valley System of the Chifeng Region, Inner Mongolia, Northern China. *Earth Surface Processes and Landforms* 2010（35）：1251～1268.

一部分区域是山和高地，这些地方被风成黄土所覆盖，正在因侵蚀而不断流失；另一部分区域是河谷，那些流失的黄土又重新在此处沉积（图 3.3）。地貌调查显示，即使一

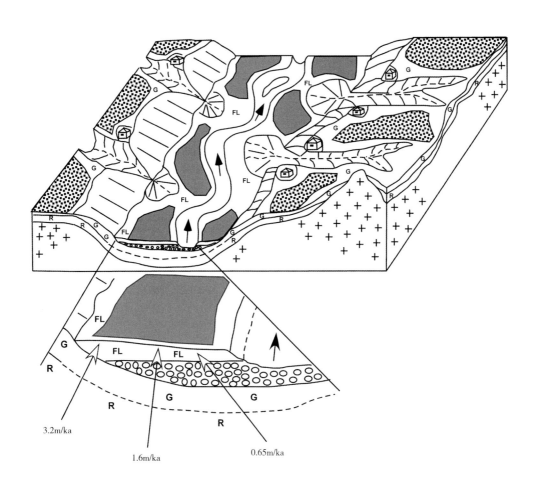

3.2m/ka

1.6m/ka

0.65m/ka

图例

+	围岩		砂砾石
R	红色古土壤		位于河谷中的农田
G	灰黄土		
FL	河流沉积黄土		位于丘陵坡地上的农田
	冲沟		古代遗址
	冲积扇	0.65m/ka	历史沉积速率
	流向		

图 3.3　赤峰地区主要地貌特征图解

些侵蚀沟谷的形成会破坏遗址和考古遗存，但其影响面积往往十分有限。对河谷地区沉积地层的剖面观察则显示，早在全新世初期甚至更早，大量的地质冲积作用就已经开始。很多证据表明，尽管这些地质过程会影响到人工遗存在地表的可见度，但实际上也使得河谷地区在辽代以前都非常不适宜人类居住。因此，这些河谷地区不太可能包含被沉积作用掩盖的人类聚落遗存。

水土侵蚀对分布在高地的聚落遗存的影响

2001 年，来自吉林大学和以色列地质调查局的地质学家在调查区域进行了一次初步的地貌调查。这项工作初步确认了考古学调查对这一地区的认知。在高地地区，自全新世以来，就一直处于快速的水土侵蚀和冲沟形成的过程。这些冲沟可能很深，但通常很狭窄，所以只影响到遗址的很小一部分（图 3.4）。大多数冲沟深约 10 米到 20 米，仅数米宽，冲沟的两壁几近垂直。利用生长在冲沟里的植物（通常是树木）作为依据，我们发现这种土壤侵蚀以每年 1 米的速度向上移动。这个侵蚀速率相当快，但考虑到黄土非常容易被侵蚀，这样的速率也在正常范围之内。在以色列的内盖夫（Negev）沙漠，人们在过去的 17 年中观察到了与之相似的侵蚀移动速率。❶

考虑到冲沟与夏家店下层时期防御性遗址的位置关系，有好几处冲沟被周边的遗址作为防御性结构的一部分，因此可以认为这些冲沟的主体部分形成于聚落形成之前，同时也进一步证明遗址并没有因冲沟的侵蚀受到严重影响。

图 3.4　现在仍然活动的一条冲沟

---

❶ Yoav Avni, Gully Incision as a Key Factor in Desertification in an Arid Environment, the Negev Highlands, Israel. *Catena* 2005（63）: 185 ~ 220; Yoav Avni, N. Porat, J. Plakht and G. Avni, Geomorphologic Changes Leading to Natural Desertification Processes versus Anthropogenic Land Conservation in an Arid Environment, the Negev Highlands, Israel. *Geomorphology* 2006（82）: 177 ~ 200.

冲积作用对分布在低地的聚落遗存的影响

对高地地区的地貌调查结果促使我们开展了一项更为深入的地质调查，即选择位于药王庙村西侧的一个小型排水系统（图3.5），希望通过对水渠的观察和测量，重建从更新世晚期到全新世这一过渡期的自然景观，以帮助我们理解全新世时期的地貌变化过程。同时借助测量水渠的坡度，甚至可以估计在史前和历史时期因水土侵蚀而被带入冲沟的物质的总量。另外，在2001年和2006年，我们在调查区域的不同地段进行了试掘，以了解河谷地区的沉积序列，并从土壤层中采集到用于光释光和放射性碳十四测年的样

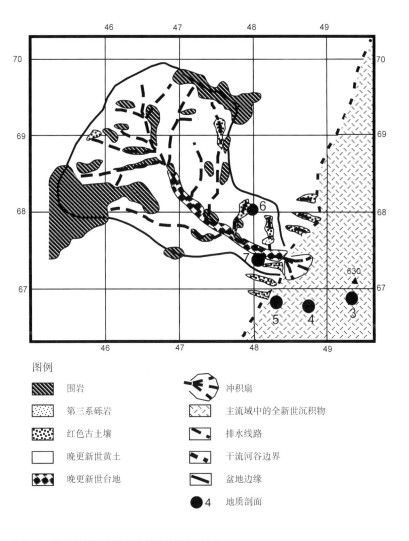

图 3.5　药王庙村西小型排水系统的地质状况

本。光释光的测年数据主要用来确认冲积物的形成时间，进而估算沉积的速率。从 11 个试掘的探沟中，共采集了 57 份光释光测年样本和 1 份碳十四测年样本 ❶，详细数据请参见 Avni 等人于 2010 发表论文中的表 1。

所选择的探沟位置代表了考古调查区域内环境的不同亚区（图 3.6）。其中有 5 个探沟（编号 3 ~ 7）位于药王庙村西的排水系统内或者在锡伯河与药王庙村之间的河谷地带。这些排水系统中的水最终都流入了锡伯河，因此通过分布在这里的探沟，可以知道中小型水渠从河谷的外围延伸到接近锡伯河的河谷中心地带的倾斜度（图 3.5）。另外 6 个探沟位于赤峰市区所在的大冲积平原的不同位置（探沟编号为 1、2 和 8 ~ 11）。有五条比较大型的河流注入这片平坦宽阔的平地上，在这里形成了英金河的排水盆地，这使得该地区的沉积状况不同于那些小型和中型的河谷，而是更加复杂。不同位置的探沟代表了大冲积平原内部的不同亚区，对于这些地点的选择是出于各自到盆地边缘、到盆地内部的高地以及到英金河的距离。

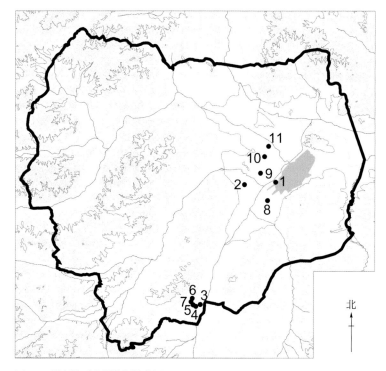

图 3.6　进行地质取样的探沟位置

❶ Yoav Avni, Zhang Jiafu, Gideon Shelach and Zhou Liping, Upper Pleistocene–Holocene Geomorphic Changes Dictating Sedimentation Rates and Historical Land Use in the Valley System of the Chifeng Region, Inner Mongolia, Northern China. *Earth Surface Processes and Landforms* 2010（35）：1251 ~ 1268.

药王庙盆地和锡伯河河谷

药王庙盆地位于赤峰市区以南20千米的药王庙村的西北部。盆地面积5平方千米，盆地内分布着一个很小的排水系统。河道沿岸以及部分陡坡都暴露出天然岩石，在主河道上可以看到一些第三纪到第四纪的砾岩。药王庙盆地大部分被很厚的更新世黄土沉积所覆盖，这些黄土同时覆盖了许多山坡和平缓的丘陵。在盆地的出口附近，有一个较晚时期形成的冲积扇，主要由漂流的沉积物质组成。冲积扇内有多条冲沟，将盆地分割并形成若干陡坡，冲积扇也由于冲沟的活动而不断扩大。目前，这些冲沟仍然十分活跃，不断将更多的黄土运送到更远处的河谷下游地带。

在药王庙这个小盆地里，我们发掘了两个探沟，编号为6和7。研究结果表明，这两处探沟与冰川时期的黄土沉积有关，对这一地区的考古遗存不会产生直接影响。编号为3、4、5的探沟分布在从药王庙盆地的入口延伸到锡伯河谷地的中心处，探沟间距离相近，呈线状排列。探沟5与药王庙盆地的距离最近，很可能就位于冲积扇上。探沟4位于探沟5以东400米、锡伯河以西850米的位置，代表了锡伯河谷地的中部。探沟3距离药王庙盆地稍远，距离河流主干道有500米左右。

根据估算，锡伯河谷地边缘的冲积扇沉积大约以3.2米/千年的速率增加。这个沉积速度极快，表明药王庙盆地入口处具有非常独特的状况。在锡伯河谷地，探沟4表明沉积速率为1.6米/千年，而靠近河流的探沟3则显示出1米/千年的沉积速率。由于在整个全新世时期发生的高地地区剧烈的土壤侵蚀，导致调查区域内一些中型河谷的沉积物迅速增加。这样的沉积速率在河谷边缘的冲沟地带表现得更加明显，也许正是由于这个原因，赤峰地区的古代居民不愿意将定居地点选择在平坦的河谷里。

尽管存在上述问题，但是现代村落仍主要集中分布在平坦的河谷地区。虽然周期性的洪水时常给人们带来麻烦（图3.7和3.8），但是在现代化的水泥地基面前，洪水不再是严重的危害。不过，一直到辽代，这一地区的房屋都是由泥砖和木骨泥墙构成，洪水就会成为很大的威

图3.7　2006年夏季半支箭河支流发生的洪水灾害

图 3.8　2006 年夏季半支箭河支流发生的洪水对于当地住居的影响

胁。在远离锡伯河谷的平原上，沉积速率远比河谷边缘处缓慢了许多，这一点可能在其他类似规模的河谷地带中也可以观察到。尽管如此，这里的沉积速率还是很惊人的。这些现象表明，高频率、大规模的洪水可能曾经全部覆盖了调查区域内的河谷地带。同时，河道的横向摆动亦可能成为影响聚落选址的更重要的因素。在所有探沟的剖面上，都观察到了数个卵石层，表明河道曾经频繁地发生过变动。那些可能从辽代就开始建造的土筑的堤坝，以及更多近代修建的水泥和石块的堤坝，大大地削弱了洪水对谷地的侵害，并减少了河道的变更。正是这些因素，以及显然是出于方便性和经济性的考虑而沿河谷形成的某些交通要道，才在这样一个地质类型上并不适合居住的地区出现了那么多的现代村落，不过还是可以比较明显地看到，这些现代村落都有意避开了那些因高地排水而形成的盆地出口地点。

在这些存在着洪水隐患的河谷的上方，则有许多适合人类居住的地点，所以在辽代以前，整个赤峰调查区域内几乎没有大型聚落分布在平坦的河谷地带。虽然这里不适宜人类居住，但却不排除古代居民利用河谷地带进行狩猎、放牧或者农业种植等方面的活动。

赤峰地区的洪泛平原

如前所述，调查区域内的所有中型河流汇合在一起，在东北部形成了广阔的洪泛平原。这片雨水充沛的平坦土地覆盖了大约 120 平方千米的范围，成为今天赤峰市区人口的主要聚集地。这片洪泛平原及其周边的高地都包括在调查区域内。比起其他那些中型的河谷地带，该区域内的地貌形成过程更加复杂。不同来源的水流和沉积物一起涌入这个区域，漫延到整个河谷平地，形成了多变的微区环境。在这些微区环境内，我们很难估算沉积物的沉积速率。一些古代阶地的残留在冰川时期沉积下来，并且未完全因侵蚀而消失，这些物质在地貌形成过程中起着重要作用。在赤峰地区的洪泛平原上，这些阶地可能直到全新世时期才完全被侵蚀。相比之下，狭窄河谷地区的阶地侵蚀速度要更快一些。

为了解这一地区的地貌形成过程，并对不同微区域内的侵蚀和沉积速率有更好的认识，我们在赤峰洪泛平原的不同区域布置了六条探沟。这六处探沟代表了不同的微区域以及距离主要河流的不同距离（图 3.6）。之所以这样选择地点有三个目的：第一，估算赤峰洪泛平原不同区域内的沉积速率；第二，检测河道是否发生过横向位移；第三，发现目前尚被覆盖着的冰川时期的阶地残留。

整体而言，全新世中期到晚期这一阶段，赤峰洪泛平原的沉积速度约为 0.5 ~ 1.5 米 / 千年。某些区域内的沉积速率要低于那些中型河谷内的沉积速率。然而，即使是在这些沉积速率很低的区域，依然表明赤峰的洪泛平原遭受过频繁的洪水灾害。类似情形在平原地区的支流河谷也曾发生过。

在分布于赤峰洪泛平原的所有探沟中，我们都发现了数个粗砂砾沉积层。除探沟 9 外，其他所有探沟中古代河道的年代都在全新世时期。在某些地区，例如探沟 10 所在的位置，古代河道远远偏离了现代河道。这一现象表明，在全新世时期的大部分时间里，赤峰洪泛平原上的自然环境十分不稳定，整个河流体系经常发生横向摆动，有时候这种摆动是长距离的。

在赤峰洪泛平原的某些地区，常常周期性地出现一些因排水不畅而形成的沼泽地貌，这一点从探沟 2 和探沟 11 中的黑色古土壤得到验证，表明在相当长时间的贫氧环境中，冲积作用很少发生。频繁的洪水、间歇发生的河道大偏移以及沼泽地区这三方面因素使得赤峰洪泛平原成为不适应人类居住的区域，甚至远不如其支流河谷的平地。在那些支流河谷的盆地里，从辽代开始，情况就一直在发生改变，更多人造工程的建设降低了洪水的危害，人们也更有力地控制了主要河流的流向。

在探沟 9 中，有证据显示，来自上一个冰期的沉积物形成了一些较低的山丘，至少在部分史前时期，这些山丘形成了天然屏障，消除了洪水的影响。一些这样的地点可能比较适合人类居住，但是由于它们只是稍稍高出了同时期的洪泛平原，而这些洪泛平原大多数都被全新世晚期的沉积物完全掩埋了。探沟的地貌学研究证实这样的地点非常少见。但在平坦河谷的几个地点，我们确实发现了一些古代人类的居住遗存，很可能与上述现象有关。

结论

　　地貌学研究结果显示，在赤峰地区的洪泛平原上进行考古学调查不会取得什么显著的成果（对中型河谷的调查在开展地貌学研究之前就已经完成）。首先，即使这一区域确实存在过古代聚落，也很可能已经被近期的冲积活动所覆盖，以至在地表根本无法观察到与居住有关的遗存。更重要的是，有证据显示在这片河谷地带根本不曾存在过任何大型的古代聚落。鉴于上述原因，我们将这片区域排除在赤峰调查范围以外（图 3.9）。在本书的其他任何分析中，这片区域则被认为是从未有人居住过的地区，因为根据我们现有的研究，这是最可能发生的情景。

　　在前后长达 9 年的田野工作中，我们发现有其他途径可以帮助我们检验上述结论的正确与否。我们的田野工作开始于 1999 年，从那时起，与中国许多其他城市一样，赤峰市区开展了大规模的城市建设活动，这些建设活动不仅涵盖了老城区，还延伸到老城区的周边地区。通过走访这些建筑工地，并与当地文物部门的工作人员进行交谈，我们发现，在赤峰洪泛平原上开展如此大规模的建设，竟然没有发现或破坏任何古代人类活动留下的遗存。市区建设工作的重心集中在老城区的西部，即现在被称为"新城"的地方。1999 年，当赤峰考古调查刚刚开始的时候，这片区域尚未开发，到处是开阔的农田和村舍。现在，则遍布着大型建筑，包括市政府的办公楼、一个大型运动场馆、许多高档公寓、学校及其他建筑。我们的考古调查使用了 1977 年制作的地形图，根据这个地图，赤峰市区及周边村落的总面积达到 18.65 平方千米。而 20 世纪 90 年代中期的卫星图片显示，城区的面积增加了 16.70 平方千米。到了 2003 年，又新增建设面积 9.9 平方千米。2003 年 8 月的卫星图显示，仅仅是赤峰"新城"本身，就覆盖了 4 平方千米的范围，而此时整个"新城"的建设还远未结束。我们曾对这个地区进行了多次实地考察，也从当地文物部门了解到一些信息，得知整个建设过程中仅发

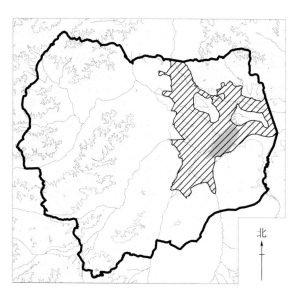

图 3.9　未进行调查的平坦河谷地区（斜线部分）

现了一个古代遗址，包含几座小型的辽代墓葬。所有这些信息都充分地表明，在辽代以前，赤峰洪泛平原没有出现任何人类聚落。即便是在辽代，在此定居的居民也是寥寥无几。

之所以很少有古代居民选择在赤峰洪泛平原居住，另外一种可能是由于分布在广阔的赤峰洪泛平原的各种自然资源很少被开发利用。如果这一地区曾是非常重要的资源中心，那么在那些可以避开洪水和河道偏移以及排水不畅等因素的地区，至少在某些时期内，应该居住着相当多的人口并存在着聚落。然而，正如后续章节所显示的那样，从聚落分布图看，整个赤峰洪泛平原上的聚落数量非常稀少，远不及分布在那些中型河谷中的聚落数量。如果将赤峰洪泛平原上的两座山考虑进去，这个现象更加明显。这两座山分别是红山及其西侧的一处山脉。这两个山脉为人群定居提供了完美的天然保护，并同时接近赤峰洪泛平原和平原上的可利用资源。然而，我们发现，虽然这两处山上的确存在着不同时期的人类居住遗存，但这种居住遗存亦非常稀疏。

另一项地貌学研究提出 ❶，在整个赤峰地区，主要河流在某些时期内的活动以迅速的向下切割作用为主，而在另一些时期则以沉积作用为主，从而在那些中型河谷的边缘形成了阶地。如果这个模式正确无误的话，考古遗址的分布应当能够反映出这种阶地化过程，并且我们可以对考古遗址的分布做出以下推测：年代最久远的遗址应该位于更早期的阶地上，而较晚时期的遗址则分布在较晚时期形成的阶地上，并且接近现代河流的水面。

不过，根据我们上述的地貌学研究结果，至少在赤峰项目调查区域内，导致地貌变化的最主要因素并非阶地化，而是狭窄冲沟的形成。在这些冲沟的冲击作用下，沉积物被从高地运送到河谷。这一过程开始于更新世中期，在全新世时期急速加剧。在赤峰调查区域内的河谷边缘地带，我们没有发现任何因自然力形成的阶地。而且，聚落分布模式（将在第五章进行讨论）也并不符合前文所提出的模式。在赤峰调查区域内，那种所谓"更早的遗址远离河谷边缘，而稍晚的遗址接近河谷边缘"的现象并不存在。恰恰相反，很多早期遗址，例如兴隆洼时期和赵宝沟时期的遗址，就坐落在谷地边缘。这个规律不仅适用于那些将河谷与高地分隔开的谷地边缘（以各种断崖为标志），也适用于那些高地最终以缓坡的形式延续到河谷的地方。

总而言之，自赤峰调查区域内出现人类居住行为开始，数千年中，地貌的变化似乎并没有改变地表古代人类活动遗存的分布，从而不会给我们认识古代聚落分布模式带来严重的影响。

---

❶ 夏正楷、邓辉、武弘麟：《内蒙西拉木伦河流域考古文化演变的地貌背景分析》，《地理学报》2000 年 3 期，第 329 ~ 336 页。

第四章

聚落分析

第四章　聚落分析

　　考古学中的区域聚落分析方法常常被认为并不具有统一的标准。由于不同的田野调查项目在系统性调查的覆盖面积和密集程度、分析单位的范围界定、分析单位所需信息的采集，以及采集信息的记录方式等方面存在着差异，导致对与聚落相关的数据采集方式各不相同。在田野工作之后，由于对数据的分析方法以及表述分析结果的方式亦不相同，因此想获取可供进行聚落分析比较研究的信息则变得尤为困难。赤峰调查项目致力于为提高聚落分析的方法论做出贡献，这包括田野调查数据采集和随后对数据的整理分析两方面❶。本章力求对田野调查方法和对调查所获数据使用的分析方法进行全面的描述。我们希望做到以下几点，第一，让读者来评价这些数据在多大程度上支持本书第五章中对赤峰地区社会发展进程的重构；第二，让其他人也可以用我们采集到的数据来回答赤峰项目之外的问题；第三，让赤峰地区的社会发展变化轨迹能和中外其他地区进行比较。

　　本章第一部分描述了田野调查时数据的采集过程以及数据库的构成。第二部分涉及一个关键问题，即尝试将田野考古工作所获取的数据与古代人口联系起来。几乎所有的聚落分析在本质上均以人口数量为基础，因为聚落分析是基于对考古资料所反映出的一些模式的划分，这些模式反映了古代居民在一片土地上居住及其他活动的分布情况。这就促使我们回答（哪怕是在相对意义上）一个问题，即空间上的哪一片区域曾拥有更多或更少的人口？

　　出于某些需要，有时对人口进行相对数量、即"多"和"少"的判断，与对人口进行绝对数量的估算同等重要。本章的第二部分就致力于这种相对的和绝对的人口估算，其主要依据来自于赤峰调查项目的试掘、早年大规模的遗址发掘、现代人口的分布、历史上和现代的人口统计以及其他资料。

---

❶　赤峰中美联合考古研究项目：《内蒙古东部（赤峰）区域考古调查阶段性报告》，科学出版社，2003 年。

在第二部分的基础上，本章的第三部分对不同规模的人类社群进行了划分，这种划分并不是简单的假定田野调查中的一个遗址即为一个古代人类社群，而是基于对田野工作所获信息的分析。在上述讨论的基础上，本章的最后部分即开始探索聚落分析的结果，尤其关注聚落分布在什么程度上会被如第三章中所讨论的环境因素所影响。

第一节　田野调查方法

周南（Robert D. Drennan）

在调查方法方面，赤峰区域调查可与世界其他地区进行的大型系统性区域调查进行比较。[1] 田野调查工作分若干小组进行，每个调查小组负责调查范围内的某一划定区域。调查小组由大约 4 名考古学家组成，调查时各自间隔 50 米呈"之"字前行。大部分遗址是由于发现了分布在地表的人工制品（通常为陶片）而得以确认。在赤峰项目调查范围内，人工制品的地表可见度，虽然可能不似秘鲁沿海的干旱河谷，或美索不达米亚地区那样清晰可见，但至少与墨西哥盆地、瓦哈卡谷地或者秘鲁、玻利维亚的高地接近。由于赤峰调查区域的地表可见度已经足够好，因此不需要采用在北美、北安第斯和其他地区区域性调查中常用的铲探的方法。与那些热带潮湿的高地和低地森林相比，赤峰地区的植被对调查完全不构成困扰。在过去的数千年中，赤峰地区的自然植被已因人类活动而消失殆尽，现在这里主要是进行精细的农业耕作并辅以家畜饲养（以羊和猪为主），这使得调查区域内除了种植农作物的土地以外多为荒芜的地表。

田野调查在不同年份的春季、夏季和秋季（四月到十月之间）展开。每年的四月和五月，干旱的冬季刚刚结束，赤峰地区气候逐渐转暖，适宜进行野外工作，加之此时犁地和耕种刚刚开始，野生植被尚且稀疏，这些条件均有利于进行田野调查工作。六月份，在平坦的河谷地区庄稼开始生长，并影响到地表的可见度和调查人员的移动性。到七八月的时候，玉米、向日葵、小麦、粟以及许多其他农作物正值生长旺季，这使得在河谷地区的调查非常困难。不过高地地区的种植通常稍晚，而且相对不那么密集，因此，即使到了六月、七月和八月，这些地方的地表能见度仍然很好。只是七月和八月的高温，极大地降低了进行田野调查的工作效率。到秋季时，条件又有所好转，当十月份大多数

---

[1] 参见赤峰中美联合考古研究项目：《内蒙古东部（赤峰）区域考古调查阶段性报告》中的第四章"区域性人口规模重建之尝试"，科学出版社，2003 年，第 62 ~ 72 页。

庄稼成熟被收割后，调查的可见度和调查人员的移动性则非常好，气温也十分适宜田野工作。总之，在赤峰地区，我们只需要合理安排田野工作的时间，避开密集生长的庄稼，即可解决因植被而使地表可见度受到影响的问题。

在调查中，任何发现有古代建筑遗存、居住痕迹、墓葬、地表改变，或者其他类似情况的地点，都会被认定为一个遗址。不过，将一个地点称之为"遗址"，并不代表此处就一定发生过古代人类活动。而通过给每一个遗址赋予一个相应的编号，则是在田野调查工作中记录采集地点信息的最基本方法。对明确存在古代人类活动遗迹的地点，调查者会对其进行文字描述或者绘制简单的地图。

由于大多数遗址都只是在地表发现分布有人工制品，因此就会产生一个所有区域调查都会面临的问题，即在一个地点发现多少人工制品才可以将这里认定为"遗址"，并需要记录下它的信息？虽然大多数以复杂社会为研究目的的区域调查并不是简单地将仅发现一个陶片的地点也称作"遗址"，但很少有报告明确地说明这个问题。缺乏对于这个问题的关注意味着在不同的调查中采用了不同的标准，甚至在同一个调查项目中也可能存在着不同的标准。不同调查中采用的标准不同并不一定导致不同项目的结果之间无法进行比较，但可能会对其产生一些影响。而后一种情况则不同，即使不和其他项目进行比较，同一个项目中如果采用标准不同的话，也可能会对该项目数据的全面分析结果造成影响。

与许多其他地区类似，在赤峰进行区域性田野调查时，当一名调查组成员在地表发现一个陶片的时候，就表明这里很可能会是一个"遗址"。不过有时候，除了这一个陶片之外，再无其他发现。我们的规定是，自发现第一个陶片起，由此向前延伸的100米范围内，如果没有发现其他人工制品，那么已发现的第一个陶片就可以被忽略，发现陶片的地点不会被认定为"遗址"，不会赋予遗址编号，也不会记录任何信息。相反，如果在100米内有第二个陶片出现，调查组成员就会在该地点周边区域集中进行搜寻，寻找更多的陶片或者其他人工制品。如果什么都没发现的话，那么与上述处理方式相同，这两个陶片也将被忽略，亦不做任何记录。然而，如果出现第三或者第四个陶片，这个地点就会被认定为"遗址"并赋予遗址编号，要采集所发现的人工制品，并记录相关信息。

在已有的区域性调查报告中都缺乏对这一问题——即根据地表遗物划定遗址的标准——进行明确讨论的情况下，和许多研究复杂社会的区域性调查项目相比，赤峰项目对于如何界定一个遗址所采用的标准似乎较低。但这个标准与 Underhill 等人在山东日照所采取的调查标准仍然具有可比性❶。在山东日照的调查中，当某处地点发现一块可以辨识的陶片时，该地点就被确定为一个遗址。在美国西南部的一个调查中，Plog、Plog和Wait确定的标准是：当地表每平方米至少有五个人工制品时，可以将此处认定为一个遗址。❷与赤峰调查所记录的大多数遗址相比，这是一个相当高的地表密度。从这个角度看，真正让我们担心的并不是忽略单个或者成对出现的陶片会使重要信息丢失，而是对只发现三四个陶片的遗址进行分析是否会产生误导。例如，在中国以及世界上其他发展密集种植业的地方，考古学家们经常被一个问题所困扰，即小区域内低密度的地表遗物可能来自于对地表进行施肥时所使用的土壤或堆肥，这些土壤和堆肥可能来自其他地点，并包含古代陶片。当然，这不会导致区域内古代陶片总数量的增加，但地表上的一些古代陶片会被移动，从而创造出了一些"遗址"，在这些所谓的"遗址"上，其实并没有古代人口居住过。

在赤峰调查中，对那些小区域内低密度的遗物分布信息也都同样进行了记录，一方面是因为记录这些遗址本身并不需要太多时间，另一方面是因为只有系统记录这些遗物的信息，我们才能从经验上判断它们到底是代表了什么或者不代表什么。基于此，我们希望将数据的记录与分析、解释分开，调查人员将注意力集中在记录和收集所能观察到的信息，而不是试图去解释这些信息。这就意味着在调查中，即使只有三件人工制品，调查人员也要对其进行采集，以便日后进行分析。调查人员要避免在田野调查中进行主观的判断，例如，认为陶片分布密度过低从而认为没有采集和记录的意义，以至于失去了以后进行更全面研究的可能性。因此，我们希望对整个调查区域的解释更加标准化，不会因调查人员的主观判断标准不同而有所改变。对赤峰田野调查所获数据的分析显示，只有五件人工制品而被赋予编号的遗址数量很少。与其他同时代的遗址或者现代人口和农业的分布相比，这些仅有少量人工制品的遗址的分布并不主要是由于如施肥或者土壤移动之类的农业生产活动造成的。❸最终，这些在小范围内、稀疏分布的陶片对最后的区域调查分析结果影响甚微。因此，产生这些在小范围内稀疏分布的陶片的原因和它们的确切性质在方法论上并不是一个重要的问题。记录这些数据确实为数据库添加了详细

❶ Anne P.Underhill, Gary M. Feinman, Linda Nicholas, Gwen Bennett, Fengshu Cai, Haiguang Yu, Fengshi Luan and Hui Fang，Systematic, Regional Survey in SE Shandong Province, China. *Journal of Field Archaeology* 1998（25）：459 ～ 460.

❷ Stephen Plog, Fred Plog and Walter Wait, Decision-Making in Modern Surveys. *Advances in Archaeological Method and Theory* 1978（1）：387.

❸ 参见赤峰中美联合考古研究项目：《内蒙古东部（赤峰）区域考古调查阶段性报告》中的第四章"区域性人口规模重建之尝试"，科学出版社，2003年，第62 ～ 72页。

信息，而且有意思的是，这些小范围内分布的低密度陶片在某些时期比另外一些时期更为常见。我们将在第五章进一步思考和探讨这一现象。

对每一个赋予编号的遗址来说，最基本的观察来自于地表遗物的分布面积和分布密度。为了达到这个目的，我们设定的空间分辨率是面积不超过1公顷的采集点（collection）❶，即1公顷或者更小的面积代表一个人工采集单位。如果一个遗址的面积超过1公顷，这个遗址就会被划分成若干个采集点分别进行采集。因此，每一个采集点代表了田野调查中一个面积为1公顷或者更小的区域。每一个调查组在调查时都持有放大的卫星图片，并在卫星图片上将每一个采集点的边界准确的划出，从而可以确定每一个采集点的位置并准确的测量出面积。一个遗址包含一个或者多个连续的采集点，这些采集点涵盖了地表分布有可见遗迹或人工制品的全部范围。通过计算采集点的总面积，我们可以计算出每一个遗址的面积。更重要的是，对那些不包含某一时期陶片的采集点，我们可以忽略那个时期该采集点的面积，这样，就可以计算出每一个遗址在不同时期分布范围的面积。同样根据发现的人工制品，可以确认遗址在不同时期所具有的不同使用强度和功能，即不是把由人工制品所反映的使用强度和功能均匀地分配到整个遗址，而是分配到面积为1公顷或者小于1公顷的采集点。是这些1公顷大小的采集点，而并非遗址，是进行记录数据和分析的基本单位。通过对采集点所获数据的分析还可以进一步对不同规模的聚落进行定义。

在赤峰调查中，20个陶片被设定为一个采集点的最小样本量。跟许多田野调查一样，这个样本量是统计学上的理论要求与现实实践相互平衡的结果。例如，一个20片陶片的样本，我们可以在误差范围不超过正负10%、置信度66%（一个标准差）的情况下，估算不同时期陶片的比例，或者是不同器形的陶片的比例。如果一个特定时期的陶片完全不见于一个由20片陶片组成的样本，那么在相同的误差水平和置信度下，我们可以认为这个时期的陶片在全部陶片所占的比例不到5%❷。我们在赤峰进行田野调查时会将分布在地表的所有种类的人工制品都进行采集，但是在规定采集的样本量时是以陶片为基础，这是因为陶片是地表最常见的人工制品。显然，一个大的样本量会使得我们对采集点内人工制品的观察和判断具有更高的准确率和信心，但是当在地表发现的陶片不足20片的时候，我们也只能使用更小的样本。另外，当样本量达到20个以后，若继续增加样本量反而使效果递减的情况也时有发生。当样本量较大时，确实可以产生更容易让人信服的结果，但是随着样本量的增加而工作量也在不断地增加，有时反而不能保证得

---

❶ 请参见第二章第二节中关于采集点的说明。
❷ Robert D.Drennan, *Statistics for Archaeologists: A Commonsense Approach.* New York: Springer, 2009, 251 ~ 254.

到理想的结果。因此即使存在着可以得到大样本量的机会，我们也不必投入大量的精力去获取大的样本量。

考古学中的"系统性采集"是指在一个清晰划分的范围内仔细收集所有的人工制品，或者是某些种类或具备某些特征的人工制品。虽然在很多田野调查中已经使用这种做法，但在大规模的区域性调查中并不经常采用这种系统性的采集方法。主要原因是系统性采集过于耗费时间，不适于进行大规模的区域性调查。不过，在赤峰地区的工作中，我们发现系统性采集完全具有可行性。在进行系统性采集前，两名调查队员利用一条 1.5 米长的绳子，可以快速地在地面划出一个直径为 3 米的圆圈，然后将圆圈内所有的人工制品全部采集。如果采集到的陶片少于 20 个，调查队员则需要在临近区域继续划出直径 3 米的圆圈进行采集，直至采集到最小样本量，即 20 个陶片。记录下所画圆圈的总数，这样就可以计算出每平方米人工制品的数量。划圈的地点一定要有随机性，以避免调查队员下意识的选择在陶片分布密集的区域进行采集。

然而，并不是在所有情况下都可以进行系统性采集。在某些遗址，人工制品分布稀疏，有时在一个直径 3 米的圆圈内所发现的遗物不超过 5 件，有时甚至在 1 公顷的范围内地表可见陶片都不超过 20 个。遇到这种情况，调查人员则放弃系统性采集，而取代以一般性采集。在进行一般性采集时，调查人员采集他们在采集点内最先发现的遗物，直到达到最小样本量为止。这样的采集方法可以消除一些主观性的判断，例如，人为地认为应该采集什么、不采集什么，同时减少因为某些人工制品具有特殊性，或具有明显的特征等而产生的带有倾向性的采集❶。

这种调查方法的直接结果是在地图上画出一系列划分成 1 公顷左右的采集点。如果某个遗址的人工制品分布范围非常小，那么单个采集点的面积会比 1 公顷小很多。每一个采集点都有一个唯一的编号，从而将其与在该采集点采集到的人工制品（无论是出自 1 公顷范围内的一般性采集，或是出自 1 公顷内的一个或者多个直径 3 米圆圈内的系统性采集）关联起来。对这些地图进行数字化处理，从而形成基本的调查结果，即在地表上能见到的古代人类活动的分布范围。地图上的空白区域则代表调查人员努力寻找但最终未能发现古代人类活动遗存的地方。

有关赤峰项目的全部数据，包括每一个采集点的范围和位置，以及采集到的陶片数量等，都可以在线获取（参见附录）。

---

❶ Robert D.Drennan, *Statistics for Archaeologists: A Commonsense Approach.* New York: Springer, 2009, 86 ~ 93.

第二节　重建区域性人口的方法

周南（Robert D. Drennan）　　柯睿思（Christian E. Peterson）

区域规模的聚落分析，主要是研究古代人口在一个区域的自然环境里是如何分布的。本章最核心的问题就是要确定（或至少相对而言）在不同的时期有多少人口分布在哪些不同的地方。区域规模的人口分析有一个最基础的假设，即当某一地区生活的人口越多，相应地遗留在该地区的地表遗存就越多。例如，建筑物和其他一些永久性的遗迹，这些实物遗存在考古学上发挥着很大的作用，并且在某些地区或某些时期显得尤为重要。不过，相比建筑物和其他一些永久性遗迹，日常生活产生的垃圾亦为研究古代人群的居住提供了更加一致和普遍的考古学证据。自新石器时代初期开始，对大多数地区和时期来说，日常垃圾中最具有考古学价值的就是来自破碎陶器的残片。陶片的三个特征使得它们在考古学分析中非常有用。第一，陶片主要是日常生活中常用器物破损的产物。陶片的大量出现对于确认某一地区曾经作为居住地点是很好的证据，而那些非居住地点（例如墓地或从事其他特殊活动的场所），就很少会产生大量的陶片。第二，即便是散落在地表，陶片也非常不容易腐烂和被毁坏。第三，陶片自身具备一些特点，即使它们不是出自于考古地层，也可以根据这些特点确认其文化属性和年代。

古代垃圾和人口

关于如何估算某个已发掘遗址的古代人口规模的问题，已经有许多研究者从不同的角度进行过探讨，[1] 这些方法成为聚落研究中估算区域性人口规模的出发点之一。如果发现某些单独的建筑物或房址，可以考虑将它们累计，然后乘以可以反映居住人口的系

---

[1] Fekri A. Hassan, Determination of Population Size from Archaeological Data. In *Demographic Archaeology*, Fekri A. Hassan, ed., pp. 63 ~ 93. New York: Academic Press, 1981; Richard R.Paine, Demography. In *Archaeological Methods*, Herbert D.G. Maschner and Christopher Chippindale, eds., pp. 977 ~ 1001. Lanham, MD: Altamira Press, 2005.

数，例如居住率，以得到估算的人口数量。❶ 遗址面积也通常被认为和居住在遗址中的人口数量成正比。❷ 在遗址中发现的陶片数量同样被用来推算人口的数量。❸ 大多数根据已发掘的数百平方米或几公顷大小的遗址所使用的人口估算方法，并不能简单地应用于几百甚至上千平方千米的范围。不过，借助于系统性的区域调查，我们可以评估居住于某一广阔区域内的古代居民在地表产生的垃圾数量，进而能够像人口调查那样对区域人口水平的变化进行估算。区域调查最重要的一项任务是对地表进行系统性的观察，对于那些没有发现遗址的区域，我们必须确认这是经过认真观察之后得到的结果，而不是由于未能进行实地调查而导致的数据缺失。当然，在任何人口分析中，我们都应该清楚，最终获取的结果只是粗略的估算，而不是精确的数字。

进行人口估算的基本假设是，在其他条件不变的前提下，人口数量越多，遗留在地表的垃圾就越多。不过，有两个重要的方法论问题需要解决：（1）在具体的案例中，这些"其他的条件"究竟在多大程度上能够保持不变；（2）如何在最大程度上精确计算遗物的数量，以准确反映区域内不同时期遗留在地表的垃圾总量。针对这两个问题，我们之前曾利用赤峰调查数据进行过探讨❹，本文将继续探讨这两个问题。

估算某一时期内遗留在地表的垃圾数量，可以有以下几种方法：（1）计算该时期居住遗址的数量；（2）计算在地表发现该时期陶片的采集点的数量；（3）计算该时期陶片所覆盖的总面积；（4）计算该时期陶片的总数量。所有上述方法都已经被系统地应用于世界其他地区的区域性聚落研究中。例如，在山东省日照地区，调查人员将人类活动过的总占地面积作为估算人口数量的依据。❺ 在之前的研究中，我们注意到，所有

---

❶ James Hill, *Broken K Pueblo: Prehistoric Social Organization in the American Southwest.* University of Arizona Anthropological Papers, 1970, No. 18; William Longacre, *Reconstructing Prehistoric Pueblo Societies.* Albuquerque: University of New Mexico Press, 1970；西安半坡博物馆、陕西省考古研究所、临潼县博物馆：《姜寨：新石器时代遗址发掘报告》，文物出版社，1988 年；赵春青：《也谈姜寨一期村落中的房屋与人口》，《考古与文物》1998 年 4 期，第 26 ~ 46 页。

❷ Robert McC.Adams, *Land Behind Baghdad: A History of Settlement on the Diyala Plains.* Chicago: University of Chicago Press, 1965; Robert D.Drennan and Ana María Boada Rivas, Demographic Patterns. In *Prehispanic Chiefdoms in the Valle de la Plata, Vol. 5: Regional Settlement Patterns,* Robert D. Drennan, ed., pp. 59 ~ 81. University of Pittsburgh Memoirs in Latin American Archaeology, 2006, No. 16; Fang Hui, Gary M. Feinman, Anne P. Underhill and Linda M. Nicholas, Settlement Pattern Survey in the Rizhao Area: A Preliminary Effort to Consider Han and Pre-Han Demography. *Bulletin of the Indo-Pacific Prehistory Association* 2004（24）：79 ~ 82.

❸ Timothy A. Kohler, Ceramic Breakage Rate Simulation: Population Size and the Southeastern Chiefdom. *Newsletter of Computer Archaeology* 1978（14）：1 ~ 20.

❹ 赤峰中美联合考古研究项目：《内蒙古东部（赤峰）区域考古调查阶段性报告》中的第四章"区域性人口规模重建之尝试"，科学出版社，2003 年。

❺ Fang Hui, Gary M. Feinman, Anne P. Underhill and Linda M. Nicholas, Settlement Pattern Survey in the Rizhao Area: A Preliminary Effort to Consider Han and Pre-Han Demography. *Bulletin of the Indo-Pacific Prehistory Association* 2004（24）：79 ~ 82.

这些估算地表古代垃圾数量的方法在应用于赤峰地区人口水平变化的估计时，都可以得出相似的结论。❶ 不同的方法得到了相似结论，是一件相当鼓舞人心的事情，因为上述四种计算地表古代垃圾数量的方法其实反映了两种截然不同的研究思路。第一种思路基本依靠地表不同时期陶片的分布面积，包括遗址数量、采集点数量或是采集点的总面积，但缺点是未能考虑到不同区域可能产生不同数量的垃圾。第二种思路依靠的是发现陶片的数量，由于调查采集到的陶片与地表或地下的陶片总数之间并不存在直接关系，因此，发现的陶片数量并不能系统地反映出存在陶片的总数，这是该思路的主要缺点。在之前的研究中，我们曾建议，可以将这两种思考方式结合起来，相互补充，从而达到"取两者之长，去两者之短"的目的。❷ 我们的这个建议借鉴了墨西哥盆地的聚落研究，该地区曾开展过到目前为止考古学中最全面的区域人口分析工作❸。在许多其他地区进行的聚落研究中，学者们将墨西哥盆地的研究方法进行了相应的改进并加以应用。在墨西哥盆地，遗址面积通过航空照片来计算。此外，通过人为观察，不同时期陶片的分布密度被按照一定的标准进行分类，如少量，少量至中等、中等……而陶片分布密度的分类则与不同遗址内由于居住人口数量不同而导致的居住密度不同相对应。我们在赤峰所用到的分析方法与墨西哥盆地类似，既考虑了不同时期陶片在地表的分布面积，又考虑了这些遗物（主要是陶片）的分布密度。

表 4.1　　　　　不同城镇中现代社群的人口、聚落面积和居住密度

人口	聚落面积	每公顷人口数	人口	聚落面积	每公顷人口数
7090	589.2	12	13318	340.1	39
7897	384.3	21	12085	299.7	40
9841	387.4	25	21209	524.2	40
16216	598.6	27	43444	964.3	45
6429	224.7	29	9122	201.9	45
14271	486.0	29	14319	279.3	51
11411	323.4	35	13754	253.8	54

❶ 赤峰中美联合考古研究项目：《内蒙古东部（赤峰）区域考古调查阶段性报告》中的第四章"区域性人口规模重建之尝试"，科学出版社，2003 年，第 196～198 页。
❷ 赤峰中美联合考古研究项目：《内蒙古东部（赤峰）区域考古调查阶段性报告》中的第四章"区域性人口规模重建之尝试"，科学出版社，2003 年，第 156～160 页。
❸ William T.Sanders, Jeffrey R. Parsons and Robert S. Santley, *The Basin of Mexico: Ecological Processes in the Evolution of a Civilization.* New York: Academic Press, 1979, 34～52.

　　上述方法的有效性可以通过分析现代人口分布模式来证实。图 4.1 显示了赤峰地区
14 个乡镇内现代聚落的分布情况，位于地图中东部已高度城市化的赤峰市并没有被包括
在这 14 个乡镇里，除中东部外，它们大致与赤峰项目进行聚落研究的区域相对应。图
4.1 中现代聚落的分布来自于 20 世纪 90 年代中期所绘制的赤峰地区地形图，对 14 个乡
镇边界的划定参考了"China Data Online（中国数据在线）2008"。因此，这张地图反映
的现代聚落分布，具有与通过系统性区域调查所了解的古代聚落分布相同的信息。即不
论是现代聚落分布图，还是古代聚落分布图，都提供了足以用来计算人口居住总面积的
信息。对于现代聚落来说，实际的居住人口数量可以通过人口普查获知。表 4.1 列出了
2000 年人口普查的结果，虽然这个调查结果没有具体到每一个村落，但至少反映了 14
个乡镇级别的行政单位的情况。表 4.1 同时提供了依据图 4.1 计算出的每一个乡镇的占
地面积。根据 2000 年人口普查的结果，我们发现居住总面积与总人口之间存在非常强

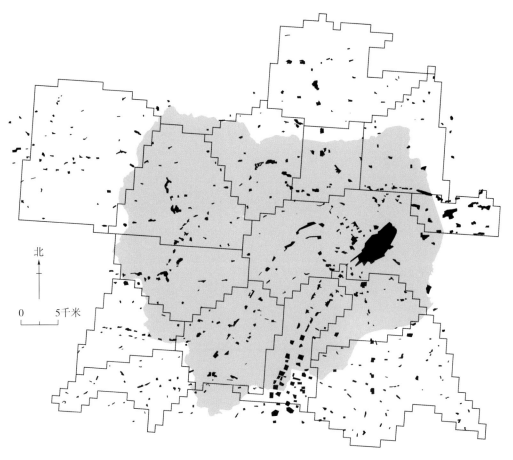

图 4.1　与赤峰调查区域（灰色部分）基本对应的 14 个乡镇内现代聚落的分布（黑色部分），高度城市化的
　　　　赤峰市（在本图片中心靠右的位置）没有被包括在这个分析内

的相关性，并且显著性很高（r=0.794，p=0.001）（图 4.2）。因此，对于赤峰地区的现代村落而言，其总占地面积可以被用来比较好地估计总人口数量。

　　然而，从图 4.2 我们也清楚地看到，依据占地总面积并不能准确地预测人口数量。根据村落覆盖的总面积，有一些乡镇的人口规模比我们预测的要小，而另外一些则比我们预测的要大。通过我们在对赤峰地区进行区域调查过程中进行的观察，可以知道导致这种偏差的一些很重要的因素。在图 4.2 中，有 4 个乡镇的人口数量均低于 80% 置信度的下限，这是由于在相应的聚落面积中，居住者的数量比我们预测的要少。也就是说，在这四处乡镇中的聚落人口居住密度比较低。这些乡镇基本由小型村庄组成，村庄中多为砖砌的平房，房屋前面附带很小的菜园，还有用围墙围起的院落，围墙内的院落用来饲养家畜和从事家庭活动。另一方面，图 4.2 中也显示了三个较高的异常值，均高于 80% 置信度的上限，这是由于在相应的聚落面积中，居住者的数量比我们预测的要多。这三个乡镇中的大部分村落或镇子里，建造有许多具有多层的公寓式楼房，居住着大量的居民，从而导致真实的人口数量高于根据聚落覆盖的水平面积所估算的数量。

　　总而言之，虽然现代聚落内的居住密度各不相同，但基本都在预测范围的上下，或多或少有些变化。同一地区的古代聚落内的人口居住密度也大体相同，对此我们将在后

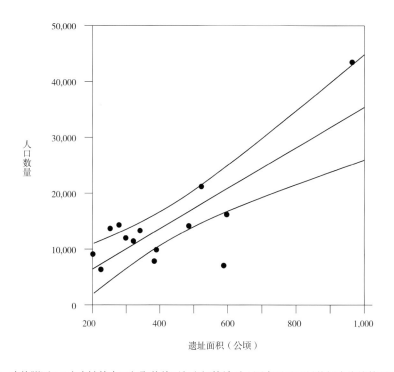

图 4.2　赤峰附近 14 个乡镇的人口与聚落总面积之间的关系（图中显示了最佳拟合直线的 80% 置信区间）

续部分做更深入的探讨。如果我们能够同时将居住密度的变化与聚落面积整合起来加以考虑，就可以对人口数量做出更好的估算，而这正是考古学家们在墨西哥盆地进行人口估算的方法。如果地表某一时期内的陶片密度更高，我们有理由相信，在根据陶片分布所确定的居住面积内，每单位面积（以公顷计）内分布着更多的人口。相应地，如果地面某一时期的陶片密度较低，每单位面积（以公顷计）内的居住人口数量就较少。当然，另一个影响地表遗物密度的主要因素是人口在地面上居住时间的长短。正因如此，基于聚落面积和陶片密度得出的人口估算数量是所确定时期内的平均人口数量。也就是说，在某一时期内，如果 100 个人从始至终居住在一片区域内，其产生的聚落面积和陶片密度应该与 200 个人在同一区域内居住一半时间所产生的聚落面积和陶片密度相同。无论是上述哪种情况，同一区域同一时期的平均人口数量都应该为 100 人。利用聚落面积和陶片密度还有助于我们评估因聚落地点的迁徙而带来的影响。如果聚落地点频繁变换，总的聚落面积就会增加，而地表陶片密度则会降低。如果聚落地点一直稳定不变，总的聚落面积就会减小，但地表陶片密度就更高。

赤峰地区的地表陶片密度

我们在赤峰调查中使用的方法，同时考虑了地表人工制品的密度和这些人工制品的分布面积。当陶片在地表的分布密度很高，满足系统性采集的要求时（参见本章第一节），那么就会进行系统性采集，采集圆圈内的所有陶片都被收集起来，由于采集的陶片数量和采集圆圈的面积均为已知，赤峰数据库则会直接计算出每平方米范围内不同时期陶片的数量。这样由系统性采集得出的陶片密度值（单位：陶片/平方米）则代表整个采集点（大约 1 万平方米的面积）的陶片密度。

理论上讲，我们可以做出如下设想：在一个面积为 0.8 公顷的采集点的中心，我们布置了一个直径 3 米的系统性采集圆圈，其面积是 7.1 平方米，如果我们在其中发现了 15 个夏家店下层时期的陶片，那么可以认为在这个 0.8 公顷的采集点内，夏家店下层时期的陶片密度为 2.1 陶片/平方米（15 陶片/7.1 平方米 =2.1 陶片/平方米）。同样的道理，如果我们在直径 3 米的采集圈内发现有 4 个夏家店上层时期的陶片，对于 0.8 公顷的采集点来说，夏家店上层时期的陶片密度为 0.6 陶片/平方米（4 陶片/7.1 平方米 =0.6 陶片/平方米）。

在分析赤峰数据的实际过程中，情况稍显复杂，这是因为并不能将所有的古代陶片全部归入其所属的时期。通常这些未能确定时期的古代陶片仅占陶片总数的很小一部分，但偶尔数量也会较多。对于那些存在着未知年代的古代陶片的采集点，为避免由于存在这些不能确认归属的陶片而低估各时期陶片的地表陶片密度，我们首先计算出该采集点全部古代（辽时期及其之前）陶片的整体分布密度，然后计算在这个采集点采集到的不同时期陶片的比例，将所得数据乘以该采集点的地表陶片整体分布密度，从而得出该采集点不同时期的陶片分布密度。如上文之例，假设在这个采集点除了 15 个夏家店下层时期的陶片和 4 个夏家店上层时期的陶片外，还发现了 3 个不确定年代的古代陶片，在这种情况下，那三个无法确认的陶片极有可能来自夏家店下层时期或者夏家店上层时期，但由于标本太小，我们无法准确地区分其所属年代。因此，对于这个进行了系统性采集的采集点，其最终的陶片密度可以根据以下方式计算：首先，用 22 个古代陶片（15 个夏家店下层时期的陶片 +4 个夏家店上层时期的陶片 +3 个未确定年代的古代陶片 =22）除以整个系统性采集的面积，得到的结果是 3.1 陶片 / 平方米（22 陶片 /7.1 平方米 =3.1 陶片 / 平方米）。其次，将上述计算得出的整体密度（3.1 陶片 / 平方米）根据已确定年代的陶片比例分配到在夏家店下层时期和夏家店上层时期。在 19 个已确认年代的陶片中（15 个夏家店下层时期 +4 个夏家店上层时期 =19），79% 属于夏家店下层时期的陶片（15/19=0.79），21% 属于夏家店上层时期的陶片（4/19=0.21）。因此，对于 3.1 陶片 / 平方米的古代陶片密度而言，79% 应该被分配给夏家店下层时期，剩下的 21% 则分配给夏家店上层时期。最终，代表这个 0.8 公顷采集点的不同时期的陶片密度为：夏家店下层时期为 2.4 陶片 / 平方米（3.1 陶片 / 平方米 ×0.79=2.4 陶片 / 平方米），夏家店上层时期为 0.7 陶片 / 平方米（3.1 陶片 / 平方米 ×0.21=0.7 陶片 / 平方米）。这两个陶片密度值（2.4 和 0.7）之和与古代陶片的总密度值（3.1）相等，但稍高于单独依靠已确认年代陶片所计算出的密度值。按照上述方法，我们对 294 个系统性采集点内不同时期的陶片密度进行了计算。这种处理方式至少部分地消除了由于遗址差异或分析人员不同所产生的在可鉴别陶片比例上的随机误差。

利用一个几平方米面积的系统性采集圆圈所获得的陶片密度，代表了 1 公顷采集范围内的地表陶片密度，这种方法的可靠性可以通过两处进行过发掘的遗址来确认（参见第二章第二节）。这两处遗址在田野调查时进行了记录，并且都在发掘之前进行了密集的系统性采集（图 4.3 和图 4.4）。因此，可将常规性的区域调查结果与在该遗址内进行的密集的系统性采集结果进行比较。进行田野调查时，在这两处遗址上分别有四个采集点进行了系统性采集（图 4.3 和图 4.4 中编号为 99D046、00D009、00D010 和00D011）。其中有两个采集点具有极高的地表陶片分布密度，99D046 为 9.3 陶片 / 平方米；00D009 为 9.8 陶片 / 平方米，远远高于整个调查区域内 90% 的系统性采集点的地表陶片密度。在发掘前，我们在每一个采集点都在多个地方通过划出直径 3 米的圆圈、并采集圆圈中所有人工遗物的方式进行了密集的系统性采集。这些圆圈内的陶片密度有所差别，但每一个采集点内所有圆圈的陶片分布密度平均值仍然很高，甚至要稍高于在区域调查中进行系统性采集的地表陶片密度值，例如 99D046 的地表陶片密度平均值为 11.3 陶片／平方米，00D009 的地表陶片密度平均值为 10.9 陶片／平方米。编号为 00D010 的采集点，区域调查时系统性采集圆圈内的陶片密度为 4.7 陶片／平方米，在试掘之前进行密集系统性采集所得到地表陶片密度平均值为 5.3 陶片／平方米。虽然采集点 00D010 的地表陶片密度平均值低于 99D046 和 00D009 两个采集点，但从整个赤峰调查区域看，仍然属于很高的地表陶片分布密度。只有在采集点 00D011 中，在区域调查时进行的系统性采集

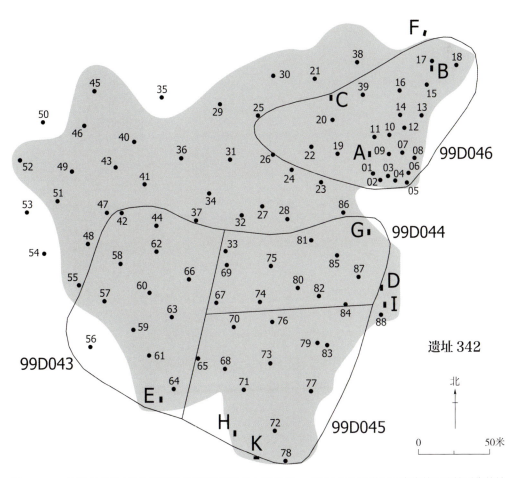

图 4.3 342 号遗址以及在区域调查时划定的采集点（99D043 ~ 99D046）和进行了密集的系统性采集的地点（带有编号的圆点表示该处进行过密集的系统性地表采集，带有字母的方形区域表示该处进行过试掘，图中的灰色部分是根据系统性地表采集数据绘制的表示最大居住范围）

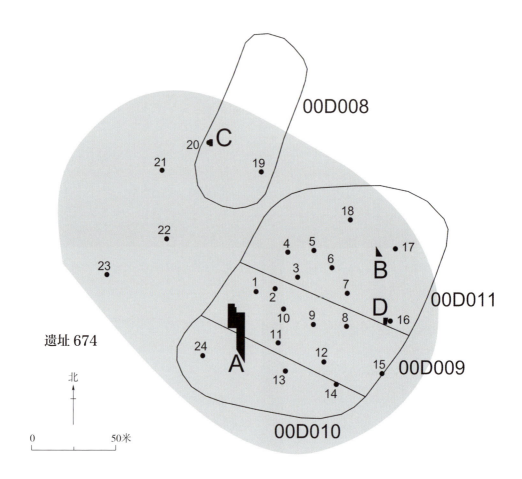

图 4.4 674 号遗址以及在区域调查时划定的采集点（00D008 ~ 00D011）和进行了密集的系统性采集的地点（带有编号的圆点表示该处进行过密集的系统性地表采集，带有字母的方形区域表示该处进行过试掘，图中的灰色部分是根据系统性地表采集数据绘制的表示最大居住范围）

得到的地表陶片密度为 2.3 陶片 / 平方米，与试掘前进行密集系统性采集的地表密度平均值 5.8 陶片 / 平方米相比，二者间存在较大差别。不过，即使是 2.3 陶片 / 平方米的密度值，也达到了属于调查区域内地表陶片分布密度较高者的水平。毫无疑问，如果能够在 1 公顷范围内的不同区域布置多个系统性采集的圆圈，我们将得到更为准确的地表陶片分布密度，但同时也更加耗费时间，进而减少了调查所能覆盖的面积。所以，在地表陶片密度较高的采集点内布置一个系统性采集圆圈，看起来的确是一种可以有效地判断调查区域地表陶片分布密度的方法。

在探讨地表陶片分布密度时，一般性采集较系统性采集的情况更为复杂。决定在一个采集点进行一般性采集而非系统性采集，主要是根据调查者的主观判断，认为地表陶片分布密度非常低，以至于即使布置一个系统性采集圆圈也不足以找到 3 个或 4 个陶片。这个基本标准，即在一个系统性采集圆圈内只发现了 3 或 4 个陶片，若换算成陶片分布密度则大约为 0.5 陶片 / 平方米（3.5 陶片 /7.1 平方米 =0.5 陶片 / 平方米）。但是，与系统性采集相比，一般性采集无法获知某一划定范围内的地表陶片总数，这种依靠主观判断而估计的地表陶片分布密度很可能出现错误。例如，某些情况下，即使地表陶片密度小于 0.5 陶片 / 平方米，我们可能仍然进行了系统性采集；而对于某些地表陶片密度大于 0.5 陶片 / 平方米的情况，我们也采用过一般性采集。第一种错误在系统性采集数据中就可以见到，例如，在 294 个系统性采集中，有 10 个采集点的陶片密度低于理论上的最小值，即 0.5 陶片 / 平方米（一个系统性采集点丢失了采集到的陶片，因而陶片密度为 0 陶片 / 平方米）。但在判断是否需要进行系统性采集的时候，实际出现的错误应该比上述 10 个采集点更多。出现第二种错误的主要问题在于，对那些地表陶片密度确实大于 0.5 陶片 / 平方米的情况，没能进行系统性采集。实际操作中，此类错误的数量可能不在少数。在后续更详细的讨论中，我们会了解到，在做过试掘的 342 号遗址和 674 号遗址分别进行的 4 个一般性采集均存在上述第二种错误。要理解为什么会出现很多这样的错误判断并不困难。首先，对地表陶片分布密度的判断主要依据调查队员对地表的快速观察，而相对于这种判断，显然细致的采集工作会发现更多的陶片。因此，任何对地表陶片密度的严格估算都可能比随意性的推测产生更高的数值。其次，另一个因素可能是，当调查者意识到某个采集点的地表陶片密度足够高并完全满足进行系统性采集的条件时，一般性采集工作已经在这个采集点的很多地方展开。而一旦开始了一般性采集工作，调查者就不太愿意重新去进行一次系统性采集。

在赤峰区域调查的一般性采集中，在每个采集点采集到的古代陶片数量介于 0 到 245 个。其中，有 90 个一般性采集点未发现陶片。产生这种异常现象的原因有以下几种：第一，在某些一般性采集点中，获取的人工制品全部为石器。第二，一些从一般性采集点获取的陶片，在经过室内清洗和更为仔细地观察后，发现并非属于古代陶片，少数情况下，甚至并非人工制品，如在田野工作中，有些石块看起来非常像脏污的陶片。第三，调查者有时会根据某一地点可观察到的古代遗迹现象命名一个新的一般性采集点，但可能在地表最终并未发现任何人工制品。第四，在进行陶片分析阶段之前，因为遗失或编号错误，有几袋陶片不知所终，最终，一些采集点在数据库里的记录是"未发现陶片"。通常，对那些仅发现几个陶片的一般性采集点而言，其地表的陶片密度一定都很低。因为在每一个采集点内，调查人员都非常努力地试图寻找至少 20 个陶片。如果采集数量小于 20 个陶片，就意味着调查人员花了相当长的时间在地表进行寻找，但最终也未能采集到最低的陶片数量。很多情况下，这种现象出现在地表陶片密度低于 0.5 陶片 / 平方米（一般性采集与系统性采集的理论分界线）的采集点。有时，调查人员采集陶片的热情异常高涨，远远超出了一个采集点的目标陶片数量，这种情况解释了为什么有一些采集点出现了非常多的陶片。这些数量比较大的陶片一般来自地表陶片密集的区域，只有满足这样的条件，调查人员才会在无意识中轻而易举地在 1 万平方米面积的采集点内获取大量陶片。通常，这种情况表明，采集点的地表陶片密度高于 0.5 陶片 / 平方米，实际应该进行系统性采集。

如上所述，理论上一般性采集的地表陶片密度应该稍低于 0.5 陶片 / 平方米。然而实际上，对那些分布着大量陶片的一般性采集点而言，它们的地表陶片密度通常总是高于 0.5 陶片 / 平方米。给这些采集点赋予更高的地表陶片密度值会提高整体数据的精确度。相应地，对那些分布着较少陶片的一般性采集点而言，它们的地表陶片密度通常总是低于 0.5 陶片 / 平方米，那么，给这些采集点赋予较低的地表陶片密度值也将会提高整体数据的精确度。与系统性采集相比，在 1 万平方米面积的采集点内进行一般性采集所获取的陶片数量并不能直接反映地表的陶片密度，也就是说，在一个一般性采集点中，假如我们获得 10 个陶片，并不意味着在 1 万平方米的地表内仅仅只有 10 个陶片。假如一般性采集和系统性采集同时覆盖了相同的一片区域，在系统性采集的细致搜寻下，肯定会比一般性采集获得更多的陶片。尽管如此，一般性采集中的陶片数量与系统性采集中的地表陶片密度之间仍然存在着大致的对应关系。

图 4.5 反映的是一般性采集点中获取陶片数量的频率分布（为了在一个合理的比例下展示柱状图，将超过 100 个陶片的一般性采集点排除在统计之外）。在这个柱状图的基础上，以几个较为突出的峰值作为划分的标准，可以将一般性采集点的陶片数量划分为四类：大于 35 个陶片；23 ~ 35 个陶片；8 ~ 22 个陶片；1 ~ 7 个陶片。不过这种分类仍然存在着比较主观的因素，如果采用其他不同的划分标准也可以得到三类或者五类。不过，这种划分的主要的目的是尝试对一般性采集点在陶片数量上的差别进行有效的处理，从而使得这种差别至少可以反映出不同采集点所具有的不同的陶片分布密度。

上述由陶片数量所划分的四类一般性采集，可以被赋予四种不同的地表陶片分布密度值。在柱状图中数值较低的一端，我们可以用赤峰调查区西北部的福山庄遗址作为代表，因为我们曾在这里进行过密集性的地表采集 ❶。福山庄遗址的地表陶片分布密度非常低，理论上绝对不需要进行系统性采集。我们在福山庄遗址布置了 19 个网格，覆盖

---

❶ Christian E. Peterson, *"Crafting" Hongshan Communities? Household Archaeology in the Chifeng Region of Eastern Inner Mongolia, PRC.* Ph.D. Dissertation, Department of Anthropology, University of Pittsburgh 2006.

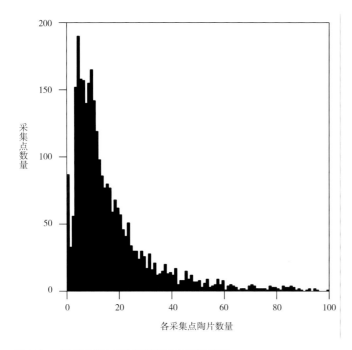

图 4.5　一般性采集中采集到的陶片数量柱状图

面积约 400 平方米，调查人员对这一范围进行了多阶段式的密集性采集。在第一阶段中，通过密集性采集，我们获得了该地区的地表陶片分布密度，这个结果可与区域调查时的系统性采集进行比较。在这 19 个网格中，第一阶段的采集结果表明，地表的陶片密度界于 0.1 陶片 / 平方米和 0.8 陶片 / 平方米之间。这一陶片密度范围中较低的值与调查时判定遗址存在与否的最低密度值非常接近，也就是说，如果地表的陶片密度低于 0.1 陶片 / 平方米，调查人员在以正常的步行速度进行调查时就几乎不可能发现任何陶片。试想一下，在一个 100 米 × 100 米的区域内，地表陶片均匀分布，密度为 0.1 陶片 / 平方米，这相当于 1 万平方米范围的地表上分布着 1000 个陶片。如果调查人员以 50 米的间隔前行，只需要两名调查者即可完成对整个区域的调查。在调查过程中，如果调查人员的视力可顾及沿行任何一侧约一米宽的范围，他们就可以仔细观察到占整个区域 4% 的面积。一般来说，调查人员应该能发现约 40 个陶片。不过，从在赤峰福山庄遗址采集到的陶片看，能够发现的这 40 个陶片中的大部分都非常碎小，一般在步行调查中很容易被忽略。即便是在较为细致的一般性采集过程中，少数陶片仍然会被遗漏。因此，对于这种地表陶片密度很低的区域，只有在覆盖足够广阔的地表面积上进行系统性采集，才能精确地计算出陶片密度，以达到准确分析的目的。假定地表陶片密度为 0.1 陶片 / 平方米，那么，在直径为 3 米的采集圆圈内，调查人员平均只能采集到 0.7 个陶片，采集圈内的大部分区域不包含任何陶片。当然，在最初比较随机的观察过程中，一些现象的出现会提醒调查人员在某些地方可能需要进行系统性采集。同时，调查人员也必须在 1 万平方米范围内发现至少 3 片陶片（参见本章第一节），才能满足对该地点进行记录的要求。不过，对于那些满足记录要求但地表陶片密度小于 0.1 陶片 / 平方米的区域，调查人员并不能始终如一地加以判别。非常遗憾，关于如何确认某一地点属于"遗址"以及如何记录相关信息，目前尚缺乏一个明确的标准，已有的考古学报告也很少探讨这个问题。但是，上述判断遗址的标准，即在1万平方米范围内发现至少3个陶片，似乎比大多数区域调查中使用的标准要低，至少比某些区域调查要低得多。无论如何，那些地表陶片密度非常低的地区，最多只代表了赤峰地区古代人群中存在时间非常短暂和数量很小的一部分。因此，在本章的数据分析中，我们将福山庄采集陶片的最小密度值，即0.1陶片/平方米作为最低密度值，并以此对928个在区域调查中仅获得1~7个陶片的一性般采集点进行赋值。

在一般性采集数据的柱状图中，紧邻最低数值并呈现出峰值的陶片数量为8~22个。这些一般性采集之所以被称作"正常"，是因为调查人员正确地判断出这些区域的地表陶片密度较低，不满足系统性采集的要求。理论上进行一般性采集的最大地表陶片密度是0.5陶片/平方米，因此，大多数采集点的地表陶片密度应该低于这一数值，或许可能是此数值的一半，即0.25陶片/平方米。在福山庄，那些进行了密集性采集的网格中（区域调查中，对这些网格所覆盖的区域进行了一般性采集）的陶片密度经常高于0.5陶片/平方米。不过，这些密度主要反映的是居住址周围较为集中分布的人工制品。如果将调查区域扩大到1万平方米的范围，所得到的地表陶片密度则明显降低，即整体的地表陶片分布密度要低于居住址周围比较集中分布有人工制品区域的分布密度。综上，将在田野调查中1318个采集到8~22个陶片的一般性采集点，对于其地表陶片密度赋值为0.25陶片/平方米，即理论上最大陶片密度值的一半。此外，共计有326个一般性采集得到了23~25个陶片，由此产生的陶片密度应该非常接近一般性采集陶片密度的理论最大值。因此，将这326个一般性采集点的地表陶片密度赋值为0.5陶片/平方米。

对于那些发现有更多陶片的采集点，其地表陶片分布密度值显然更高。要确定它们的地表陶片密度，我们可以将在342号遗址和674号遗址进行的区域调查数据与发掘之前的系统性采集数据进行比较。如前文所述，在区域调查中，调查人员在上述两个遗址共划分了八个采集点，其中四个采集点进行了系统性采集，另外四个采集点（图4.3和图4.4中的99D043、99D044、99D045和00D008）进行了一般性采集。理论上讲，进行一般性采集的这些采集点的地表陶片密度应该在0.5陶片/平方米左右或稍低，否则，当时就应该进行系统性采集。然而，正如之前提到的那样，试掘之前调查人员在这四个采集点进行的系统性采集结果表明，这些采集点的平均地表陶片密度高于0.5陶片/平方米，分别从2.4陶片/平方米到5.3陶片/平方米不等，即高于一般性采集点地表陶片密度的理论最大值，很显然，调查人员的主观判断严重低估了这四个采集点的地表陶片密度。342号遗址和674号遗址的地表陶片密度，属于整个赤峰调查区域内最高值之一，像这种由于调查人员的主观判断而导致某些原本应该进行系统性采集的地方却只进行了一般性采集的问题应该不会十分普遍。最后，对于 322 个采集到超过 35 个陶片的采集点，我们比较保守的将 2.0 陶片 / 平方米作为它们的地表陶片分布密度。

根据采集到的古代陶片数量（包括那些未能明确年代的陶片）属于上述的哪一类别，可以知道每一个一般性采集点的整体陶片密度值，在此之后，根据不同时期陶片在明确年代的陶片总数中所占的比例，将整体密度值分配到不同的时期。这意味着，被赋予的整体密度值，即 0.1 陶片 / 平方米、0.25 陶片 / 平方米、0.5 陶片 / 平方米和 2 陶片 / 平方米，将与系统性采集点的陶片密度值进行同样的处理。以上文所举之例进行说明，在一个面积为 8000 平方米的区域内，调查人员进行了一般性采集，获取了 15 个夏家店下层时期、4 个夏家店上层时期和 3 个未明确年代的古代陶片。由于采集陶片总数为 22 个，即属于 8 ~ 22 个陶片这一组，所以 8000 平方米面积内的整体密度值为 0.25 陶片 / 平方米。因为在所有已确认年代的陶片中，夏家店下层时期的陶片占了 79%。那么，0.25 陶片 / 平方米的 79% 应该被赋予夏家店下层时期，即 0.2 陶片 / 平方米（0.25 陶片 / 平方米 ×0.79=0.2 陶片 / 平方米），整体密度值剩余的 21%，即 0.05 陶片 / 平方米则赋予夏家店上层时期（0.25 陶片 / 平方米 ×0.21=0.05 陶片 / 平方米）。

用于提高精度的面积 – 密度指数

利用上述方法，对区域调查中 3000 多个采集点不同时期的陶片密度进行了赋值。接下来要面临的工作就是将这些陶片密度与采集点分布的空间面积结合起来，即将每一个采集点的面积（以公顷计）乘以其地表陶片密度（陶片 / 平方米），从而得到一个面积 – 密度指数。以对采集点 00D009 的分析过程为例，在一个直径为 3 米的系统性采集圆圈内，调查人员共计发现 66 个陶片，陶片密度为 9.43 陶片 / 平方米。在明确年代的陶片中，6.2% 来自夏家店下层时期，76.6% 来自夏家店上层时期，17.2% 来自战国至汉时期。因此，夏家店下层时期的陶片密度应该为 9.43 陶片 / 平方米 × 6.2%，即 0.59 陶片 / 平方米；夏家店上层时期的陶片密度为 9.43 陶片 / 平方米 × 76.6%，即 7.22 陶片 / 平方米；战国至汉时期的陶片密度为 9.43 陶片 / 平方米 × 17.2%，即 1.62 陶片 / 平方米。原则上讲，所有时期的陶片密度相加所得即为整体陶片密度，即 0.59+7.22+1.62=9.43。

采集点 00D009 的面积为 13600 平方米（超出最大理论面积稍许），所以，如果利用系统性采集的数据表现这一区域的陶片，就意味着在 13600 平方米面积的范围内，夏家店下层时期的陶片密度为 0.59 陶片 / 平方米，夏家店上层时期的陶片密度为 7.22 陶片 / 平方米，战国至汉时期的陶片密度为 1.62 陶片 / 平方米。显然，这个结果表明，战国至汉时期的人口多于夏家店下层时期的人口，而夏家店上层时期的人口则比其他任何两个时期的人口都高出很多。如果我们将不同时期的陶片密度乘以采集点的面积，得出的数值就是该采集点不同时期的面积 – 密度指数：夏家店下层时期为 0.802，夏家店上层时期为 9.819，战国至汉时期为 2.203。这个指数的单位相当于陶片分布密度为每平方米 1 片时所占有的面积。换言之，如果面积 – 密度指数为 1.000，可以是在 1 万平方米的面积上陶片分布密度是 1 陶片 / 平方米，抑或相当于在 5000 平方米的面积上陶片分布密度为 2 陶片 / 平方米，或者是在 1000 平方米的面积上陶片分布密度为 10 陶片 / 平方米，以此类推。

由于面积 – 密度指数计算了每一个采集点的实际面积，因此可以避免只计算遗址或采集点数量，而忽略了因遗址或采集点的面积之间存在的大小差异而产生的误差。同时面积 – 密度指数是对每个采集点内各时期的陶片进行计算，所以又避免了因仅计算采集到的每一时期的陶片总数而带来的问题。这是因为每一采集点所采集的不同时期的陶片只用来计算该采集点内不同时期陶片所占比例，而采集点的陶片总数只用于对在该采集点范围内的地表陶片分布密度的计算。这样，即使在地表陶片分布密度高的遗址采集到的某一时期陶片所占比例小于在地表陶片分布密度较低的遗址所占的比例，也并不重要。根据"在人口居住较为密集的地区，地表的陶片分布密度也将更高"这一假设，如果利用面积 – 密度指数对遗留在地表的古代遗物进行分析，将得到不同采集点或不同时期内不同的人口居住密度。同时鉴于"人口居住时间越长，地表的陶片密度就越高"，面积 – 密度指数还避免了一个遗址中不同时期人口居住的时间跨度和居住的同时性等复杂问题。所以，在以某类陶片为标志的时期内，固定居住在某一地区的一定数量的人口，其在该地点留下的遗物的分布密度或分布范围将高于同样长期固定在此地区居住的较少人口或短期在此地区居住的相同数量的人口所产生的遗物分布密度和分布范围。在使用了面积 – 密度指数后，相同人口居住了更长的时间或者相同时间内居住着更多的人口是否会反映在更高密度的古代遗物分布或更大面积的遗址，已经无关紧要。将陶片分布密度乘以采集点的面积，上述两种情况其实合二为一，通过一个共同的系数来反映两个不同的过程。

然而，面积 – 密度指数会受到不同时期考古学文化年代跨度不同的影响。因此，在比较两个时期的面积 – 密度指数时，我们必须将这一点考虑在内。面积 – 密度指数提供了通过陶片把不同时期遗留在地表遗物的总数进行量化的方法，但是我们必须考虑到这样一个事实，即对于相同数量的人群而言，长期定居将比短期定居产生更多数量的遗物。至于这种高密度的遗物是集中形成于一个地点，抑或是最初形成于某一处居住址进而延伸到更广阔的范围，又或者两种情况皆可能发生，都不重要。这个问题并不影响对某一时期的分析，因为它对所有单个时期的人口分布都同样适用。不过，考虑到不同时期考古学文化年代跨度不同的影响，我们采取的解决措施是将不同时期的面积 – 密度指数除以相应时期考古学文化的年代跨度（以百年计）。这样的结果是，相对较长时期而言，那些较短时期的面积 – 密度指数被放大。最终得到的计量单位相当于在一百年的时间里 1 万平方米面积内产生的陶片数量。即数值 1.000 代表在 100 年的居住时间里，在 1 公顷的居住范围内，每平方米的地表陶片分布密度为 1 陶片 / 平方米。同理，在 5000 平方米的地方上，如果居住时间为 200 年，并且产生的陶片密度亦为 1 陶片 / 平方米，最终的数值仍然为 1.000。同样，在 2 万平方米面积的土地上持续居住 100 年，地表陶片密度为 0.5 陶片 / 平方米，最终的数值仍为 1.000。每一时期考古学文化的时间所跨越的世纪数是根据第二章第三节中的年代序列确定的，即兴隆洼时期为 7.5 个世纪，赵宝沟时期为 7.5 个世纪，红山时期为 15 个世纪，小河沿时期为 10 个世纪，夏家店下层时期为 8 个世纪，夏家店上层时期为 6 个世纪，战国至汉时期为 6 个世纪，辽时期为 9 个世纪。

通过区域调查、密集性地表采集和试掘确认古代人类活动

与以往考古学中的常见做法类似，将上述复原古代人口的方法与相关研究的其他证据进行比较，是十分有用的。经过四五十年的努力，如何从分布在地表的考古遗存提取相关信息已经十分清楚，并已在世界各地得到验证。然而，对于建立在地表遗物基础上进行研究得到的结论，一些学者却始终持怀疑态度。对于分布在地表的遗物并不足以为重建古代人类活动提供绝对准确证据的看法，学界对此很容易达成共识。实际上在重建古代人类活动这个问题上，几乎没有任何考古学上的证据拥有绝对的把握，从这一点讲，地表证据和发掘证据其实差不多，对两者中任何一种证据的解释都非常复杂且容易出现误差。我们并不认为地下证据就是所谓的"黄金准则"，地表证据也不必非要与之比较才能确认其有效性。然而，如果来自地表和地下的证据同时支持某些关于古代人类活动的结论，那么，这些结论以及得出结论的方法都将变得可靠。为达到这一目的，下面将在 342 号遗址和 674 号遗址进行的区域调查、密集性地表采集，以及试掘（已在第二章第二节进行介绍）得出的关于古代人类活动的结论进行比较，可以给我们带来一些启示。

674 号遗址的分布面积稍小，文化堆积相对简单，仅包含三个时期。在对 674 号遗址进行的区域调查、密集性地表采集以及试掘中，未发现任何属于小河沿时期、红山时期或者赵宝沟时期的遗物。在进行区域调查时，有一个采集点发现了一个辽时期的陶片，

但在密集性地表采集和试掘中均未发现任何辽时期遗物。很显然，即使该遗址存在有时代较晚的遗存，其数量也微乎其微。在试掘地点 C 出土了 10 个兴隆洼时期的陶片，但是在地表采集中却没有发现兴隆洼时期的遗物。有一些观点认为，早期的遗物常常被晚期的遗物所覆盖。因此，在地表采集时，不太可能会看到早期遗物。然而，这种推测在 674 号遗址并不适用，因为从探方 C 的发掘结果来看，兴隆洼时期的陶片并不是在被后代堆积覆盖并且未被扰乱的原始地层中发现的，而是发现于夏家店下层时期和夏家店上层时期的堆积中。在地表没有发现兴隆洼时期的陶片，恰好是反映出它们在该遗址整体的陶片组合中所占比例极低。从 B、C 和 D 三个完整的探方中（三个探方的详细信息请参见第二章第二节和附录），我们发掘到了 4192 个陶片，其中只有 10 个兴隆洼时期的陶片，仅占全部发掘陶片的 0.2%。在区域调查中共采集到了 122 个陶片，按照上述比例进行推算，其中只可能有 0.3 个兴隆洼时期的陶片。因此，在实际的田野调查中几乎不可能发现兴隆洼时期的陶片。相比之下，通过密集性地表采集所获取的 1206 片陶片中，其包含兴隆洼时期陶片的可能性要大一些。不过，从统计学的角度来看，这种可能性同样并不高。考虑到 0.2% 这个数值是根据进行了试掘的 B、C 和 D 三个探方样本得到的，如果将 0.2% 看作是整个 674 号遗址上兴隆洼时期陶片所占的比例，亦有可能产生较大的误差范围。在这个样本数据的基础上，我们估算出在 90% 置信度的前提下，674 号遗址中兴隆洼时期的陶片比例应为 0.2% ± 0.6%。根据这个比例，对于任何一个产生 1206 个（这是密集性地表采集所获得的陶片数量）陶片的地表采集，按照统计学的计算，有将近 25% 的概率会得到少于一片的兴隆洼时期陶片。所以，我们在密集性地表采集中未发现兴隆洼时期的陶片，并不能完全归结于是因为取样的特殊性而产成的结果。

对于有大规模人口居住的时期，其地表遗物与地下遗存的比较，可以通过 674 号遗址年代最晚的战国至汉时期进行探讨。从地层堆积看，战国至汉时期的遗存非常靠近地表，所以，地表遗物应该与发掘结果最为接近。在图 4.6 中，中等灰度的部分代表了在区域调查中获得了中等密度的战国至汉时期的陶片。这个调查结果表明，以中等密度的陶片分布来看，战国至汉时期的人口居住分散在 1.1 万平方米的范围。在试掘之前，我们进行了密集性地表采集，采集结果以地表陶片分布密度图的形式反映在图 4.7 中。这个结果同样可以解释为在这个范围内分布着中等密度的陶片，也代表着战国至汉时期的人口居住属于中等密度，只是与区域调查的结果相比，密集性地表采集所确定的人口居住范围要扩大 20% ~ 30%。在进行了发掘的 B、C 和 D 三个探方中发现了相当数量的战国至汉时期的陶片，探方 A（详细情况请参见第二章第二节以及在线网络数据集，附录）在其未发掘的上层部分可能也包含较多的战国至汉时期陶片（图 4.7）。由于当地频繁

图 4.6 674 号遗址在区域调查时发现战国至汉时期陶片的采集点（灰度越高，表明地表陶片密度越高）

图 4.7 674 号遗址根据系统性地表采集绘制的战国至汉时期陶片分布密度图（灰度越高，表明地表陶片密度越高；黑色长方形区域表示出土了中等数量战国至汉时期陶片的试掘探方；0 表示未发现任何战国至汉时期陶片的试掘探方）

的现代农业活动，遗址的上层部分被扰动过，没有一个战国至汉时期的陶片是在未扰动的原始堆积地层中被发现的。但是，从陶片数量看，在该遗址应该曾经存在过一定规模的战国至汉时期的居住人口。根据这四个探方还无法直接判断出遗址的分布面积，但可以明确的是，这四个探方正位于战国至汉时期人口的居住范围之内，这一点已经从系统性采集数据得到验证。只是根据区域调查的结果，有一个探方位于战国至汉时期的人口居住范围之外。对战国至汉时期这一最晚的人口居住时期而言，尽管区域调查、密集性地表采集以及试掘的结果并不完全一致，但彼此亦非常相似。

在674号遗址，位于战国至汉时期堆积之下的是夏家店上层时期的堆积。图4.8是在区域调查结果的基础上所表现的夏家店上层时期遗物的分布情况。根据区域调查的结果，夏家店上层时期人口居住的覆盖面积达到1.8万平方米，大体上北半部为陶片分布密度中等的区域，而南半部为陶片分布密度高的区域。与前面对战国至汉时期的分析相似，相比较区域调查的结果，密集性地表采集的结果表明，夏家店上层时期的人口居住面积（图4.9）实际要扩大20%～30%。在居住范围内，遗物分布密度大部分都属于中等，中南部区域则非常密集。虽然这个遗物密集分布的区域与区域调查中所观察到的密集区域在空间位置上不完全重合，但整体上方位较为一致。四个探方的试掘结果与密集性地表采集的结果非常一致（图4.9）。其中探方B的地表分布着中等密度的陶片，但发掘中出土了相当数量的夏家店上层时期的陶片。C和D两个探方从密集性地表采集的结果看，是分布在靠近居住范围边缘的地方，在发掘中出土了较多数量的夏家店上层时期的陶片。探方A的位置，根据密集性地表采集的结果，是分布在靠近夏家店上层时期中心居住区域的地方，在发掘中出土了数量非常多的夏家店上层时期的陶片，均发现于距离地表四米甚至更深的地层中。同时，根据区域调查的结果，这个探方也正是分布在陶片分布最为密集的区域内。因此，对夏家店上层时期而言，区域调查和密集性地表采集的结果均与试掘的结果高度吻合，其一致程度甚至超过了战国至汉时期。

在674号遗址，比夏家店上层时期更早的堆积为夏家店下层时期。区域调查的结果显示，夏家店下层时期的居住面积大约为1.8万平方米，其地表陶片分布密度低于夏家店上层时期的地表陶片分布密度。大多数区域分布着中等密度的陶片，仅比靠近南部边缘地区的陶片密度稍高一些（图4.10）。这样的分布特点与密集性地表采集的结果十分符合，只不过后者再一次界定出了一个较大的分布范围（图4.11）。根据密集性地表采集的结果，居住最为密集的区域并非位于遗址南部的边缘处，而是分布在遗址的西北部。在探方B、C和D中，均发现了相当数量的夏家店下层时期的遗物，而对于探方A中的夏家店下层时期的遗物，则有可能被厚厚的夏家店上层时期的遗存所覆盖（图4.11）。

图 4.8　674 号遗址在区域调查时发现夏家店上层时期陶片的采集点（灰度越高，表明地表陶片密度越高）

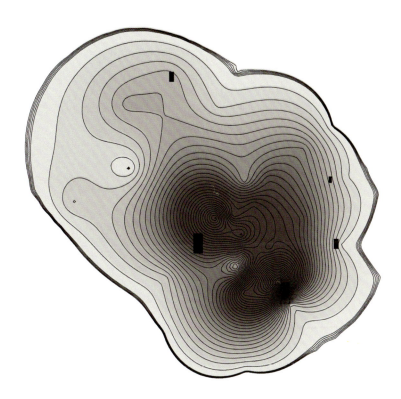

图 4.9　674 号遗址根据系统性地表采集绘制的夏家店上层时期陶片分布密度图（灰度越高，表明地表陶片密
　　　　度越高；黑色的小长方形区域表示出土了少量夏家店上层时期陶片的试掘探方；中等大小的黑色长方
　　　　形区域表示出土了中等数量夏家店上层时期陶片的试掘探方；大型的黑色长方形区域表示出土了大量
　　　　夏家店上层时期陶片的试掘探方）

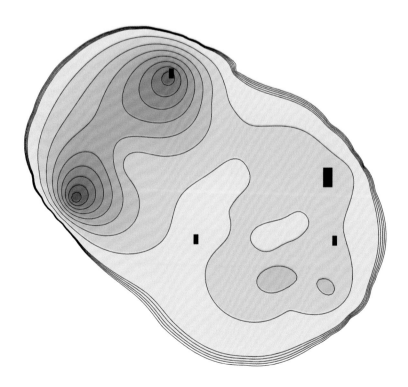

图 4.10　674 号遗址在区域调查时发现夏家店下层时期陶片的采集点（灰度越高，表明地表陶片密度越高）

图 4.11　674 号遗址根据系统性地表采集绘制的夏家店下层时期陶片分布密度图（灰度越高，表明地表陶片
　　　　密度越高；黑色的小长方形区域表示有少量夏家店下层时期陶片的试掘探方；大型的黑色长方形区
　　　　域表示有大量夏家店下层时期陶片的试掘探方）

只有在探方 B 发现的夏家店下层时期的遗物在数量上超过了夏家店上层时期。所有探方中夏家店下层时期的地层距地表的深度都要浅于探方 A 中夏家店上层时期的地层。关于遗址 674 中年代最早的夏家店下层时期的分布范围，无论是区域调查，还是密集性地表采集和试掘，都表现出相同的状况，不过从所居住的人口密度或规模上看，仍然远远小于其后的夏家店上层时期。

假如我们根据试掘的结果对 674 号遗址所包含的层位进行排序，最早应该追溯到兴隆洼时期。目前尚无法确认兴隆洼时期的居民在这个遗址上是如何分布的，但可以肯定的是，当时确实有人在该遗址上进行过短暂的活动。到了夏家店下层时期，开始出现了第一次较大规模的居住行为，并至少在一个地点上形成了厚 1 米左右的堆积，同时在建筑上也有不小的投入。在夏家店上层时期，至少在一个地点上，当时的居民进行了大规模的建设；此外，在其他许多地点，也形成了一定数量的堆积。这些都反映出一个事实，即在夏家店上层时期，人们在 674 遗址进行了更为密集的活动和利用。到了之后的战国至汉时期，对该遗址的使用程度则大大降低。无论是区域调查，还是密集性地表采集，都与上述关于地层序列的描述相符。对 674 号遗址第一次较大规模的占据和使用发生在夏家店下层时期，居住面积大约为 2 万平方米。根据区域调查的结果，计算出这一时期的面积－密度指数为 0.173。通过在夏家店上层时期地表陶片密度的分析，可知当时人们活动的范围与夏家店下层时期相近，亦为约 2 万平方米，但居住更加密集。区域调查结果表明，夏家店上层时期的面积－密度指数是 0.695，表明此时的人口数量可能是夏家店下层时期的三或四倍。到了战国至汉时期，人们仍然继续居住在 674 号遗址上，但对遗址的利用强度降低，活动范围缩小到约 1 万平方米，其面积－密度指数仅为 0.219。通过试掘所得到的不同时期古代居民在 674 号遗址的居住状况，与区域调查和密集性地表采集的结果基本相似。与试掘的结果相比，地表采集的结果可能高估了古代居民在战国至汉时期的居住行为，同时低估了夏家店下层时期的居住行为。从逻辑上讲，对地表遗物持怀疑态度的人很容易理解这种现象，即较晚时期的遗物过多而早期或地层上相对较深时期的遗物较少。如果这种现象普遍存在的话，我们或许可以找出一种度量其强度的方法，并通过修正的方式将其用于人口分析中。

基于上述问题的提出，我们尝试通过在 342 号遗址的工作对这个问题进行探讨。在 342 号遗址，我们先后进行了区域调查、密集性地表采集以及试掘（图 4.3），可以对其结果进行比较。在该遗址共布置了 10 个探方，其位置都靠近遗址的东部或南部的边缘，因此就发掘结果来看，其地层所反映的情况对于检验地表采集的结果可能并不具有代表性。不过，我们依然可以根据试掘结果对 342 号遗址和 674 号遗址的相似性进行比较。

在 342 号遗址，无论是区域调查、密集性地表采集，抑或是试掘，都未发现任何辽时期的陶片。在区域调查和试掘中，都发现了一片小河沿时期的陶片，但在密集性地表采集中未发现任何小河沿时期的遗存。对于小河沿文化的讨论和解释非常复杂，我们在本章其他部分有专门的论述，但在这一部分的比较分析中，并没有太大的意义。通常认为，越是早期的遗物在地表采集中越难发现，然而，从 342 号遗址进行的区域调查的采集结果看，情况恰恰相反，采集中发现了整个考古学文化序列中最早的两个时期的遗物，包括 4 个兴隆洼时期的陶片和 1 个赵宝沟时期的陶片。在发掘中还发现了一个兴隆洼时期的陶片，与在 674 号遗址发掘中发现的兴隆洼时期陶片一样，在发掘中出土的兴隆洼时期陶片并不是出于未经扰乱的兴隆洼时期的原始地层中，而是经过扰乱后出现在夏家店下层时期的地层里。不管 342 号遗址在兴隆洼时期和赵宝沟时期经过怎样的利用，这几个陶片表明，当时对遗址的利用规模一定很小而且时间短暂。虽然在 342 号遗址，发现了红山、夏家店下层、夏家店上层和战国至汉这四个时期的更大规模的居住痕迹，但在该遗址发现的兴隆洼时期和赵宝沟时期的遗物中，最多的是在区域调查的采集中所发现，这显然与越是早期的居住遗存，越难以在地表被发现的认识不符。因此，需要通过发掘对这个问题进行确认。

与 674 号遗址相同，古代居民在 342 号遗址进行大规模活动的时期中最晚的是战国至汉时期。区域调查的结果显示，在遗址的南部分布着低密度的战国至汉时期的遗物，而在遗址的东北部则分布着较高密度的这一时期的遗物，两者之间隔有一片空白区域（图 4.12）。这两部分的总面积为 2.7 万平方米。这个结果与密集性地表采集所得到的结果非常相近。根据密集性地表采集的结果，可知战国至汉时期的遗物呈片状分布，分布密度为中等，总覆盖面积亦为 2.7 万平方米，而遗址的东北角是地表遗物分布最为密集的区域（图 4.13）。与 674 号遗址一样，几乎没有发现过未被扰乱的战国至汉时期的地层。不过，在遗址东北部的三个探方中，出土了数量最多的战国至汉时期的陶片（图 4.13）。其他几个分布在南部的探方，那里不仅地表陶片密度较低，试掘中出土的陶片数量也很少。分布在靠近空白隔离区的两个探方中甚至没有发现战国至汉时期的陶片。另外所有探方中发现的战国至汉时期的遗物数量均低于其他时期的遗物数量。这些现象表明，在试掘和地表采集的结果之间并不存在着冲突。

较战国至汉时期更早的是夏家店上层时期。区域调查的结果表明，这一时期的人类活动范围更为广泛（约 3.5 万平方米），地表遗物也更加密集，尤以东北部的地表遗物分布密度为最高（图 4.14）。与战国至汉时期的情况类似，密集性地表采集显示了与区域调查完全相同的结果（图 4.15）。出土夏家店上层时期遗物数量最多的四个探方同样

图 4.12　342 号遗址在区域调查时发现战国至汉时期陶片的采集点（灰度越高表明地表陶片密度越高）

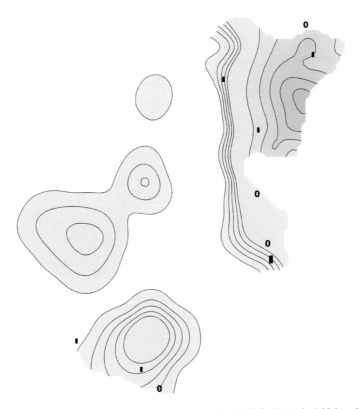

图 4.13　342 号遗址根据系统性地表采集绘制的战国至汉时期陶片分布密度图（灰度越高，表明地表陶片密
　　　　　度越高；大型的黑色长方形区域表示有中等数量战国至汉时期陶片的试掘探方；黑色的小长方形区
　　　　　域表示有少量战国至汉时期陶片的试掘探方；0 表示未发现任何战国至汉时期陶片的试掘探方）

图 4.14　342 号遗址在区域调查时发现夏家店上层时期陶片的采集点（灰度越高，表明地表陶片密度越高）

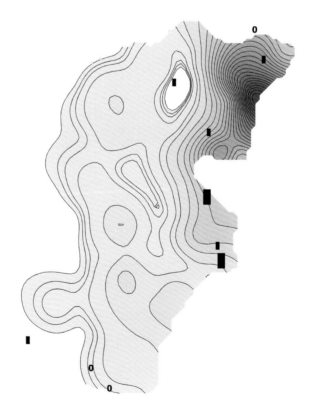

图 4.15　342 号遗址根据系统性地表采集绘制的夏家店上层时期陶片分布密度图（灰度越高，表明地表陶片密度越高；大型的黑色长方形区域表示有大量夏家店上层时期陶片的试掘探方；黑色的小长方形区域表示有少量夏家店上层时期陶片的试掘探方；0 表示未发现任何夏家店上层时期陶片的试掘探方）

都分布在东北部（图 4.15）。在遗址的最南部和最西部，仅发现少量或没有发现这一时期的遗物。和地表采集的结果一致，试掘中出土的夏家店上层时期的遗物数量要远高于战国至汉时期的遗物数量。这再一次表明，就人群活动范围和遗物分布密度而言，地表采集和试掘在分析结果上相互符合。

在该遗址也发现了年代上早于夏家店上层文化时期的，即夏家店下层时期的遗存。在区域调查中，夏家店下层时期的人类活动范围最为广泛，达到 5.1 万平方米，其地表陶片分布密度也高于夏家店上层时期（图 4.16）。这一时期的遗存主要分布在靠近遗址东部边缘的地方，以遗址的东北角和东南角最为突出。密集性地表采集显示了完全相同的结果（图 4.17）。有三个探方发掘出了相当数量的夏家店下层时期的遗物，其中两个探方坐落在遗址的东北角，一个位于遗址的东南部，地表均为夏家店下层时期陶片最为密集的区域（图 4.17）。另外，在上述东北角和东南部两个遗物分布密集区域的中间，以及地表陶片分布密度最低的西部，也布置了一些探方，但从中仅发掘到了少量的夏家店下层时期的陶片。同样，地表采集和地下发掘的结果之间相互一致。

在 342 号遗址，我们还发现了年代更早的红山时期的堆积，其包含的遗物亦足以进行比较分析。根据区域调查的结果，红山时期的地表陶片分布密度比较低，基本上接近战国至汉时期陶片分布密度的均值（图 4.18），其分布面积为 2.3 万平方米，稍小于战国至汉时期。根据密集性地表采集，发现陶片的面积与区域调查大致相当，只是地表陶片分布密度比较低（图 4.19）。由于布置了数量较多的系统性采集圆圈，从而提供了红山时期居民在这个遗址上居住的更多细节，可知该遗址上的遗存分布更加分散，形成了数个独立的区块，彼此之间为空白区域。在几个探方中都出土了红山时期的陶片（图 4.19），不过从遗物数量看并不多，而且均不是发现于未经扰乱的原生层位中，总是有少量的红山时期陶片与稍晚时期的遗物出现在同一地层中。我们在选择探方位置时，也考虑到红山时期陶片分布的情况：（1）在区域调查和密集性地表采集中都存在红山时期遗物的地点；（2）只有区域调查表明存在红山时期遗存的地点；（3）只有密集性地表采集表明存在红山时期遗存的地点；（4）在地表未发现红山时期陶片的地点。区域调查、密集性地表采集和试掘所获得的数据相一致表明，在红山时期，342 号遗址曾经历过广泛但强度较弱的开发和利用，因此留下了分布较广但密度较低的地表遗物。最终，对于该遗址在红山时期的人口规模问题，区域调查、密集性地表采集和试掘给出了较为一致的答案。

通过在 342 号遗址进行的区域调查、密集性地表采集和试掘显示出的整个序列，可知最早在兴隆洼时期，人们就已经开始对该遗址进行短暂的开发和利用。在赵宝沟时期，

图 4.16　342 号遗址在区域调查时发现夏家店下层时期陶片的采集点（灰度越高，表明地表陶片密度越高）

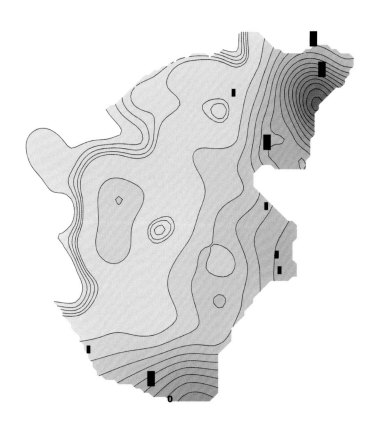

图 4.17　342 号遗址根据系统性地表采集绘制的夏家店下层时期陶片分布密度图（灰度越高，表明地表陶片
　　　　密度越高；大型的黑色长方形区域表示有大量夏家店下层时期陶片的试掘探方；黑色的小长方形表
　　　　示有少量夏家店下层时期陶片的试掘探方；0 表示未发现任何夏家店下层时期陶片的试掘探方）

图 4.18　342 号遗址在区域调查时发现红山时期陶片的采集点（灰度越高，表明地表陶片密度越高）

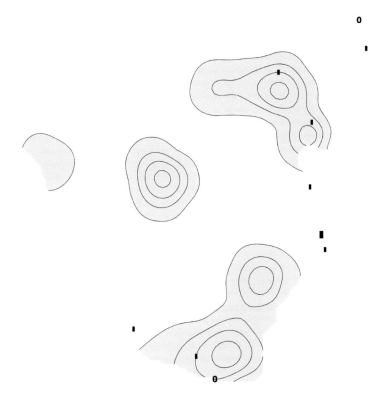

图 4.19　342 号遗址根据系统性采集绘制的红山时期陶片分布密度图（灰度越高，表明地表陶片密度越高；
　　　　 大型的黑色长方形区域表示有中等数量红山时期陶片的试掘探方；黑色的小长方形表示有少量红山
　　　　 时期陶片的试掘探方；0 表示未发现任何红山时期陶片的试掘探方）

遗址似乎未被使用过。到红山时期，整个遗址上的居住遗迹规模很小且十分分散。但在这之后，到了夏家店下层时期，居住范围迅速扩大，同时分布也更为密集，在遗址的东北部留下了厚达5米的堆积和大规模的建筑遗迹。夏家店上层时期居住遗迹的分布不似夏家店下层时期那样密集，但在遗址东北部进行的试掘中仍然出土了数量最多的遗物。最终，到了战国至汉时期，尽管遗物仍然集中在遗址的东北部，但无论是从数量上还是从规模上讲，都远远不及之前的夏家店下层时期和夏家店上层时期。不过，试掘的结果亦显示出，战国至汉时期的居住范围还是远远大于较早的红山时期。从区域调查反映出的不同时期的古代居民在342号遗址的活动状况看，在兴隆洼时期和赵宝沟时期，人们对该遗址进行了非常小规模的利用，这种小规模的利用可以通过非常小的面积－密度指数反映出来，即兴隆洼时期为0.015，赵宝沟时期为0.005。第一次对该遗址较大规模的使用发生在红山时期，尽管居住范围十分广阔，但密度却比较低，其面积－密度指数为0.028，稍高出之前的两个时期。夏家店下层时期居住遗迹的分布范围最为广泛，面积达到5.1公顷，遗物密度也最高，面积－密度指数高达1.228。相比夏家店下层时期，夏家店上层时期的居住遗迹无论是面积还是密度都稍逊一些，面积－密度指数为1.083。到了该遗址最晚的战国至汉时期，其居住遗迹的分布范围明显缩小，遗物密度也大大降低，其面积－密度指数为0.072，较红山时期稍高，但却远远低于红山与战国至汉之间的夏家店下层和夏家店上层时期。

就342号遗址而言，在获取古代人类活动遗存的相关信息方面，地表采集的结果与地下发掘的结果表现出惊人的一致。两者之间最大的不同体现在对年代最早的兴隆洼时期和赵宝沟时期的解释上。可以说，区域调查的数据比发掘结果更好地表现了上述两个时期。但是，由于发现的陶片数量过少，尚不能因此而得出"在了解兴隆洼时期和赵宝沟时期的居住遗存方面，区域调查是更为有效的方法"这样的结论。同样，根据在674号遗址获取的少量兴隆洼时期的陶片，我们也不能得出"在了解兴隆洼时期和赵宝沟时期的居住遗存方面，区域调查一定不如试掘"的结论。另外，对674号遗址和342号遗址的比较分析表明，"区域调查未能充分反映出兴隆洼时期和赵宝沟时期的居住情况"这一说法亦不能成立。对于在342号遗址发现的属于年代较早的红山时期的居住遗存，在区域调查、密集性地表采集和试掘的结果之间也有不尽相同的地方。根据对该遗址这三个方面的分析结果，可知在同一个遗址，红山时期的人类活动并不总是在相同的地点进行。从该遗址内部的角度看，地表遗物并不总是准确地反映出红山时期的居住遗迹，同样道理，考虑到在红山时期之后的数百或数千年中，许多陶片被扰动并再次堆积到不同的地层中。因此，发掘结果亦不能准确地反映出红山时期的居住遗迹。然而，对于区域聚落研究而言，遗址内部的空间分布并不重要，重要的是寻找到一个大范围的分布模式，能够反映出整个地区人群的活动行为和居住情况。在这个更大范围的尺度上，最重要的是我们必须确定出某处地点人群居住情况的整体强度，并且能够从区域调查、密集性地表采集和试掘这三个方面得到较为一致的结论。从某种意义上讲，对广大地区内的众多遗址进行上述研究，并将研究结果综合起来，这是区域聚落研究的基础所在。与很多其他研究者一样，[1] 我们认为，地表遗物可以为认识区域性的现象提供可靠的信息。在对 674 号遗址和 342 号遗址进行的比较分析中，我们使用了区域调查、密集性地表采集以及试掘三种手段，试图获取关于某一地点古代人群居住行为的整体强度的信息，从分析结果的质量看，简便迅捷的区域调查与其他两种更加耗时耗力的方法取得了同样的效果，并没有明确的迹象显示，需要对依靠地表遗物进行的区域聚落分析结果进行修正，以改进其所反映的早期考古学文化信息不足的问题。

居住人口数量的估算

所有上述关于人口分析的讨论都是基于相对水平的估算，其前提是一个非常简单的假设，即地表垃圾越多，表示在此生活过的古代人口数量越多，即面积 - 密度指数越大，代表的人口数量越多。然而，这种方法并不能告诉我们，在调查区域内究竟居住过多少人口，或者是在某一特定的时间里有多少人曾居住在调查区域的某一部分。对本报告中的大多数分析来说，并不需要估算出绝对的人口数量。利用面积 - 密度指数作为一个相对指标，告诉人们在某一个时期里哪些地方居住着更多的人口，哪些地方居住的人口较少，这就足够了。考虑到估算的不准确性，即使是专门从事区域聚落分析的考古学家，也往往不肯对实际人口数量做出估算。然而，要解决这个难题，除了勇敢尝试外，我们别无他法。如果我们想对古代人类社群的性质提出任何有意义的看法，就必须对当时的人口规模有所了解。如果我们对古代社会组织进行讨论，却不清楚所涉及社群的人口规模，即到底是由 100 人组成的社群，还是由 1000 人组成的社群，或者是由 10000 人组成的社群，那么这些讨论将会是没有意义的。我们注意到在许多考古学家已发表的著作中，都在模棱两可地想象着聚落是由成千上万的居住者组成，并对一些聚落给以"城"或者"城市"的定位，然而实际上，有些社群可能最多拥有不超过几百人。要避免出现

[1] Alan H.Simmons, Exposed Fragments, Buried Hippos: Assessing Surface Archaeology. In *Surface Archaeology*, Alan P. Sullivan III, ed., pp. 159 ~ 167. Albuquerque: University of New Mexico Press，1998；Marta Navazo and Carlos Díez，Redistribution of Archaeological Assemblages in Plowzones. *Geoarchaeology* 2008（23）：323 ~ 333.

这种错误，最好的方法就是对居住人口数量的估算给予高度关注，并努力开拓一些创造性的解决思路，而这样的估算结果通常都是约略的近似值。我们并不期望能够对 300 人的聚落和 400 人的聚落在人口数量上进行有效可靠的区分，在大多数情况下，我们也不需要这么做。然而，在对采集数据进行系统性分析的基础上，我们有可能会很有信心地说，某一个古代聚落的人口数量到底是 300 还是 1000。与那些不对人口数量做出任何估算的处理方式相比，即使这只是一种非常粗略的区分，也使得对于人口数量的表述更加准确，在研究上则更具有意义。

面积－密度指数非常适合被转换成对绝对人口数量的估算。只需要给其乘上一个数值，这个数值可以反映出 1 万平方米的地面上在一个世纪里要产生 1 陶片／平方米的陶片密度所需要的大致人口数量。要获取这个数值，需要借助各种有用的信息。例如，对一个大的居住遗址进行了全面的考古发掘后，其揭示的居住结构的数量可以为人口估算提供帮助，并为利用面积－密度指数估算不同时期的人口数量建立基础。此前，我们曾对上述方法的可能性进行过探索，❶ 在此，我们将继续这种探索，并且增加了更多的遗址数据，以扩大可供对比的样本数量。

表 4.2　　　　　　　　　　已发掘遗址的居住面积和人口估算

时期	遗址	面积（公顷）	房址数量	每公顷人口数量	文献 *
新石器时代					
红山	白音长汗	4.5	18	12 ~ 24	内蒙古 2004
赵宝沟	赵宝沟	7.2	77	32 ~ 64	中国 1997
兴隆洼	白音长汗	4.8	53	33 ~ 67	内蒙古 2004
红山	6384	3.0	50	50 ~ 100	Li 2008
可与红山进行比较	姜寨	2.8	60	64 ~ 129	西安 1988
早期青铜时代					
可与夏家店下层进行比较	老虎山	4.7	70	45 ~ 89	内蒙古 2000
夏家店下层	三座店	2.5	65	78 ~ 156	内蒙古 2007
夏家店下层	1902	1.6	62	113 ~ 227	Shelach 1999；赤峰调查
夏家店下层	1729	0.2	20	333 ~ 667	Shelach 1999；赤峰调查
夏家店下层	1665	0.3	40	387 ~ 774	Shelach 1999；赤峰调查

❶ 赤峰中美联合考古研究项目：《内蒙古东部（赤峰）区域考古调查阶段性报告》中的第四章"区域性人口规模重建之尝试"，科学出版社，2003 年。

* 文献说明：

内蒙古 2000：内蒙古自治区文物考古研究所：《岱海考古，卷一：老虎山文化遗址发掘报告集》，科学出版社，2000 年。

内蒙古 2004：内蒙古自治区文物考古研究所：《白音长汗：新石器时代遗址发掘报告》，科学出版社，2004 年。

内蒙古 2007：内蒙古自治区文物考古研究所：《内蒙古赤峰市三座店夏家店下层文化石城遗址》，《考古》2007 年 7 期。

西安 1988：西安半坡博物馆、陕西省考古研究所、临潼县博物馆：《姜寨：新石器时代遗址发掘报告》文物出版社，1988 年。

Li 2008: Li Xinwei, *Development of Social Complexity in the Liaoxi Area, Northeast China.* BAR International Series 1821, Archaeopress, Oxford, England.

Shelach 1999: Gideon Shelach, *Leadership Strategies, Economic Activity, and Interregional Interaction: Social Complexity in Northeast China.* New York: Kluwer Academic / Plenum Publishers, 1999.

表 4.2 提供了赤峰及中国北方其他地区不同遗址中居住建筑的面积和数量，这些遗址均进行过全面的发掘。显然，对于一个已经发掘的遗址而言，发掘之前通过地表陶片分布确认的遗址范围往往会超出发掘出的遗迹分布范围。对于每一个能够确认房址数量的遗址，我们都对能够在地表调查中看到的陶片分布的面积做了估算。根据保守地估计，地表遗物的分布范围会超出已知遗迹如房址、灰坑、墓葬等分布的界限至少 25 米。这样，在每一张遗址图上，我们划出一条闭合的线条，将所有已知遗迹以及扩展的 25 米包括在内。将出现陡坡、水土侵蚀或其他地形特征的地点排除在外，因为在这些地点很难清楚地判断地表遗物的分布状况，难以确定其界限。有些遗址的某些部分已被破坏，将会减少发掘中所能确认的房址数量，但同时也缩减了相应的地表遗物的分布范围，因此几乎不影响在房址数量和遗物分布面积之间建立联系。在计算房址数量时，只统计那些属于同一时期的建筑，以避免出现重复计算。需要强调的是，对地表遗物分布范围和房址数量的计算结果均为近似数值。所以，在对区域人口进行估算的时候，这些数值仅以非常近似的方式被使用，如果这些数值发生一些适度的改变，也几乎不会对最终的近似的人口估算产生任何影响。

中国北方新石器时代和青铜时代早期的小型居住结构一般被认为代表着核心家庭。在世界各地的人口估算研究中，考古学家利用民族学上的数据，以 5 人作为一个核心家庭的平均人数。不过，与许多其他地区的房子相比，中国北方新石器时代和青铜时代早期的房屋结构似乎非常小，有时候仅有 10 平方米大小。相比之下，那些发现于其他地区的作为核心家庭居住的房址，其房间面积往往达到 20 到 30 平方米，甚至更大。那些面积较大的房屋所在的区域，其自然气候都非常温和，而中国北方的冬天异常寒冷，所以有可能是为了应对这种寒冷的天气而建造较小的房屋，以对居住者起到保暖的作用。

当然，也可能当时核心家庭的规模的确很小。根据 2000 年全国人口普查的结果（考虑到计划生育政策的实施以及古今生活的不同，这个比较的有效性可能有限），"中国数据在线 (China Data Onlin)2008"提供的数据为赤峰地区平均每户的人口数量约为 3.5 人。因此对于目前的分析来说，可以认为，新石器时代和青铜时代早期的那些规模较小的房址，平均居住着 3 至 6 个人，稍低于其他地区的房屋居住人数。这样，我们将每一个发掘遗址出土居住结构的数量分别乘以 3 和 6，从而得到该遗址居住人口数量的最小值和最大值。在计算聚落面积时，我们将那些不含任何遗迹的空白地带，如曾经存在过的广场，也包括在内，因为在区域调查中，根据地表遗物的分布范围，这些面积同样被计算在遗址面积中。最终，我们用估算出的最小和最大人口数量除以聚落面积，得出聚落中人群的最小和最大居住密度，即人数 / 万平方米。表 4.2 列出了这些计算结果。

为了计算居住人口的密度，我们选择了四处新石器时代的遗址，这些遗址中每一个居住结构都清晰可辨，便于统计。由于位于内蒙古东部的白音长汗遗址中新石器时代的遗存可以划分为两个不同的时期❶，所以表 4.2 实际代表了对五个新石器时代遗址居住结构的观察结果。白音长汗遗址中较早的兴隆洼时期的居住遗迹包括被圆形壕沟环绕的两组房址（图 4.20）。两个壕沟内的所有面积都经过发掘，共发现了 54 个兴隆洼时期的房址。其中有两个房址互相重叠，显然不可能属于同一时代。所以，房址的总数实际是 53 个。根据我们前面的原则，对地表陶片分布范围的估计延伸到超出圆形壕沟以及遗址南部墓葬群 25 米的地方。由此得到的地表遗物分布范围，其南部和东南部边缘已到冲沟，遗址亦被冲沟所破坏。同时，地表遗物的分布也延伸到了遗址东侧较为平坦的地方。在遗址以西 100 多米的地方，有一座小山丘，山丘的顶部分布着一片独立的墓葬区。在我们的现有分析中，这片墓葬区将不被计入遗址面积中。图 4.20 显示了遗址地表遗物的分布范围，总面积为 4.8 万平方米。

白音长汗遗址发现的红山时期遗存，主要包括房址、灰坑、墓葬和其他一些遗迹。与兴隆洼时期那些呈直线排列、整齐紧凑的房址相比，红山时期的房址显得较为稀疏（图 4.21）。红山时期地表遗物的分布并不像兴隆洼时期那样向西边延伸很远，但其在北侧的分布则超出了兴隆洼时期圆形壕沟的范围。在遗址最南端的山丘上，分布着一片墓葬区，在墓葬中出土了红山时期的遗物，我们将这一墓葬区纳入了遗址的总面积。在整个 4.5 万平方米的区域内，分布着 18 个相互无叠压的红山时期房址。

位于内蒙古东部的赵宝沟遗址已经被全面发掘。❷ 图 4.22 中分别用 I、II 和 JS1 表

---

❶ 内蒙古自治区文物考古研究所：《白音长汗：新石器时代遗址发掘报告》，科学出版社，2004 年。
❷ 中国社会科学院考古研究所：《敖汉赵宝沟：新石器时代聚落》，中国大百科全书出版社，1997 年。

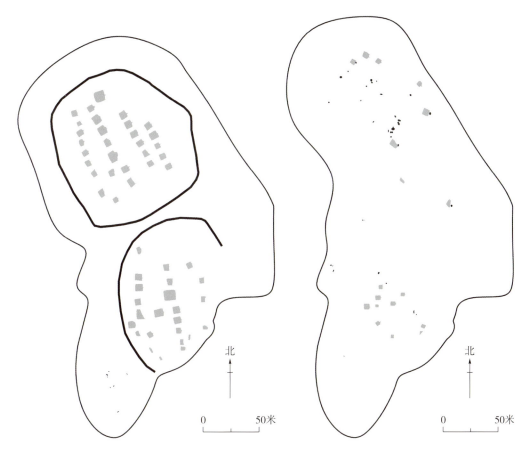

图 4.20 白音长汗遗址兴隆洼时期遗存在地表的分布状况（灰色部代表发掘出的兴隆洼时期的房址，这些房址被两个壕沟环绕着；黑色部分代表发掘出的兴隆洼时期的墓葬，位于遗址最南端的墓葬区）

图 4.21 白音长汗遗址红山时期遗存在地表的分布状况（灰色部分代表发掘出的红山时期的房址；黑色部分代表发掘的红山时期的灰坑和墓葬）

示在发掘中出土了赵宝沟时期遗迹的三个区域。鉴于区域 III 中未发现任何赵宝沟时期的遗存，在此将其排除在外。在区域 I 中，共计确认了 82 处灰色地表遗迹。在对其中的 13 处遗迹进行发掘后，发现 2 处为灰坑，剩余 11 处（85%）为房址。如果区域 I 中灰色地表遗迹的 85% 确为房址，那么，区域 I 中房址的总数大约为 70 个。区域 II 经过整体发掘，发现了 6 座房址。另外，在区域 I 和区域 II 之间的地带，还发现了一个单独存在的房址。所以，该处遗址赵宝沟时期的房址总数达到 77 个。在对赵宝沟时期地表陶片的分布范围进行估算时，我们将地表可见的灰色遗迹和发掘出的遗迹其周边 25 米范围内的面积都计算在内。虽然在区域 JS1 只发现了赵宝沟时期的遗物，没有发现任何居住结构，其面积仍然被算作是遗址面积的一部分。正如图 4.22 显示的那样，在赵宝沟遗址地表遗物的分布面积达到了 7.2 万平方米。

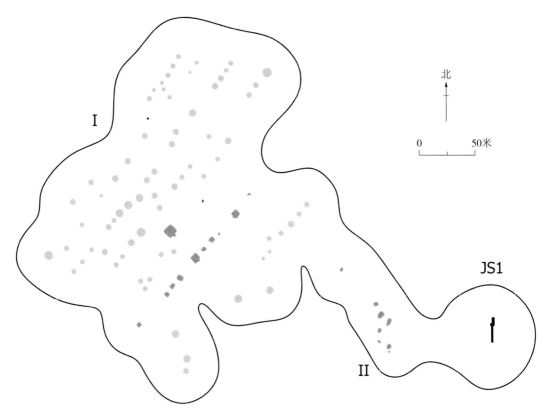

图 4.22　赵宝沟遗址赵宝沟时期遗存在地表的分布状况（浅灰色部分代表尚未发掘的地表灰色遗迹；深灰色部分代表发掘出的赵宝沟时期的房址；黑色部分代表发掘出的赵宝沟时期的灰坑遗迹和 JS1 探沟）

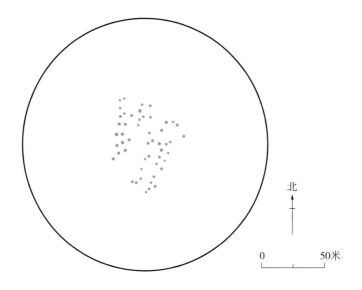

图 4.23　6384 号遗址红山时期遗存在地表的分布状况（灰色部分代表尚未发掘的地表灰色遗迹；圆圈为示意图，面积约 3 万平方米，是由分布在地表的遗存推定的居住范围）

6384号遗址位于赤峰东南方向的蚌河谷地下游,尽管该遗址并没有被真正地发掘过,但地表保留着的灰色圆圈显示,这里存在着红山时期的房址。根据文字记录,该遗址上应该有49座房址,但在遗址图上却显示了51座房址 [1]（图4.23）。为平衡这种误差,我们取两种说法的平均值,即50座房子作为近似值。根据原著作者的估算,该遗址地表遗物的分布面积达到3万平方米。因为没有见到所需要的相关信息,所以我们直接采用了这一数据,而没有像上述几个遗址那样重新进行计算。

位于陕西省境内的姜寨遗址是另外一处经过全面发掘的新石器时代遗址 [2]。虽然该遗址并不属于红山文化的分布范围,但其年代属于仰韶文化早期,非常接近红山文化的初始时期。在姜寨遗址的平面图上,共计有70个经过发掘的房址（图4.24）。其中F39和F90重叠,而且几乎与F79也重叠,而F38则挡住了F41的入口,很明显F39和F38与其他的房址不属于同一时代,因而未将其计入统计。F1、F47、F53、F74和F103等五个房址的规模非常大,通常被认为是公共建筑,所以在估算人口时,没有将它们作为居住房址包括在内。另外,F104、F119和F138三个房址的面积都小于4平方米,似乎不能作为居住的地点。在这样处理之后,还有60个相同时代的房址。考虑到封闭壕沟内还有一些区域尚未发掘,所以姜寨遗址属于第一期的实际房址数量可能要多于60个。不过,由于我们的主要目的并不是判断姜寨村落的整体大小,因此并不需要去准确地推测姜寨遗址究竟有多少处房址。在决定如何估算地表遗物的分布范围时,我们选择了一种更为直接、更为可靠的处理方式,即只考虑那些已经发掘过的区域和其相应的地表遗物分布范围,忽略那些未被发掘的房址和它们所对应的地表遗物分布范围。在计算遗物分布面积时,除遗址西南角因土壤侵蚀,遗址和地表遗物的分布在此中断外,我们把所有发掘区域,包括位于遗址东侧圆形壕沟以外的墓葬区,都向外延伸了25米,如图4.24所示,姜寨遗址地表遗物的分布面积大约为2.8万平方米。

表4.2同时列出了对五处早期青铜时代遗址的观察结果,这五处遗址均发现了可以被识别和计算的房址。位于内蒙古自治区中南部的老虎山遗址,在这里发现的考古学文化不见于赤峰地区,不过从年代上判断,应该相当于小河沿时期（公元前2500～前2300年）。该遗址上散布着一些房址,其中部分房址经过发掘,还有一些房址在地表仍然可见,遗址的东北部和南部发现有断断续续的围墙围绕着这些房址（图4.25）。发掘

---

[1] Li Xinwei, *Development of Social Complexity in the Liaoxi Area, Northeast China*. BAR International Series 1821. Oxford: Archaeopress, 2008.

[2] 西安半坡博物馆、陕西省考古研究所、临潼县博物馆：《姜寨：新石器时代遗址发掘报告》,文物出版社,1988年。

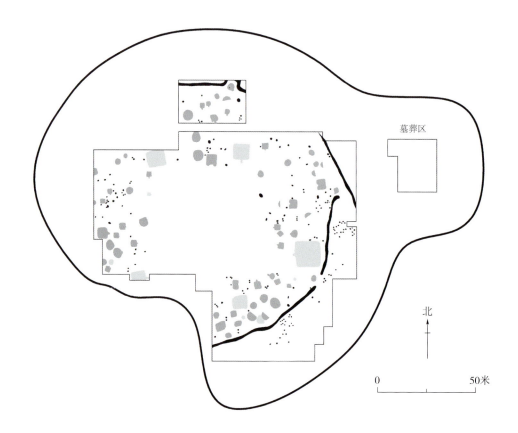

墓葬区

北

0   50米

图 4.24 姜寨遗址与已发掘部分相对应的地表遗存分布状况（深灰色部分代表同一时期的房址；浅灰色部分
代表重叠的房址、大型建筑遗迹和一些被省略掉的小型建筑；黑色部分代表未出现在墓葬区域的灰
坑遗迹和墓葬）

者共确认了 70 个房址，其中有少数房址出现了叠压现象，另外，尚有少数房址无法从
地表观察到。在分析中，我们以 70 作为该处遗址的房址总数。如图 4.25 所示，地表遗
物的分布面积为 4.1 万平方米。

　　三座店位于赤峰地区，是一处坐落于山顶、有军事防御设施的夏家店下层时期的遗
址。该遗址仅完整保存了一部分，这一部分已经过充分的发掘，因此对该遗址的估算都
是基于已发掘的结果❶。在防御性围墙里面，分布着一些结构相当复杂的房址。发掘者
认为共有 65 座房址，我们的估算即以这个数据为基础。从图 4.26 可以看到，估算的地
表遗物分布范围超出了保存完好的那部分遗址的边缘，在遗址受到破坏的北部和东部边
缘，地表遗物的分布亦被中断。遗址的总面积为 2.5 万平方米。

---

❶ 内蒙古自治区文物考古研究所：《内蒙古赤峰市三座店夏家店下层文化石城遗址》《考古》2007 年 7 期，
第 17 ~ 27 页。

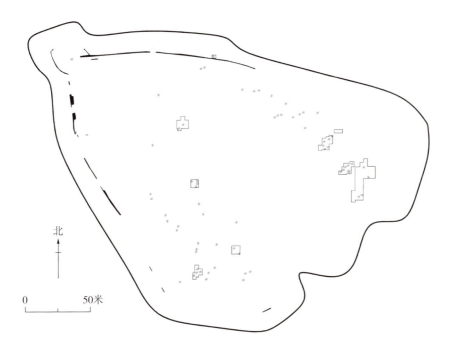

图 4.25　老虎山遗址遗存在地表的分布状况（灰色部分代表房址，包括那些发掘区域中尚未发掘的房址以及
　　　　 地表可见的居住遗迹）

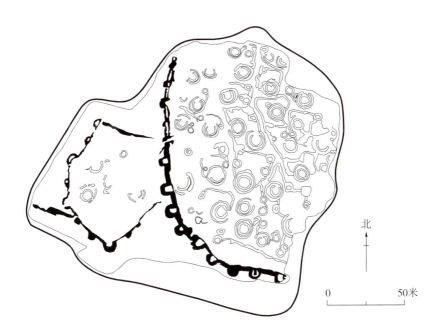

图 4.26　三座店遗址夏家店下层时期遗存在地表的分布状况（在发掘区域内的防御城墙里面可以看到一些建
　　　　 筑结构）

在赤峰进行区域性调查时记录的 1902、1729 和 1665 号遗址，均为夏家店下层时期的遗址，这三处遗址均未进行发掘，但是由于这些遗址在地表上的建筑遗存保存得非常好，因此吉迪（Gideon Shelach）曾仔细计算了每个遗址中作为房址基础的石圆圈数量，以此得出各遗址中房址的数量❶，最终的统计结果可参见表 4.2。1902 号遗址的东部（即分布有采集点 4P092 和 4P093 的区域）对应吉迪在最初调查时命名的 8 号遗址，共有 62 处房址。1729 号遗址（对应吉迪命名的 52 号遗址）共有 20 处房址。1665 号遗址（对应吉迪命名的 33 号遗址）共有 40 处房址。在对这三个遗址进行田野调查时，均已经按照相应的方法对遗址地表遗物的分布范围作了实际测量，每个遗址的面积请参见表 4.2。

利用上述考古学资料，表 4.2 中估算出了各遗址内部的人口密度，尽管这些数据存在着明显的差别，但我们仍然认为，将上述估算的古代聚落人口密度与 2000 年人口普查的结果进行比较，是一件非常有意义的事情。经过比较，现代城镇居住人口密度的最低值（参见表 4.1）仅略高于利用考古学资料估算出的古代居住人口密度的最低值。而现代城镇居住人口密度的最高值却低于古代居住人口密度的最高值，即使是现在的赤峰市，人口密度已达到 200 人 / 万平方米，仍然要低于某些已发掘的夏家店下层时期的遗址。这样的结论可能会让人感到吃惊，因为我们通常认为，在现代城市中由于到处矗立着高层公寓和摩天大楼，因此居住人口的密度应当非常高。可以确定的是，如果以居住人口密度计算，今天的赤峰市的确比周围任何一处城镇化欠发达的地区要高得多。不过对于赤峰市区居住人口密度低于某些古代聚落的居住人口密度这一现象，乍一看似乎很难理解，但如果进一步深入分析，就会发现其实并不奇怪。首先，对赤峰市现在的家庭公寓而言，虽然从某些标准上讲，平均居住面积较小，但与新石器时代和早期青铜时代核心家庭的住房相比，却要宽阔、奢华许多。现代住房通常都紧缩在高楼大厦中，占地面积较小，但即使如此，仍然大于古代聚落中一般家庭住房的面积。其次，赤峰市分布着很多宽阔的林荫大道、广场和公园，这些都增加了赤峰市的占地面积。与之相反，在早期青铜时代那些居住人口密度最高的聚落中，房址之间紧密排列，几乎不留任何空隙。最后，在计算赤峰市的占地面积时，包括了许多商业和工业用地，这些区域的居住人口密度显然比较低。而这种空间利用的方式在紧凑排列、人口密度很高的古代聚落中是完全不存在的。整体上看，对古代居住人口密度的估算结果大致与相同区域内现代聚落的人口计算结果一致。

对于每一处遗址，如果在发掘前，我们就知道不同时期陶片的地表分布密度，那么

---

❶ Gideon Shelach, *Leadership Strategies, Economic Activity, and Interregional Interaction: Social Complexity in Northeast China.* New York: Kluwer Academic / Plenum Publishers，1999.

就可以将发掘结果与地表陶片分布密度进行比较。遗憾的是，我们目前很难获取到这样的信息。不过，我们可以以将表 4.2 中所表现的新石器时代和早期青铜时代遗址居住人口密度的分布范围，与赤峰地区相同时期地表陶片密度的分布范围进行比较。正如图 4.27 显示的那样，根据赤峰调查的结果，所有时期有效的表现地表陶片分布密度的面积 – 密度指数的最小值约为每百年 0.01 陶片 / 平方米，这样我们可以将其与根据对遗址进行发掘后所计算出的最低居住人口密度（如表 4.2 中白音长汗遗址的红山时期）互相对应，把面积 – 密度指数为 0.01 的地表陶片密度值，设定为 5 ~ 10 人 / 万平方米这样一个最小的居住人口密度。这样的处理也完全符合许多区域聚落分析中采用的“最小陶片密度值对应最低人口密度”原则[1]。

在赤峰调查数据中，不同时期面积 – 密度指数值的上限是不同的。由于意外情况产生的异常值使得这些数值扩大到更高的范围，不过我们仍然可以找出每个时期面积 – 密

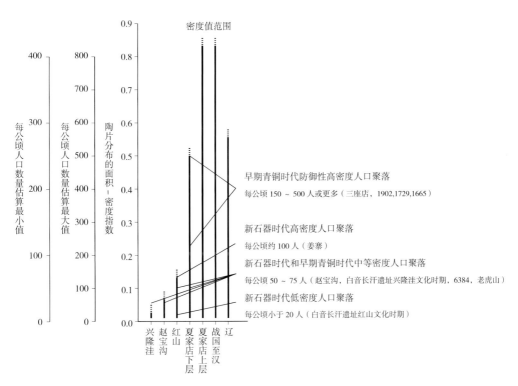

图 4.27　已发掘遗址中的人口密度与赤峰调查区域表现地表陶片分布密度的面积 – 密度指数之间的对应关系

[1] William T. Sanders, Jeffrey R. Parsons and Robert S. Santley, *The Basin of Mexico: Ecological Processes in the Evolution of a Civilization.* New York: Academic Press, 1979；Robert D. Drennan and Ana María Boada Rivas, Demographic Patterns. In *Prehispanic Chiefdoms in the Valle de la Plata, Vol. 5: Regional Settlement Patterns,* Robert D. Drennan, ed., pp. 59 ~ 81. University of Pittsburgh Memoirs in Latin American Archaeology, 2006, No. 16.

度指数值的主要分布范围，图 4.27 中，线段即代表了每个时期主要面积 – 密度指数值的界限。表 4.2 中，新石器时代居住人口密度的最高值出现在姜寨遗址，大约为 100 人 /万平方米，我们将此值与赤峰地区红山时期的最高面积 – 密度指数值相对应。较红山时期稍低的面积 – 密度指数值，反映的是新石器时代和早期青铜时代的一些中等人口密度，例如赵宝沟时期、白音长汗遗址兴隆洼时期，6384 号遗址或者老虎山，其居住人口密度大约为 50 ~ 75 人 / 万平方米（图 4.27）。某些情况下，在一些夏家店下层时期的遗址中，居住人口密度高达 150 ~ 500 人 / 万平方米，这样的数值对应了夏家店下层时期面积 –密度指数值范围中的上限。

图 4.27 中的"人口估算最小值"和"人口估算最大值"基于对已发掘遗址中居住人口进行估算的最小值和最大值，并将其与不同时期面积 – 密度指数值的范围相对应。这种大致的对应关系可以通过数学转换的方式表现出来。例如，将图 4.27 中纵坐标上的面积 – 密度指数值乘以 500，就转化为"人口估算最小值"。如果乘以 1000，就转化为"人口估算最大值"。如果能够有更多的遗址，每个遗址都经历过更多的时期，占地面积广阔，并且在发掘前通过系统性采集获知了地表陶片密度，那么，将人口估算的最小值和最大值分别对应于不同的地表陶片密度值，结果将更加精确，可信度更高。不过，即使没有上述这些信息，我们仍然可以把人口估算的最小值和最大值作为一个系数应用于赤峰调查中的面积 – 密度指数，看看这些结果具有怎样的可信度，以及是否与其他证据得出的人口估算值相吻合。

342 号遗址和 674 号遗址为我们提供了这样一个机会。在这两处遗址进行的试掘工作很好地验证了密集性地表采集以及区域调查数据关于遗址居住性质和居住密度的结论。对 674 号遗址而言，其夏家店下层时期的面积 – 密度指数为 0.173，这意味着，在 1.8万平方米的区域里，大约居住着 100 人左右（经计算，居住人口的最小值为 87，最大值为 173），由此得出居住人口的密度大约为 75 人 / 万平方米（居住人口密度的最小值为48 人 / 万平方米，最大值为 96 人 / 万平方米）。这个分析结果表明，该遗址是夏家店下层时期的一个中型村落，人口密度中等，这与试掘的结果基本一致。也就是说，那些建筑遗存和深达 1 米的地层堆积似乎支持了这样一个判断：这样一个拥有 100 多人口的村落，持续存在了 800 年之久，贯穿了整个夏家店下层时期。当然，也有另外一种可能性，即这些遗存是由一个拥有 200 人的村落在此地点居住了 400 年以后留下的，再之后，这些人离开了此地，到其他地方定居。对于面积 – 密度指数计算而言，同时存在几种可能性的情况是允许的，而且也不会影响到总人口的估算。也就是说，200 人在该遗址居住400 年的计算结果与 100 人在同一地点居住 800 年的结果完全一样。如果这 200 人在某地居住了 400 年之后，迁移并定居在其他地点长达 400 年的时间，那么在区域调查中，这些迁移到其他地点并生活了 400 年的 200 人（实际上是这 200 人的后代）又可以被看作是在该地点持续生活了 800 年的 100 人，最终的结果就是 200 人在某一个区域居住了一段完整的时期（800 年）。对 674 号遗址而言，其夏家店上层时期的面积 – 密度指数为 0.695，这意味着在 1.8 万平方米的面积上居住着 500 人左右（经计算，居住人口的最小值为 348，最大值为 695），由此所得，居住人口密度大约为 300 人 / 万平方米（居住人口密度的最小值为 192 人 / 万平方米，最大值为 384 人 / 万平方米），表明当时的人口非常集中。这与遗址部分区域内存在着大规模的建筑遗迹以及对该遗址进行试掘的结果完全相符。到了战国至汉时期，674 号遗址的面积 – 密度指数下降到 0.219，居住人口大概为 150 人（居住人口的最小值为 110，最大值为 219），这个结果亦与遗址中发现的较为少量的该时期遗存相一致。

在 342 号遗址，兴隆洼时期的面积 – 密度指数为 0.015，经数学转换后，当时的居住人口大概为 12 人（居住人口的最小值为 8，最大值为 15）。赵宝沟时期的面积 – 密度指数更低，仅为 0.005，相应地只有 3 ~ 4 个居住者（居住人口的最小值为 2，最大值为 5）。对于这两个时期的居住遗迹，如果居住者由始至终在此地定居，那么，最多只可能有 2 到 3 户人家。假如居住者只是在这里暂时居住过一段时间，那么曾经的居住人口可能稍多一点。红山时期的面积 – 密度指数为 0.028，意味着在 2.3 万平方米的面积上生活着 20 个人（居住人口的最小值为 14，最大值为 28），居住人口密度大约为 10 人 / 万平方米。当然，如果居住者都只是在该地点居住一段时间，那么实际的村落人口可能要稍多一些。如此少量并且分散的居住只会留下很少的居住遗迹和地层，在随后的时间里，由于在该遗址有过更加频繁的人类活动，这些居住遗迹则很难被完整地保存下来。因此，在遗址中发现未经扰乱的红山时期遗存堆积的可能性就非常小。但是，仍然有确切无疑的证据表明，该遗址存在着红山时期的遗存，这些遗存以再生堆积的形式出现，包括那些散布在地表的红山时期的陶片。夏家店下层时期的面积 – 密度指数为 1.228，表明当时的居住人口达到 1000 人甚至更多（居住人口的最小值为 614，最大值为 1228）。经过计算，在 5.1 万平方米的面积中，整体的居住人口密度接近 200 人 / 万平方米（居住人口密度的最低值为 121 人 / 万平方米，最高值为 241 人 / 万平方米）。这样的人口密度似乎正好对应了该遗址某些区域内深达数米的夏家店下层时期的地层堆积，在这些区域里，地表的居住遗迹也非常的密集。在居住人口密度上，342 号遗址发现的夏家店下层时期的聚落与三座店遗址大致相当，但 342 号遗址由于面积更大，所拥有的人口数量也更多。相比夏家店下层时期，夏家店上层时期的面积 – 密度指数稍低，为 1.083，表明当时的居住人口大约为 800 人（居住人口的最小值为 541，最大值为 1083）。经过计算，在 3.58 万平方米的遗址面积中，居住人口密度约为 200 人/万平方米（居住人口密度的最小值为 151 人/万平方米，最大值为 303 人/万平方米），该遗址也出土了大量的夏家店上层时期的遗存。到了战国至汉时期，面积－密度指数降低至 0.072，反映出居住在这里的人口数量骤减，在 2.7 万平方米的遗址面积上仅生活着约 50 人（居住人口的最小值为 36，最大值为 72，相应地，居住人口密度的最小值为 13 人/万平方米，最大值为 27 人/万平方米）。

将 342 号遗址和 674 号遗址的面积－密度指数转化为大致的人口数字，为我们了解当时的人口规模提供了很重要的线索。有了对人口规模的认识，我们才能去思考在各个遗址上生活的古代居民其所属的古代社群的性质。对人口的估算结果大致上与我们对聚落（特别是全面发掘的新石器时代和青铜时代的遗址）人口密度的已知认识一致，这些结果表明，地表陶片分布密度的数据可以被用来区分很高的和很低的居住人口密度。这对于尽可能准确地评价早期的考古资料方面尤其重要。通常认为后来的农业和其他人类活动会扩大古代遗物的分布范围，而年代越早的遗址，所经历的这一过程的时间越长。因此，由地表遗物分布而确认的遗址面积可能会给我们一个错觉，被认为是表明了聚落人口的规模在扩大，这种误导对于那些年代越早的遗存来说则越加明显。然而，随着地表遗物分布范围的扩大，遗物的分布密度必然会随之下降。Navano 和 Diez 曾用实验展现了这一完整过程，[1] 而我们在实践中也对此进行了验证。以 342 号遗址红山时期的遗存为例，当分布面积增加，遗物分布密度减少，其最终得到的面积－密度指数却始终保持不变。因此，在考古学的人口分析中，相比那些仅仅依靠面积的大小，本报告同时将遗物分布面积和分布密度都考虑在内的研究，即使用面积－密度指数，则将给出更加精确和可靠的结果。

在赤峰福山庄发现的红山时期遗址给我们提供了一个最后的比较机会。在遗址的核心区域，我们进行了集中调查，得到的红山时期的面积－密度指数为 0.174，根据计算，其居住人口的最小值为 87，最大值为 174，这意味着当时的居住者大约为 100 多人；或者说，在这个 8.5 万平方米的聚落中心，居住人口密度的最小值为 10 人/万平方米，最大值为 20 人/万平方米。在遗址中心进行的密集性地表采集结果表明，这里存在

---

[1] Marta Navazo and Carlos Díez, Redistribution of Archaeological Assemblages in Plowzones. *Geoarchaeology* 2008, 23:323 ~ 333.

着 30 个独立的地表遗物分布区，可以被解释为有 30 个独立的家庭 ❶。如果每个家庭有 3 ~ 6 人，那么总人口将为 90 ~ 180 人，显然这个数据非常接近区域调查人口估算结果的 87 ~ 174 人。

小结

我们有必要继续对与古代人口数量相关的各种证据进行比较，以不断提高我们估算古代人口数量的能力。关于面积 – 密度指数，有一个假设条件目前尚未进行过探讨，即在一个时间序列中，对于任何一个时期而言，每人每年所产生的垃圾（例如陶片）数量是不变的。这个假设是否正确，可以通过对遗址的全面发掘加以验证。同时，全面发掘也提供了一个评估不同时期年代跨度的机会，这将比根据地表采集进行判断更加精确。此外，全面发掘也为人口估算提供了其他的可能性，例如根据居住遗迹进行人口估算，最终，这些估算结果将与根据陶片数量估算的人口数量进行比较。正如我们前面所说，假如在不同的时期里，每人每年所产生的破碎陶片的数量是不同的，我们可以在面积 – 密度指数的计算中增加一个变量，以反映这种垃圾生成速率的差异 ❷。不过要实现这个目标，目前最主要的问题还是缺少在赤峰地区已发掘的大量的各时期居址中破碎陶器的定量信息。

综上所述，我们可以在赤峰项目以及其他地区，包括中国以及其他国家和地区，所获得的聚落数据的基础上开展更多的工作，以在人口分析方面取得更加精确和可靠的结论。对于考古学家所从事的其他任何研究而言，亦是如此。然而，根据面积 – 密度指数所获取的近似值从很多方面来说都已足够精确和可靠，可以被应用于许多分析。正因如此，面积 – 密度指数成为本报告所有分析的基础，用以相对地估算在某一地点曾居住着多少人口。就像本节所描述的那样，将面积 – 密度指数转换成近似的居住人口数量，是本报告其他部分关于人口规模论述的基础。

---

❶ Christian E. Peterson , *"Crafting" Hongshan Communities? Household Archaeology in the Chifeng Region of Eastern Inner Mongolia, PRC.* Ph.D. Dissertation, Department of Anthropology, University of Pittsburgh, 2006.

❷ 赤峰中美联合考古研究项目：《内蒙古东部（赤峰）区域考古调查阶段性报告》中的第四章 "区域性人口规模重建之尝试"，科学出版社，2003 年。

第三节　界定社群模式的方法

柯睿思（Christian E. Peterson）　　周南（Robert D. Drennan）

在世界上许多社会的日常生活中，家户（household）都起着重要作用，其有规律的互动形成了社群。正是这种互动产生了推动社会变化的力量，带来了社会性质的变化，这也被考古学家们认为是解释社群之间形成互动的新思路。在缺少现代运输和交流技术的情况下，互动交流的成本和不便性随着距离的增加而大幅度提升。经济实用性并非家户在选址时的唯一依据，不过，在决定居住地点时，是否方便于日常活动则是非常重要的一个考量标准。考虑到日常交流的重要性，我们可以推测，人们倾向于在与其频繁接触的家户附近定居。因此可以认为，尤其是在前现代社会中，居住遗址的空间分布可以反映人群互动的特征以及社会群体的模式。

Murdock 非常关注人们在日常生活中面对面的交流，[1] 这为我们从考古学上界定存在着社会互动的社群提供了一个合理的出发点。我们不能简单假设这些小型地方性社群的存在，相反我们必须要证明它们的确存在。只有当这些社群出现的时候，家户在性质、行为和互动上的变化才可以被研究，这样的研究即是所谓的"家户考古"。与此同时，小规模的社群成为进行有关社群的性质变化以及不同社群之间的互动模式等深层次研究的基本分析单位。对这些模式的观察，有助于我们确认大型的社会群体，例如我们习惯上称呼的"社区""政体"等，实际上大型社群是依赖于更小单位，如小型的地方性社群之间的相互作用而存在。因此，在研究"社区"或"政体"时，我们必须基于区域性聚落研究的空间尺度。

我们在此使用的"社群"一词，从严格意义上说，并非指界于家户和地区之间某种特定的空间概念，相反，其本质反映的是空间上互动活动的强度模式。这些互动模式呈现在不同的空间尺度上，揭示着某一特定地区内同时存在的若干特定结构。然而这并不是表明这些特定结构的存在必须依靠任何统一的标准。事实上，社群是在不同空间尺度上于不同时期和地点形成的不同的互动结构，正是这一发现，对复杂社会及其形成的比

---

[1]　George Peter Murdock, *Social Structure*. New York: MacMillan, 1949.

较研究做出了重大贡献。

在区域聚落分析中，一些广为熟悉的分析方法，如等级－规模曲线和遗址面积柱状图等，正是为研究社群多样性及其互动本质而被设计出来的。只有当分析单位被看成是社会群体时，上述以及其他的分析方法才有意义。考古学家们已经习惯于将考古遗址作为此类分析的基本单位。这样做的前提是假定在考古遗址和人类社群之间存在着一一对应的关系，然而，现实却并非总是这样。任何考古遗址都不能被想当然地看成是一个社群。界定社群之间互动关系的关键在于认识人们是以何种方式分布在自然空间中的，而这种分布方式的最好体现就是分布于地表的考古遗存。

在前工业化时期的农业社会中，经济实用性的表现之一就是因农业生产活动的需要而导致家户在自然地貌中广泛分布。如果只考虑这个因素的话，居住者们很可能将居住地点选在农田附近，以尽可能缩小从居住地点到农田的移动成本❶。经济实用性的另一方面是考虑不同家户之间的经济互动成本，显然家户之间的距离越近，越有利于经济上的互动。不论这些经济互动的确切性质如何，上述描述都是正确的。如果经济活动并非完全以家户为基础，它们还可能包括例如专业化生产和产品交换或者农业劳动力的协调等，亦有可能包括宗教活动和其他公共仪式，或涉及政治或者最直接的社会因素——维持血缘关系、寻找配偶、信息交换等等。当提及"社会互动"时，我们考虑的是上述这些广泛的、各式各样的活动。当这些社会互动高度集中地出现在一个由若干家户组成的独立群体中，并且这个群体内部的家户与其他外部家户的交流非常有限时，就形成了一个地方性社群。这种互动模式使得群体内部的所有家户都居住在彼此接近的地方，在空间上形成一个集群，并与其他集群相分离。在考古学上，这样的集群表现为一系列聚集的居住遗存。在某些地区，这种集群与考古学家通常所定义的"遗址"相符。在另外一些地区，这种集群则很难与考古学家们出于方便需要而在田野调查中定义的"遗址"相对应。甚至在其他一些地方，即使考古学家仍然在讨论着"遗址"，但是可能根本不存在这样的集群。想要对这些可能性进行探讨，唯一的方法就是明确界定社群的方法。

---

❶ Robert D.Drennan, Household Location and Compact versus Dispersed Settlement in Prehispanic Mesoamerica. In *Household and Community in the Mesoamerican Past: Case Studies in the Maya Area and Oaxaca*, Richard R. Wilk and Wendy Ashmore, eds., pp. 273 ～ 293. Albuquerque: University of New Mexico Press，1988；Glenn Davis Stone, Agrarian Settlement and the Spatial Disposition of Labor. In *Spatial Boundaries and Social Dynamics: Case Studies from Food-Producing Societies,* Augustin Holl and Thomas E. Levy, eds., pp. 25 ～ 38. Ann Arbor, MI: International Monographs in Prehistory, 1993.

地方性社群和超地方性社群

对赤峰调查区域内集群的界定参考了柯睿思（Christian E.Peterson）和周南（Robert D. Drennan）的方法 ❶。对考古学上的每一个时期来说，将调查区域中的采集点在地理信息系统（Geographic Information System，下文简称 GIS）中进行栅格化处理，由与每个采集点相关的表示地表陶片分布密度的面积 – 密度指数生成 Z 值，从而形成栅格图像。组成栅格图像的每个单元格为 100 米 × 100 米，即 1 万平方米。在 GIS 的栅格图层中，一个代表 1 万平方米大小的单元格内可能包含不止一个采集点。对每一个单元格内不同时期面积 – 密度指数的计算，是以某一时期的面积 – 密度指数乘以该单元格内该采集点所占面积的比例，而单元格内属于同一时期采集点的面积 – 密度指数的总和即为该单元格的 Z 值。对于面积为 1 万平方米的单元格来说，如果在某一时期内未发现任何居住痕迹，其 Z 值为 0。将那些不包含任何采集点的网格的 Z 值赋值为 0 非常重要，这种处理方式与制作地形图时所采用的方法有很大的差别。制作地形图主要基于一系列不规则的地表测量数值，对不同测量地点之间的空白区域，其海拔高度并没有被赋值为 0，而是需要借助插值法来进行补充。与之相反，根据系统性调查所建立的聚落信息数据集则记录了全部自然地貌中的人类居住情况，既包括那些存在居住遗存的区域，也包括了没有发现人类活动遗存的区域。因此，对系统性调查来说，栅格图像中的单元格其内部未发现居住遗存的部分，应当视为在那里不曾存在过人类居住行为，而不是被当作缺失数据从而需要利用周边数据对其进行内插取值。在赤峰区域调查的结果中，在地理信息系统（GIS）中形成的这些由若干个 1 万平方米单元格组成的栅格图像图层，在视觉上显示为一个具有海拔高度变化的地形图，这就是划定不同时期那些小型地方性社群的基础。对于更大规模的社群，或称之为"超地方性社群"的划定，则基于对栅格图像在数学上的"平坦化"处理，从而使得大规模的社群结构变得清晰可见。在经过数学 "平坦化"处理后，整个调查区域内各单元格内不同时期的面积 – 密度指数将被重新赋予一个新的数值，即各单元格中原有 Z 值的加权平均值。权重等于不同单元格 Z 值间距的 n 次方的倒数。由于权重与距离的若干次方呈反比，单元格之间距离越近，在计算新的 Z 值时所产生的权重就越大，同时幂越大，距离产生的影响就越小。当幂大于 4 的时候，几乎不产生任何"平坦化"图像的作用。相反地，幂值越低， "平坦化"图像的效果越好。当幂值趋近零时，

---

❶ Christian E.Peterson and Robert D. Drennan, Communities, Settlements, Sites, and Surveys: Regional–Scale Analysis of Prehistoric Human Interaction. *American Antiquity* 2005:70:5 ~ 30.

不同单元格的数值就越来越相似，直到幂值等于零，所有单元格的数值相等（即等于所有单元格的 Z 值的数学平均值）。因此，幂值为 0 所反映的是对数据最完整的"平坦化"处理，从视觉效果上看，就是一个完全"平坦化"的水平的平面。

本书第五章中，列出了使用上述方法得到的赤峰地区不同时期的人口居住密度图 ❶以及相应的权重。每个时期的人口居住密度图以两种不同的地形方式呈现，或从较少或没有居住遗址的平坦地表上表现为突出于地表的耸立的高峰，或表现为拱形的隆起。这些高峰或隆起，当以等高线图的形式表现时，就是若干个密集封闭、通常呈同心圆的等高线，其周围则是平坦的背景。一个较低值的等高线可以确定每个高峰的底线。在每一个闭合底线所划定的区域内，可能存在一个或者多个采集点，而在这些采集点内都出土了同一时期的陶片。用这种方法可以将人口居住密度图中的采集点系统性地划出不同的集群。❷

未经过"平坦化"处理的人口居住密度图，可以清楚地看到一些小规模的集群，应该属于地方性社群。如图 4.28，表现出美国西南部马拉纳（Marana）地区霍霍坎（Hohokam）文化在古典时代晚期，所具有的 8 个大小基本相等、各自又紧密聚集的地方性社群。图 4.29 中未经"平坦化"处理的人口居住密度图表现出墨西哥瓦哈卡（Oaxaca）谷地中部 Rosario 时期大小各异、密集分布的地方性社群。在图 4.29 中，面向北部且规模最大、人口密度最高的村落，其居住人口超过 500 人，一些稍小规模的地方性社群围绕在其周围。此外，还有一些更小的地方性社群以及由若干家户组成的分散农庄，在人口居住密度图上则显示为分散的小隆起。图 4.30 则是另外一种未经"平坦化"处理的社群模式，表现了哥伦比亚马格达雷那高地（Alto Magdelana）形成期 II 期（the Formative II period）的聚落分布状态。在图 4.30 中，其人口规模与图 4.28 和图 4.29 相当，但整个人口居住密度图上仅有大量小的凸起，完全看不到任何突出的高峰。每一个小凸起代表着一个独立的农庄或者最多由 2 到 3 个家户组成的小村庄。在某些区域内，这些农庄或小村庄聚集得更加紧密，但彼此之间仍然间隔着许多开阔的空地。很显然，图 4.30 呈现出的是一种从局部看来非常不同的聚落分布模式，其居住点太过分散，以至于无法找到任何可以称

---

❶ 英文报告中将这种具有海拔高度变化的地形图称为"surface"，由于其高度是由各单元格内不同时期的面积－密度指数赋值，而密度－面积指数又与人口的估算相关，所以这种地形图亦可以看成是表现人口密度的地形图。考虑到本报告对于不同层次社群的讨论中，除了人口规模以外，同时也关注各个居住地点之间的聚集程度。因此在中文版中，将"surface"译作"人口居住密度图"，以更好的表达其所包含的人口和居住地点两方面的含义。

❷ John F. Cherry, Frogs Round the Pond: Perspectives on Current Archaeological Survey Projects in the Mediterranean Region. In *Archaeological Survey in the Mediterranean Area,* Donald R. Keller and David W. Rupp, eds., pp. 375 ~ 416. BAR International Series 155. Oxford: Archaeopress, 1983.

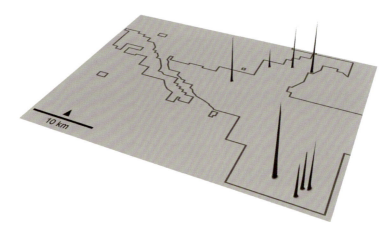

图 4.28　未经平坦化处理的人口居住密度图，显示出紧致的、呈核心化的地方性社群

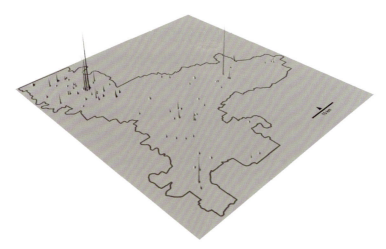

图 4.29　未经平坦化处理的人口居住密度图，显示出紧致的、呈核心化并且规模相差大的地方性社群

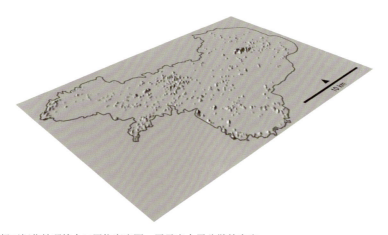

图 4.30　未经平坦化处理的人口居住密度图，显示出大量分散的农庄

之为"核心"的地方性村落社群。上述三个例子十分具有代表性,从赤峰地区不同时期未经"平坦化"处理的人口居住密度图上,我们很可能会找到相似的模式。我们将在本书第五章对赤峰地区不同时期的人口居住密度图进行讨论,说明这些密度图在反映面对面的互动行为及其变化等方面的潜在作用。

正如之前所说,当人口居住密度图经过数学"平坦化"处理后,一些小型的地方性社群会聚集为更大的地区性社群,亦可称之为"社区"或"政体"。值得注意的是,从这个更高层次上所展现的结构不只是依赖于采集点或者地方性社群之间的距离,同时也反映了较大的人口聚集所产生的更高水平的互动。之所以会这样,是因为面积大、人口密度高的居址会产生更高且更宽泛的峰,从而更容易吸收那些相对小型和较稀疏的边缘单位。图4.31展示了墨西哥瓦哈卡地区形成期晚期经过"平坦化"处理的人口居住密度图,可以看到其中有一个大型的集中的地方性社群完全控制了整个调查区域。来自居住和公共性建筑、墓葬遗存、雕像、铭文等方面的考古学证据亦充分表明,在这一时期,一个单一的霸权政体控制着整个调查区域内的小型地方性社群。图4.32是对图4.30进行"平坦化"处理之后的结果,它显示出在大量分散的小村庄的背景下,即使"核心"的地方性社群并不存在,但是一些反映区域性集中社群的集群仍然可能出现。在图4.32中,有两个这样的集群非常明显,每个集群分布范围的直径大约有10千米。此外,在调查区域的边缘处,还可以观察到部分其他集群。这两处区域性的集群规模相当,从区分开的两处人口密度峰值看,应该存在着两个各自独立的政体。我们将在本书第五章对赤峰调查区域内不同时期经"平坦化"处理的人口居住密度图进行讨论,旨在说明如何界定区域互动模式及解释在超地方性"社区"或"政体"水平上的社群结构变化。

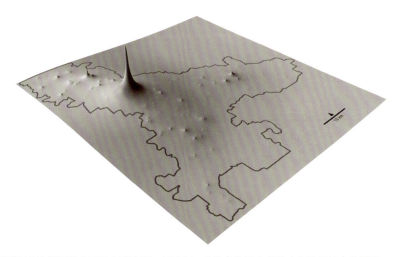

图 4.31　经平坦化处理后的人口居住密度图,显示出一个独立的和非常集中化的超地方性社群

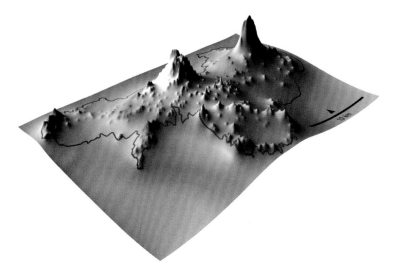

图 4.32　经平坦化处理后的人口居住密度图，显示出数个高度集中化、由分散农庄组成的超地方性社群

不同规模的社群

第五章中，我们在对社群结构进行分析的同时，也将研究不同规模的地方性社群的频数分布。这些频数分布结果以柱状图的形式表现，表示拥有不同人口规模的地方性社群的数量。如图 4.33 表明，尽管大部分夏家店上层时期的社群规模很小，其居住人口少于 25 ~ 50 个居民，但是有少数几个社群的规模却相当惊人，其居住人口高达 10000 人

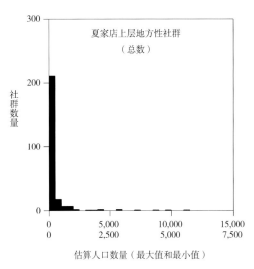

图 4.33　反映不同人口规模的地方性社群数量的柱状图

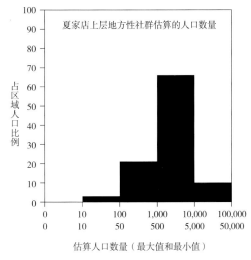

图 4.34　反映居住在不同人口规模的地方性社群中的人口占区域人口比例的柱状图

或者更多。图 4.34 中的柱状图反映了夏家店上层时期居住在不同规模的地方性社群的人口比例。其结果表明，尽管大部分夏家店上层时期的社群比较小，但居住在 50～100 人的社群里的人口仅占极小的一部分，大约为 3%，大部分的人口居住在那些拥有超过 5000～10000 人的社群里。对夏家店上层时期来说，大约只有几千人居住在小型的地方性社群中。

聚落等级和区域集中化

鉴于"遗址规模柱状图"在考古中常以另外不同的方式被使用，我们在此强调，本书第五章中的柱状图将旨在阐释地方性社群及其所估算人口的分布状态。与传统的区域性聚落研究相比，本书对遗址规模柱状图的使用有两个特点。第一，柱状图中的单位并不是"遗址"，而是上文所讨论的由集群界定的地方性社群。这种分析常常将几个空间上不相连的、在最初的田野调查中出于方便而称之为"遗址"的单位聚集成一个独立的地方性社群。当然，如此分析的结果也可能导致将一个原本独立的大型且连续的"遗址"分割成若干个社会单位，但是这种情况在赤峰调查的数据中并不存在。第二，我们的目的并不是为了找出柱状图中的聚落层级。在一些聚落分析中，聚落层级的确认被认为十分重要，并作为区分不同社会类型如酋邦和国家政权的标准，认为国家政权比酋邦拥有更多的聚落层级。然而，通过辨别遗址规模柱状图中的多重"模式"来确认一个聚落的等级大小，并非一件容易的事情。如图 4.35 所显示，这两个中原地区龙山时期的遗址规模柱状图分别被解释为拥有两级和三级的聚落层级。但是，如果我们将后岗时期的遗址划分标准设定在 5 万平方米和 20 万平方米处，同样可以得到三个聚落层级。相反，在孟庄时期的遗址规模柱状图中，如果我们去掉 10 万平方米处的划分界限，则会得到两个聚落层级。更糟糕的情况是，如果我们将后岗时期和孟庄时期的遗址规模分界点分别设定在 2 万平方米、5 万平方米、20 万平方米和 5 万平方米、10 万平方米和 30 万平方米，将得到看似让人信服的四个聚落层级❶。总之，在遗址规模柱状图中，通常会有一些小型遗址和分散分布的几个较大型的遗址，分析者想要划分出多少个聚落层级都是可以的。正因如此，在本书第五章中，我们并不试图通过遗址规模柱状图来划定聚落层级。

相反，本书第五章将着重于利用等级－规模曲线来研究聚落的等级或分层。等级－规模曲线用于考古聚落分析已有很长一段时间，其分析的基本原理也已经广为人知。等

---

❶ Liu Li, Settlement Patterns, Chiefdom Variability, and the Development of Early States in North China. *Journal of Anthropological Archaeology* 1996, 15: 257～259.

级 – 规模曲线本身是聚落等级和聚落大小的双对数图。图 4.36 提供了四种典型的等级 – 规模曲线。在每一张图中，颜色深的粗线从图的左上角（此处代表着面积最大的聚落，即等级 1）开始，随着线段不断下降，聚落面积越来越小，当到达右下角时，即为面积最小的聚落。每张图中颜色稍浅的直线条是对数函数线，用来与观察到的等级 – 规模曲线进行比较。对于一个整合度很高的集中化聚落体系而言，其对数函数线可以被视为"正态"，也就是说，在这个系统里，处于第二等级聚落的面积是第一等级聚落面积的一半，处于第三

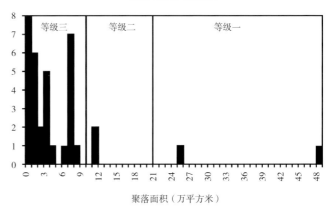

图 4.35　用于说明聚落层级的两个以遗址面积为基础绘制的柱状图

等级聚落的面积是第一等级聚落面积的三分之一，以此类推。图 4.36a 所表现的聚落模式，由于处于第一等级以后的聚落面积都大于"预期值"，因此曲线为"凸型"分布，被认为代表着一个松散的、整合度很低的社会体系。图 4.36b 更加向外凸出，由于处于第二、第三、第四等级的聚落面积与处于第一等级的聚落面积相若，表明存在着若干个独立的系统，而非只有一个。

　　等级 – 规模曲线的凸度可以用系数 A（参见图 4.36 中的四张图）进行量化，关于系数 A 的计算方法可以参考周南和柯睿思的表述❶。系数 A 的大小由观测到的等级 – 规模曲线与对数函数线之间的部分，即图 4.36 的阴影部分确定。系数 A 为正数，通常意味着"凸形"分布，并且 A 值越大，观测到的等级 – 规模曲线向外凸出得越明显，如图 4.36a 和 4.36b

❶ Robert D.Drennan and Christian E. Peterson, Comparing Archaeological Settlement Systems with Rank-Size Graphs: A Measure of Shape and Statistical Confidence. *Journal of Archaeological Science* 2004, 31:533 ～ 549.

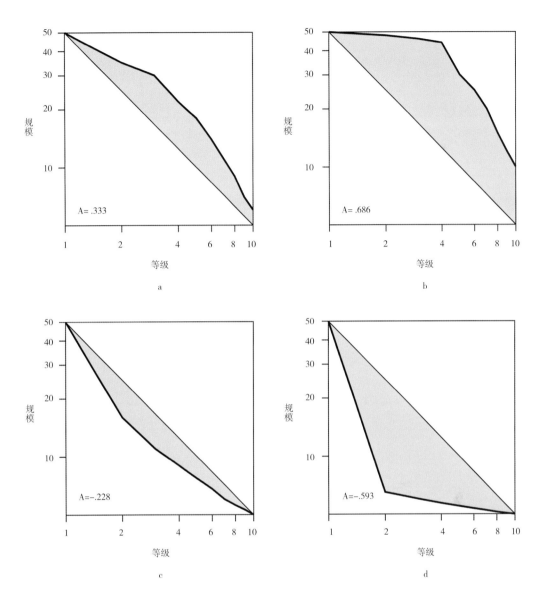

图 4.36　等级 – 规模图中观察到的不同曲线形状（a. 凸型；b. 更强烈的凸型；c. 凹形；d. 更强烈的凹形或者
称之为"首位型"）

所示。当观察到的等级 – 规模曲线降到对数函数线以下，尤其是当其完全落在图中左下
方时，如图 4.36c 所示，这意味着一个高度整合的体系，并且在这个体系中存在一个控
制力极强的中心聚落。上述类型的极端表现可参见图 4.36d，这种等级 – 规模曲线模式
有时被称为"独霸型"，表明存在一个具有高度凝聚力的中心聚落，并且这个聚落的规
模远远超出处于第二等级的聚落规模。在这种模式下，系数 A 往往表现为负数。

　　利用系数 A，我们既可以清晰地判断所观测到的等级 – 规模曲线与对数函数线的偏离程度，也可以确认两条等级－规模曲线之间的差异。在本书第五章中，我们将以图形的形式呈现这种偏离或差异，并在观测到的等级－规模曲线周围划定一个90%置信度的区域。关于置信度的划定方法请参考周南和柯睿思的论述❶。图4.37展示了两个等级－规模曲线以及各自的90%置信度区域。图4.37a中，观察到的等级－规模曲线的90%置信度区域完全偏离了对数函数线，这表明我们将在90%的置信水平上确认等级－规模图为"凸型"分布，这是由于足够大的样本量使得我们对观察结果在统计学上有很高的信心度。与之相反，在图4.37b中，虽然观察到的等级－规模曲线大部分落在对数函数线之上，但却不及图4.37a中偏离得那么远，其系数A尽管仍为正数但非常小，仅为0.024，同时其90%的置信度区域几乎涵盖了整条对数函数线，这样我们所观察到的等级－规模曲线就不应该属于"凸型"分布。

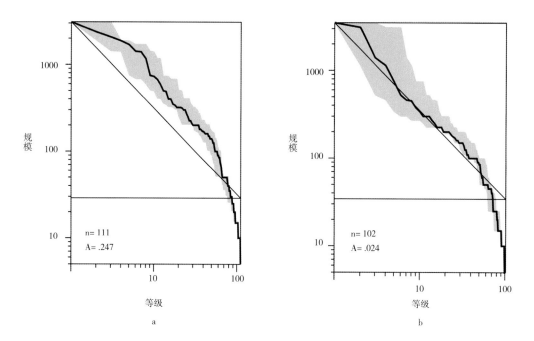

图4.37　90%置信度下的等级－规模图（a.有超过90%的把握认为曲线偏离了对数正态分布线；b.有小于
　　　　90%的把握认为曲线偏离了对数正态分布线）

　　和考古学中常见的等级－规模分析不同，本书第五章中的等级－规模分析并不以"遗址"作为分析单位。如同之前讨论过的遗址规模柱状图，我们的分析是以地方性社群为基本单位，对此，本节一开始就做了详细的说明。因此，对我们的分析单位而言，其数

❶ Robert D.Drennan and Christian E. Peterson, Comparing Archaeological Settlement Systems with Rank-Size Graphs:
　A Measure of Shape and Statistical Confidence. *Journal of Archaeological Science* 2004, 31:533 ~ 549.

值代表的并非考古学上所谓的"遗址"的面积，而是基于"遗址"面积和遗址地表人工制品的分布密度所估算出来的地方性社群的人口数量。本书第五章中的等级－规模分析将涵盖赤峰调查区域内不同时期的所有地方性社群。如果在某一时期内发现了超地方性社群或者"社区"，我们将用等级－规模曲线来分别解释这些超地方性社群或"社区"内部的整合或集中化程度。

第四节　影响聚落分布的环境要素

吉迪（Gideon Shelach-Lavi）　滕铭予

基本思路

考察环境与聚落分布之间的关系，主要有两个目的。第一，重建人们选择居住地点时利用资源及其他环境因素的模式，这将有助于理解赤峰地区的古代居民是如何利用其周边的环境资源，以及当他们选择居住地点时对环境的考虑。第二，为理解本书第五章中所探讨的社会政治模式和发展过程奠定基础。本节所用环境数据的详细信息，请参见附录。

从另外一个角度讲，我们的分析是尝试寻找在调查区域中发现的聚落分布与其周围的环境条件之间到底存在着怎样的关系，如多大程度上靠近那些有利于人类生存的环境条件，如水资源、可耕地等，又是怎样避免那些自然灾害，如洪水等。只要我们找到这样的关系，就可以建立起古代居民与其经济行为之间关系的模式。如果找不到这样的关系，或者二者之间的关系并不如我们所想象的那样明显，则应该表明一定还有其他的因素，如政治力量等，在影响着古代居民聚落的分布。假设当一个社会具有很强的政治集权时，人们通常会选择或者是被迫居住在靠近政治中心的地点，尽管这些地点附近的土地可能并不似这个区域内其他地点的可耕地更适宜耕种。因此，如果我们找不到可耕地资源与人群集中居住间的紧密联系，那么我们就必须考虑政治性或社会性的因素在影响古代人类选择居住地点时起到了更多的作用。

这种分析方法要求我们构筑一个模型或期望值，将其与我们的分析结果进行比较。这个方法中最基本的一个原则，就是在这个区域内古代人口分布在不同环境类型中的比例的期望值，理论上相当于不同环境类型的面积在该地域总面积中所占的比例。只要分布在一种环境类型中的人口超出了这个环境类型的人口分布的期望值，我们就可以认为当时的人们是有意识地选择这样的环境类型，而没有选择或很少选择那些人口稀少的环境类型所在的地区，即分布在后者的人口比例要小于这种环境类型所占的比例。解释为什么会出现这种选择上的倾向，以及这种选择对古代社会经济结构的影响，就是我们进行这种分析的最终目的。上述基本原则将会出现在我们以下所有的分析中。

在此基础上进一步的假设是，若出现了人口与不同的环境类型之间基本关系相偏离的现象，则是出于人类行为以及资源管理方面的原因。例如，在第五章的分析中所表现出的人们没有选择居住在河谷平地中（参见第三章第三节），在大多数时期里，他们更多的是居住在河谷低地之外或高于河谷低地的地点，在那里他们可以防止来自于洪水的侵害。但是他们又尽可能地靠近河谷，以确保足够的水源及可耕种土地。而夏家店上层时期的居民在选择居住地点时则会考虑到其他的一些因素，如控制用于放牧的草地资源，这也影响了他们对于居住地点的选择。

另一个假设的期望值来自于调查区内现代村落的分布。除了赤峰市市区这种由于社会、政治的原因而人口高度集中的城市在古代没有出现以外，其他的从事农业的现代村落和小镇，与我们在考古调查中发现的情况非常相似。虽然这些现代村落与古代村落在修建技术上、所属的行政管理系统等方面会有所不同，不过这并不妨碍我们利用现在的人群居住模式去推测赤峰地区古代聚落的分布模式，然后观察古代遗址的分布与该模式是符合还是背离，这也将会具有启发意义。同理，我们利用现代土地利用的状况进行分析也不是机械地去推测古代的土地利用状况，而是想建立一个具有启发性的模式，以此提出古代的土地可能存在的不同类别，以及对于不同类别的土地在利用方面的差别。

为了估算不同时期分布在不同环境区域内的人口数量，我们将每一时期每一种环境类型中的聚落人口数量相加，求出总和。对于人口数量的估算请参考本章第二节。在一些分析中，我们将每一种环境类型分布的区域内每一时期的总居住面积与全部估算人口的总数进行比较，以显示不同环境区域在聚落密集化、核心化方面的差异。

本文所涉及的环境类型以及分析结果将在下文进行描述。每一种环境类型都设定为一个 GIS 图层，在这个图层上，还将叠加人口数量和居住面积两个图层。在此基础上，我们还将对其中的三个时期（夏家店下层时期、夏家店上层时期和辽时期）做进一步的分析，即将上述分析结果与基于部分人口的分析数据进行比较。

在对仅涉及部分人口的分析中，我们去除了夏家店上层时期最大的几个城镇（参见第五章），也去除了辽代松山州治所在的松山州镇（参见第五章）。目的是为了检测第一种分析（包含全部人口）中观察到的模式是否由于一些大型社群的政治或经济的拉动作用而形成。在对夏家店下层时期进行部分人口分析时，仅包含了防御性遗址，目的是为了观察防御性社群与非防御性社群在选址方面是否存在不同，例如，防御性设施是否具备特殊功能或者它们的建造是否需要特别的材料。在赤峰调查中，对发现石城墙的地点都做了详细记录，但没有在石墙内进行采集。因此，对人口数量和遗址面积的计算并不适用于这个分析。我们因此只计算了不同环境类型区域中防御性设施的比例，不考虑防御地点的规模，或者其地表人工制品的分布密度。

与河流和河谷低地的距离

在第三章第三节中，我们提到在辽代以前，赤峰调查区域内平坦的河谷低地并不适合人类居住。因此，我们在地图上将河谷低地区划作一个单独的类型，其面积占到调查区全部面积的30.4%，并将其应用到不同的分析中。然后以这一平坦低地区域的边缘或从河流本身向外依次划出宽度为500米的缓冲区，生成GIS图层（图4.38）。这个GIS图层是研究与谷底／河流以及其所提供的资源之间的距离如何影响聚落分布的基础。对于第一个500米缓冲区，即在河谷低地或河流周边500米范围内而言，分布在其中的聚落既接近河谷低地的丰富资源，又可以远离洪水灾害，因此这一区域似乎是非常理想的居住地点选择。如果事实的确如此，那么位于这个缓冲区之内的居住人口的比例应该超过该缓冲区面积所占调查区总面积的比例（15.4%）。并且，越是远离河谷低地的区域，其居住人口所占调查区人口数量的比例就越低，即低于根据各缓冲区覆盖面积在全部调查区面积中所占比例而估算出的人口比例。

如图4.39所示，在大多数情况下，居住地点的分布与上述设想非常吻合。除辽时期以外的其他时期内，居住在河谷低地的人口比例远低于这个类型占全部调查面积的比例（30.4%）。在辽时期，大规模的人口聚集在这个区域或者附近，这可能是由于当时建筑技术的提高。在辽代以前，没有使用火烧砖的证据，到了辽代，大量的火烧砖被应用于建筑，并因此在遗址上留下了大量实物。如图4.40所示，辽时期大多数分布在河谷低地的居住遗迹都属于调查区域内一个非常大的城址，即松山州。因此，城镇化过程可能造成了聚落模式的这种转变。今天，在调查区域内，如图4.40所示的那样，超过80%的村落人口居住在低地。

和我们的推测一致，第一个缓冲区，即由河谷低地的边缘或河流本身向外延伸500米所形成的区域，在作为居住地点上受到了特别的青睐。在所有时期内，该区域人口的

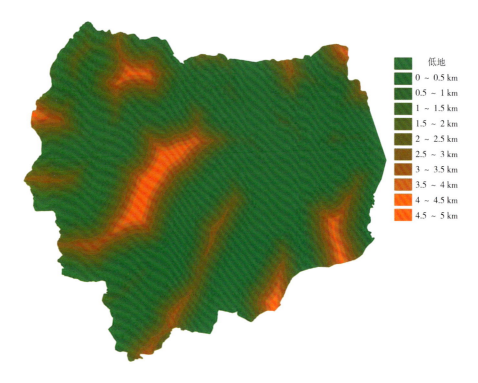

图 4.38　调查区内距河谷低地以每隔 0.5 千米划出的缓冲区

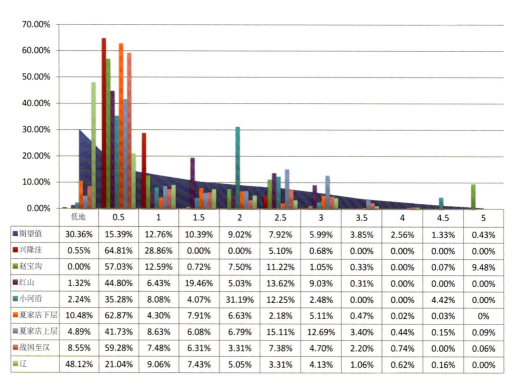

	低地	0.5	1	1.5	2	2.5	3	3.5	4	4.5	5
■期望值	30.36%	15.39%	12.76%	10.39%	9.02%	7.92%	5.99%	3.85%	2.56%	1.33%	0.43%
■兴隆洼	0.55%	64.81%	28.86%	0.00%	0.00%	5.10%	0.68%	0.00%	0.00%	0.00%	0.00%
■赵宝沟	0.00%	57.03%	12.59%	0.72%	7.50%	11.22%	1.05%	0.33%	0.00%	0.07%	9.48%
■红山	1.32%	44.80%	6.43%	19.46%	5.03%	13.62%	9.03%	0.31%	0.00%	0.00%	0.00%
■小河沿	2.24%	35.28%	8.08%	4.07%	31.19%	12.25%	2.48%	0.00%	0.00%	4.42%	0.00%
■夏家店下层	10.48%	62.87%	4.30%	7.91%	6.63%	2.18%	5.11%	0.47%	0.02%	0.03%	0%
■夏家店上层	4.89%	41.73%	8.63%	6.08%	6.79%	15.11%	12.69%	3.40%	0.44%	0.15%	0.09%
■战国至汉	8.55%	59.28%	7.48%	6.31%	3.31%	7.38%	4.70%	2.20%	0.74%	0.00%	0.06%
■辽	48.12%	21.04%	9.06%	7.43%	5.05%	3.31%	4.13%	1.06%	0.62%	0.16%	0.00%

图 4.39　分布在河谷低地和各缓冲区内的人口比例

比例都超过了期望值，即超过了 15.4%。在除辽时期以外的其他时期内，这个数字达到了两倍甚至更多。最引人注目的是，在兴隆洼时期和夏家店下层时期，超过 60% 的人口居住在这个 500 米的缓冲区内，比根据缓冲区面积估算的人口比例的期望值高出四倍以上。在兴隆洼时期和赵宝沟时期，调查区域内的人口密度很低，对资源的竞争非常有限，因此，可以推测人们总是选择居住在距离资源最近的地点。然而，值得注意的是，当区域人口数量达到最高峰值的夏家店下层时期，也出现了同样的情况，有超过 62% 的人口非常拥挤地居住在这个缓冲区内，而只有不到 5% 的人口选择居住在第二个缓冲区，即由河谷低地的边缘或河流本身分别向外延伸 500 米和 1000 米之间所形成的范围。这种分布模式强烈暗示由河谷低地的边缘或河流本身向外延伸 500 米所形成的这个区域在经济或者防御上具有特别的优势。有趣的是，夏家店下层时期的带有防御性设施的遗址常常是利用悬崖作为天然的防御屏障，以隔离河谷低地和高地，这一点与大量无防御设施的遗址选择分布在第一个 500 米缓冲区内并不相同（图 4.39）。我们下文将会讨论到，靠近悬崖虽然是防御性遗址在选址时要考虑的关键，但其他因素，如可获取的石料资源可能同样重要。

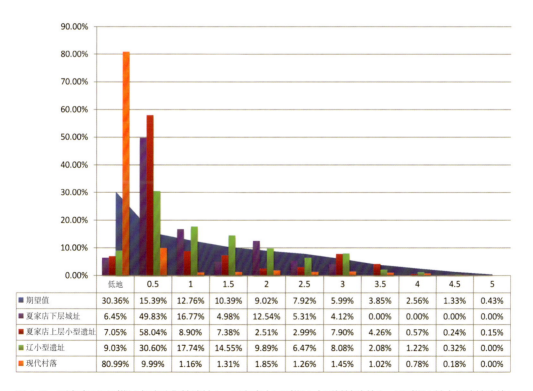

	低地	0.5	1	1.5	2	2.5	3	3.5	4	4.5	5
期望值	30.36%	15.39%	12.76%	10.39%	9.02%	7.92%	5.99%	3.85%	2.56%	1.33%	0.43%
夏家店下层城址	6.45%	49.83%	16.77%	4.98%	12.54%	5.31%	4.12%	0.00%	0.00%	0.00%	0.00%
夏家店上层小型遗址	7.05%	58.04%	8.90%	7.38%	2.51%	2.99%	7.90%	4.26%	0.57%	0.24%	0.15%
辽小型遗址	9.03%	30.60%	17.74%	14.55%	9.89%	6.47%	8.08%	2.08%	1.22%	0.32%	0.00%
现代村落	80.99%	9.99%	1.16%	1.31%	1.85%	1.26%	1.45%	1.02%	0.78%	0.18%	0.00%

图 4.40　夏家店下层时期（仅含防御性遗址）、夏家店上层时期（大型城镇除外）、辽时期（松山州遗址除外）分布在河谷低地和各缓冲区内的人口比例

从整体上看，在远离低地的区域，实际人口密度要低于根据其所占面积估算出的人口密度。但是，有两个时期，即小河沿时期和夏家店上层时期比较特殊，在部分缓冲区内出现了过高的人口比例。鉴于目前小河沿时期的文化特征尚不十分清楚，这个结果可能是由于我们对陶片的鉴定不当造成的。然而，在夏家店上层时期出现这个模式，就需要引起我们的特别关注，因为夏家店上层时期是区域人口激增并出现经济和政治组织转型的一个时期。

在距离谷底 2000 ～ 3000 米之间的两个 500 米缓冲区内，夏家店上层时期有 27.8% 的人口生活在占调查区域 13.9% 面积的土地上。而这两个缓冲区内采集点的总面积只占全部夏家店上层时期采集点总面积的 19.7%，说明在这两个缓冲区内夏家店上层时期的居址中居住的人口相对比较拥挤。这些数据表明，与夏家店下层时期相比，夏家店上层时期的居民在选择居住地点时发生了一些转变，他们开始远离河谷低地，注重开发高地处的部分区域。产生这种变化的原因可能是由于少数大型且人口更加集中的夏家店上层时期聚落或"城镇"所产生的"拉力"作用的结果，即人们希望居住在社会政治和经济中心附近（即使这些地点不具备最佳的居住环境）的愿望会打消对于其他因素的考虑。如果在统计中去除夏家店上层时期五个人口密集的中心（如图 4.40 所示），所得到的人口分布模式则与夏家店下层时期的人口分布模式比较相似，有 58% 的村落人口都居住在第一个缓冲区内。但是我们也看到，在远离河谷低地 2500 ～ 3000 米之间所形成的 500 米缓冲区内，其人口比例约为 7.9%，高出该缓冲区所占调查面积的比例（6%），甚至在与之相邻的 3000 米到 3500 米之间的缓冲区，同样分布有高出期望值的人口比例。

坡度

通过我们在赤峰调查中使用的数字化地形图建立了数字高程模型（DEM），并据此计算出了每一个 100 米 ×100 米的单元格的坡度。通过这个地图可以了解古代居民选择在什么样的地形（平坦或陡坡）居住。为了便于分析，我们没有使用精确的坡度值，而是将坡度进行分类，每一类包括 2.5°，如 0° ～ 2.5°、2.5° ～ 5°、5° ～ 7.5° 等（图 4.41）。我们使用与处理河谷低地缓冲区同样的方法，将在不同类别的坡度中分布的人口数量所占比例与不同类别的坡度在调查区总面积中的所占比例进行比较。

进行坡度分析的基本假设，是人们倾向于选择在平坦的地方建造房屋。坡度在 0° ～ 2.5° 之间（含低地）和在 2.5° ～ 5° 之间的土地面积分别为调查区总面积的 50.68% 和 24.78%，因此，我们假设在每一个时期都有超过 75% 的古代居民选择居住在这些地点。

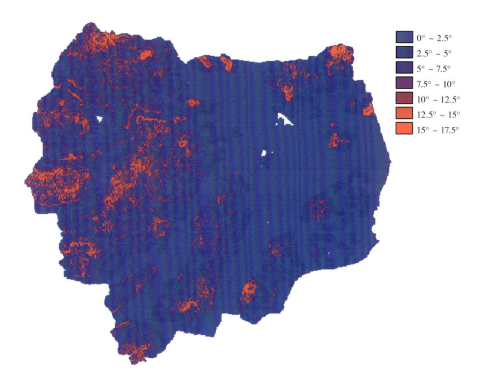

图 4.41　调查区内坡度图

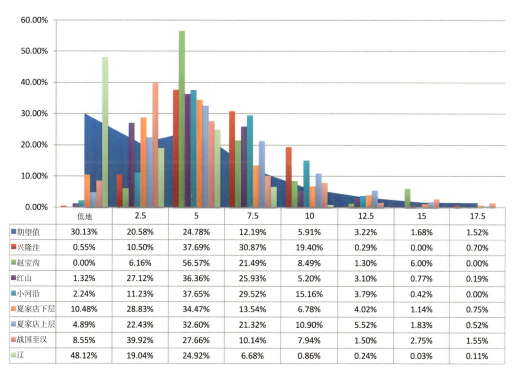

	低地	2.5	5	7.5	10	12.5	15	17.5
期望值	30.13%	20.58%	24.78%	12.19%	5.91%	3.22%	1.68%	1.52%
兴隆洼	0.55%	10.50%	37.69%	30.87%	19.40%	0.29%	0.00%	0.70%
赵宝沟	0.00%	6.16%	56.57%	21.49%	8.49%	1.30%	6.00%	0.00%
红山	1.32%	27.12%	36.36%	25.93%	5.20%	3.10%	0.77%	0.19%
小河沿	2.24%	11.23%	37.65%	29.52%	15.16%	3.79%	0.42%	0.00%
夏家店下层	10.48%	28.83%	34.47%	13.54%	6.78%	4.02%	1.14%	0.75%
夏家店上层	4.89%	22.43%	32.60%	21.32%	10.90%	5.52%	1.83%	0.52%
战国至汉	8.55%	39.92%	27.66%	10.14%	7.94%	1.50%	2.75%	1.55%
辽	48.12%	19.04%	24.92%	6.68%	0.86%	0.24%	0.03%	0.11%

图 4.42　分布在不同坡度上的人口比例

在调查区内现代村镇的分布上可以清楚地看到这种状况，整个区域内 91% 的现代人口都定居在平坦或接近平坦的地面上（图 4.43）。不过，那些平坦的地方多位于河谷低地，由于上文说明的原因，这些地方并不适合于古代人类居住。因此，坡度中紧邻河谷低地的 0°～2.5° 之间的坡地有可能是古代人口最密集的区域。

然而，对人口密度和地面坡度之间相互关系的分析结果和我们的假设恰好相反（图 4.42），在大多数时期里，相对平坦的土地并没有得到古代居民的青睐，甚至在某些时期，所居住的人口比例反而低于那些稍显陡峭的地方。只有在辽时期才出现了定居者对平坦地区的偏好，根据上述对缓冲区的分析，这主要是因为当时的松山州镇就位于平坦的低地。如果将松山州镇从分析中去除（图 4.43），辽时期村落人口对土地的选择偏好和其他时期相比并无太大的差别。

经过对分布在不同坡度上的人口数量进行计算，我们发现，有几个时期，居住在坡度为 0°～2.5° 的地方的人口比例超过了期望值（20.6%）。但是只有在战国至汉时期，有 39.9% 的人口居住坡度在 0°～2.5° 的地方，其比例明显超出了根据土地面积预测的人口比例的期望值。这可能意味着在战国至汉时期，人们的居住和建筑习惯发生了改变。这种改变可能是中原王朝的影响深入到这一地区的结果，这种影响开始于战国至汉时期，

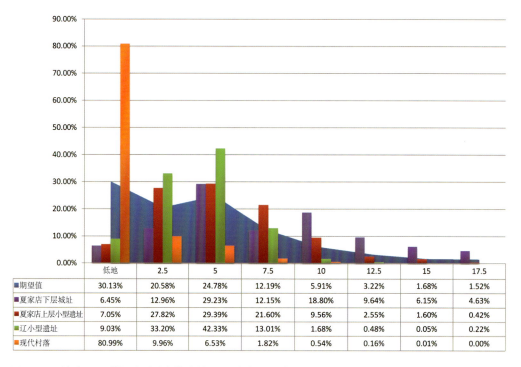

	低地	2.5	5	7.5	10	12.5	15	17.5
期望值	30.13%	20.58%	24.78%	12.19%	5.91%	3.22%	1.68%	1.52%
夏家店下层城址	6.45%	12.96%	29.23%	12.15%	18.80%	9.64%	6.15%	4.63%
夏家店上层小型遗址	7.05%	27.82%	29.39%	21.60%	9.56%	2.55%	1.60%	0.42%
辽小型遗址	9.03%	33.20%	42.33%	13.01%	1.68%	0.48%	0.05%	0.22%
现代村落	80.99%	9.96%	6.53%	1.82%	0.54%	0.16%	0.01%	0.00%

图 4.43　夏家店下层时期（仅含防御性遗址）、夏家店上层时期（大型城镇除外）、辽时期（松山州遗址除外）分布在不同坡度内的人口比例

在辽时期和之后的时期达到顶峰。

在除辽时期以外的其他时期，居住在坡度为 2.5°～10° 的地面上的人口比例均超过了这些地方在调查总面积中所占的比例（42.9%），其中战国至汉时期，根据土地面积预测的人口比例的期望值与真实的人口比例（45.74%）之间仅存在微小差距。这可能与战国至汉时期有比较多的人口居住在平坦的土地上有关。然而，在大多数时期里，居住在坡度为 2.5°～10° 的地面上的人口比例和期望值的差异都比较大，如人口最为密集的夏家店下层时期和上层时期，居住在较陡坡度地面上的人口比例分别为 54.7% 和 64.8%，应该是有意选择这些陡坡或者附近区域。之所以产生这种现象，很可能因为那些较陡地度的地点都具有一定的防御性，这一点可以从夏家店下层时期具有防御性设施城址的分布看得很清楚，这些城址都修建于陡坡及其周边地区（图 4.43）。

坡向

我们运用与上述坡度分析相同的方法，基于数字高程模型（DEM）地图建立了可以表现每一个 100 米 ×100 米单元格中坡度方向的地图。如同我们在坡度地图中所做的一样，我们不是使用每个单元格中原有的精确坡向值，而把坡向分为北、东北、东、东南、南、西南、西和西北共八个类别（图 4.44）。每个类别的范围以它所代表的方向为中心，例如，坡向为北的这个类别包括了 337.5°～360° 以及 0°～22.5° 的坡向值。由于当地面比较平坦或接近平坦时，坡向没有意义，因此在坡向分析中平坦地区被排除在外。和之前对坡度进行分析的过程一样，我们首先计算每一个坡向类别中的人口比例和居住面积，然后将其与该坡向类别在全部坡向类别中所占有的面积比例进行比较（图 4.45）。我们假设，在像赤峰这样的北方地区，人们倾向于把房屋修建在朝向南方或东南方的坡地上，以便获得更长的日照时间。而计算结果也表明在所有古代遗址的分布中，的确都存在着这样的规律。我们可以清晰地看到，聚落和大量的人口主要分布在朝向南、东南和向东的地方，显示出人们对这些特定坡向的偏爱；与之相反，在朝向北或向西的地方，都只有较少的人口分布（图 4.46）。在辽代，由于大型聚落松山州镇的存在，人口主要被吸引到低地地区，导致其他类型土地上的人口数量较少。而在任何时期，如果出现了与上述模式不同的人口分布现象，则可能表明有其他因素影响了个人和社群对于选址的决策。这些因素可能是出于政治性的考虑，抑或是他们在局部的环境中需要具有不同的互动方式。例如，在平坦或接近平坦的地面上，坡向对人们生活的影响很小，白天的任何时候，阳光总是持续地照射在地表，丝毫不会因高山而受到遮挡。这种状况亦出现在对现代村

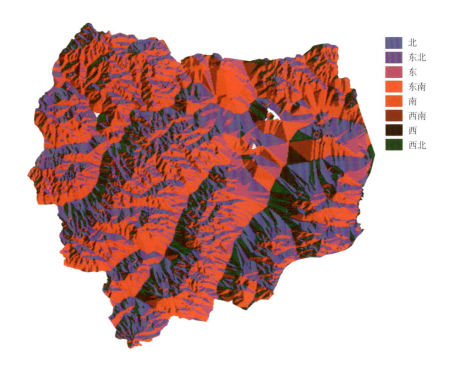

图 4.44　调查区内坡向图

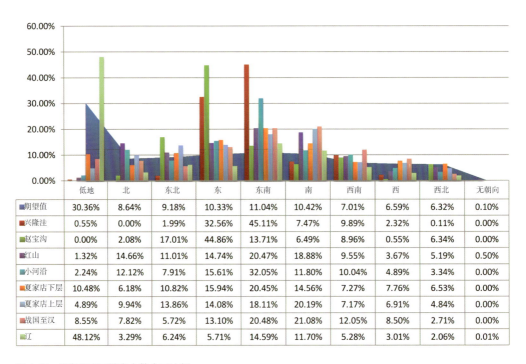

	低地	北	东北	东	东南	南	西南	西	西北	无朝向
期望值	30.36%	8.64%	9.18%	10.33%	11.04%	10.42%	7.01%	6.59%	6.32%	0.10%
兴隆洼	0.55%	0.00%	1.99%	32.56%	45.11%	7.47%	9.89%	2.32%	0.11%	0.00%
赵宝沟	0.00%	2.08%	17.01%	44.86%	13.71%	6.49%	8.96%	0.55%	6.34%	0.00%
红山	1.32%	14.66%	11.01%	14.74%	20.47%	18.88%	9.55%	3.67%	5.19%	0.50%
小河沿	2.24%	12.12%	7.91%	15.61%	32.05%	11.80%	10.04%	4.89%	3.34%	0.00%
夏家店下层	10.48%	6.18%	10.82%	15.94%	20.45%	14.56%	7.27%	7.76%	6.53%	0.00%
夏家店上层	4.89%	9.94%	13.86%	14.08%	18.11%	20.19%	7.17%	6.91%	4.84%	0.00%
战国至汉	8.55%	7.82%	5.72%	13.10%	20.48%	21.08%	12.05%	8.50%	2.71%	0.00%
辽	48.12%	3.29%	6.24%	5.71%	14.59%	11.70%	5.28%	3.01%	2.06%	0.01%

图 4.45　分布在不同坡向上的人口比例

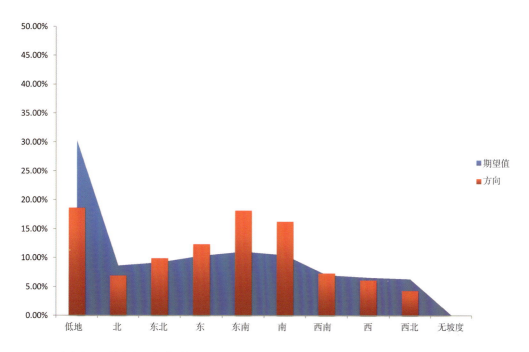

图 4.46　分布在不同坡向上所有时期的人口比例

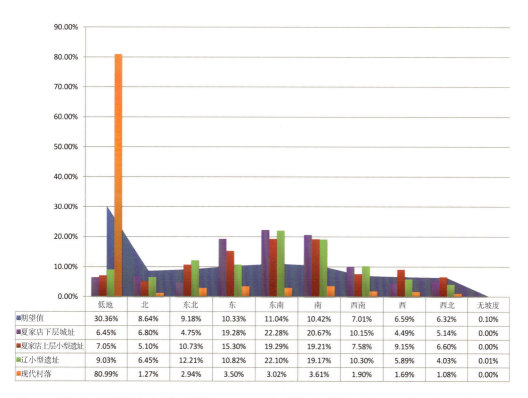

	低地	北	东北	东	东南	南	西南	西	西北	无坡度
期望值	30.36%	8.64%	9.18%	10.33%	11.04%	10.42%	7.01%	6.59%	6.32%	0.10%
夏家店下层城址	6.45%	6.80%	4.75%	19.28%	22.28%	20.67%	10.15%	4.49%	5.14%	0.00%
夏家店上层小型遗址	7.05%	5.10%	10.73%	15.30%	19.29%	19.21%	7.58%	9.15%	6.60%	0.00%
辽小型遗址	9.03%	6.45%	12.21%	10.82%	22.10%	19.17%	10.30%	5.89%	4.03%	0.01%
现代村落	80.99%	1.27%	2.94%	3.50%	3.02%	3.61%	1.90%	1.69%	1.08%	0.00%

图 4.47　夏家店下层时期（仅含防御性遗址）、夏家店上层时期（大型城镇除外）、辽时期（松山州遗址除外）
　　　　分布在不同坡向内的人口比例

落所在地的分析中，大部分的村落都分布在河谷低地的平坦地带（图4.47）。在大多数时期里，古代居民的居住情况都和上述预测较为一致，这表明在古代的赤峰地区，光照的确是影响人们选择居住地点的一个重要指标。虽然在某些时期也会出现些许的变化，例如在赵宝沟时期，选择居住在朝向东北的坡面上的居民高于期望值；而在红山时期，选择居住在朝北的坡面上的居民要高于期望值；到了战国至汉时期，则有比期望值更多的人选择居住在面向西南的坡面上。但上述所有的这些细微差别并未影响到前述假设的整体趋势。

植被和现代土地利用

图4.48系根据1988年出版的《赤峰市自然条件与草场资源地图》中的草场植被类型图（比例尺为1:500000）数字化处理而成。❶主要的植被和现代土地利用类型有水浇地、旱田、旱田/草地、草地、人工林以及原始林和灌木。河谷低地仍然被定义为一个单独的类型。

虽然现代的植被和土地利用模式与史前时期并非完全相同，但这项研究可以帮助我们从本质上理解这些土地之间的相互联系。例如，我们可以假设，与今天发展旱作农业的地区相比，今天被定义为草地的地区更难保存水分，因此更不适合发展农业。在植被和现代土地利用分析中，不同时期之间所显示出的差异性比之前任何分析（例如坡度和坡向分析）都明显（图4.49）。在兴隆洼时期和夏家店下层时期，人们显示出对今天用作农田的土地的偏爱，在由水浇地和旱田构成的仅占总面积9.3%的土地上，有58.2%的兴隆洼时期的人口和42.5%的夏家店下层时期的人口居住在此。兴隆洼时期的整体人口密度较低，但在人口较为密集的夏家店下层时期，如此多的人口拥挤在这么小的一块区域中，这一现象十分引人注目。

小河沿时期和夏家店上层时期的人口分布显示了不同于兴隆洼时期或夏家店下层时期的另外一种极端情况。在这两个时期内，居住在草地上的人口比例远比期望值高得多。在夏家店上层时期，仅27.5%的人口居住在今天被用作水浇地和旱田的地区，67.7%的人口居住在草地以及旱田与草地的混合区域，而这两种类型的土地面积总和占调查区总面积的59.5%。红山时期和战国至汉时期的人口分布介于上述两种情况之间，在这两个时期里，旱田和草地混合区域的人口比例尤其高。

❶ 内蒙古草场资源遥感应用考察队：《内蒙古自治区赤峰市自然条件与草场资源地图》，科学出版社，1988年。

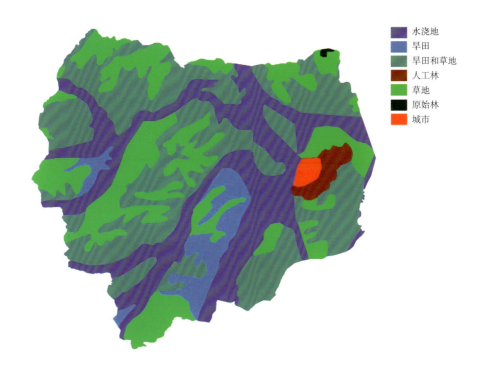

图 4.48　调查区内现代土地利用分区

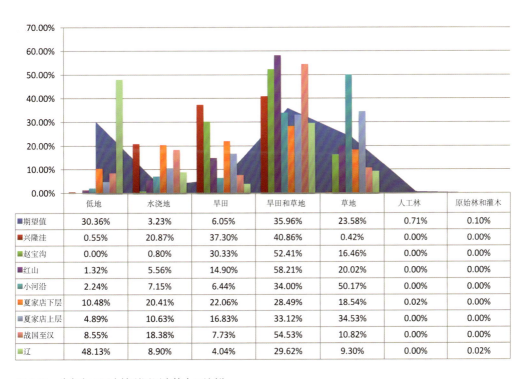

	低地	水浇地	旱田	旱田和草地	草地	人工林	原始林和灌木
■期望值	30.36%	3.23%	6.05%	35.96%	23.58%	0.71%	0.10%
■兴隆洼	0.55%	20.87%	37.30%	40.86%	0.42%	0.00%	0.00%
■赵宝沟	0.00%	0.80%	30.33%	52.41%	16.46%	0.00%	0.00%
■红山	1.32%	5.56%	14.90%	58.21%	20.02%	0.00%	0.00%
■小河沿	2.24%	7.15%	6.44%	34.00%	50.17%	0.00%	0.00%
■夏家店下层	10.48%	20.41%	22.06%	28.49%	18.54%	0.02%	0.00%
■夏家店上层	4.89%	10.63%	16.83%	33.12%	34.53%	0.00%	0.00%
■战国至汉	8.55%	18.38%	7.73%	54.53%	10.82%	0.00%	0.00%
■辽	48.13%	8.90%	4.04%	29.62%	9.30%	0.00%	0.02%

图 4.49　分布在不同土地利用区内的人口比例

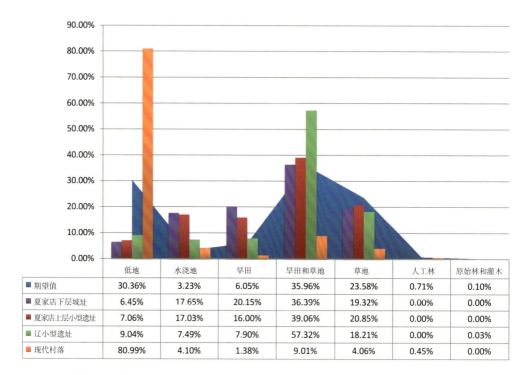

	低地	水浇地	旱田	旱田和草地	草地	人工林	原始林和灌木
■ 期望值	30.36%	3.23%	6.05%	35.96%	23.58%	0.71%	0.10%
■ 夏家店下层城址	6.45%	17.65%	20.15%	36.39%	19.32%	0.00%	0.00%
■ 夏家店上层小型遗址	7.06%	17.03%	16.00%	39.06%	20.85%	0.00%	0.00%
■ 辽小型遗址	9.04%	7.49%	7.90%	57.32%	18.21%	0.00%	0.03%
■ 现代村落	80.99%	4.10%	1.38%	9.01%	4.06%	0.45%	0.00%

图 4.50 夏家店下层时期（仅含防御性遗址）、夏家店上层时期（大型城镇除外）、辽时期（松山州除外）
分布在不同土地利用区内的人口比例

在植被和现代土地利用分析中，如果去除夏家店上层时期五个人口集中的聚落中心
（图 4.50），我们会发现人群对草地环境的偏好不那么明显。然而，即使在做了这样的
处理后，夏家店上层时期仍然有 59.9% 的村落人口居住在草地以及旱田与草地的混合区
域，仍高于夏家店下层时期在相同区域内分布的人口比例（大约 47.0%，见图 4.49）。
上述比较表明，夏家店下层时期和夏家店上层时期人们在对选择环境方面的差异完全不
是因夏家店上层时期大型聚落的"拉力"导致的结果。同样有趣的是，当我们将松山州
镇从辽时期人口分析中移除后，可以清楚地看到，辽时期的村落人口亦倾向于选择旱田
与草地的混合区域。

地质环境

经过对内蒙古自治区计算机应用研究院提供的 1∶100000 的数字化地质图进行数
字化处理，我们得到了赤峰地区有关地质环境的数字化图层。这一图层主要包含的类型
有以下几种：102：全新世沉积，成因多为水力搬运，包括碎石和岩屑；104：更新世沉
积，多为风成黄土，也有沙土和湖相沉积物；105：第三纪的砂岩和泥岩；106：白垩纪

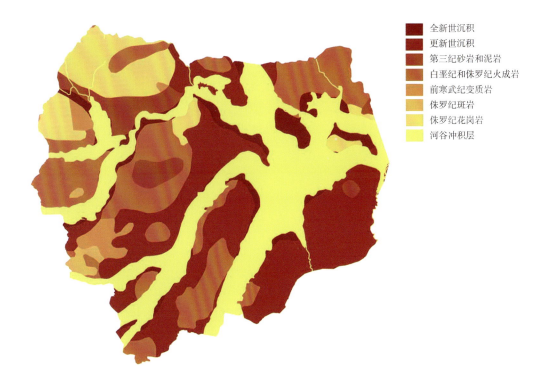

全新世沉积
更新世沉积
第三纪砂岩和泥岩
白垩纪和侏罗纪火成岩
前寒武纪变质岩
侏罗纪斑岩
侏罗纪花岗岩
河谷冲积层

图 4.51　调查区内地质类型图

的砂岩和泥岩；107：白垩纪的火成岩；108：侏罗纪的火成岩；119：前寒武纪的变质岩；124：侏罗纪的斑岩；125：侏罗纪的花岗岩；126：侏罗纪的斑岩。对地质条件进行分析的主要目的是研究古代人类对岩石的利用情况，尤其是如何利用岩石建造防御性设施。因为这些分析都与人类活动有关，因此，相比于地质时期的形成过程，我们更关注岩石的质地。在具体分析中，我们对上述类型进行了合并：105+106（砂岩和泥岩），107+108（火成岩），124+126（斑岩）（图 4.51）。同时考虑到河谷低地已被淤积层所覆盖，因此在河谷低地的地表上不会暴露有可供利用的岩石，所以将河谷低地叠加在地质图层上作为一个区域，而忽略其所属的地质类别。

　　通过分析不同地质类型区域内居住人口的比例，通常会表现出在其他的分析中不容易看到的一些重要的人类活动，如获取石料作为建筑材料等，这对我们理解夏家店下层时期修建的石城址具有特殊的意义，因为这些城址中的石墙部分来自人工采集的岩石❶。我们可以假设，在这些遗址和某些种类的岩石资源之间应该存在着一定的联系，其选址应该是为了就近获取他们所需要的建筑原料。

---

❶ Gideon Shelach, Kate Raphael and Yitzhak Jaffe, Sanzuodian: The Structure, Function, and Social Significance of the Earliest Stone Fortified Sites in China. *Antiquity* 2011, 85:11 ～ 26.

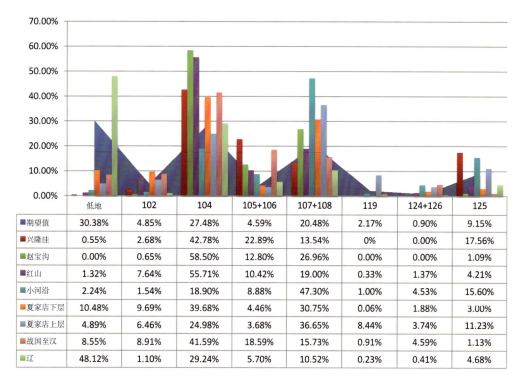

	低地	102	104	105+106	107+108	119	124+126	125
■期望值	30.38%	4.85%	27.48%	4.59%	20.48%	2.17%	0.90%	9.15%
■兴隆洼	0.55%	2.68%	42.78%	22.89%	13.54%	0%	0.00%	17.56%
■赵宝沟	0.00%	0.65%	58.50%	12.80%	26.96%	0.00%	0.00%	1.09%
■红山	1.32%	7.64%	55.71%	10.42%	19.00%	0.33%	1.37%	4.21%
■小河沿	2.24%	1.54%	18.90%	8.88%	47.30%	1.00%	4.53%	15.60%
■夏家店下层	10.48%	9.69%	39.68%	4.46%	30.75%	0.06%	1.88%	3.00%
■夏家店上层	4.89%	6.46%	24.98%	3.68%	36.65%	8.44%	3.74%	11.23%
■战国至汉	8.55%	8.91%	41.59%	18.59%	15.73%	0.91%	4.59%	1.13%
■辽	48.12%	1.10%	29.24%	5.70%	10.52%	0.23%	0.41%	4.68%

图 4.52　分布在不同地质类型内的人口比例。102：全新世沉积层；　104：更新世沉积层；105+106：砂岩和泥岩；107+108：火成岩；　119：变质岩；124+126：斑岩；125：花岗岩

　　与我们对大多数时期的推测一致，古代居民喜欢定居在全新世和更新世的沉积层（102 和 104）上，这里也是最适合发展农业的地方（图 4.52）。同时，夏家店下层时期的防御性设施也与露出地表的岩石之间存在关联，41.3% 的防御性遗址修建于存在火成岩的地方（107+108），而这两个地质类别占全部调查面积的 20.5%，18.5% 的防御性遗址修建在发现泥岩的地方 (105+106)，这两个地质类别占到全部调查面积的 4.6%（图4.53）。这两大类别的岩石很可能非常适合作为修建防御性设施的建筑材料，因此，接近这些石料就成为选址时考虑的重要因素。

　　与赤峰地区文化序列中的其他时期不同，小河沿时期和夏家店上层时期的人群并不特别倾向于居住在适于农业生产的沉积层上。在夏家店上层时期，25.0% 的人口居住在更新世的沉积层上，6.5% 的人口居住在全新世的沉积层上。与之形成对比的是，在夏家店下层时期，分别有 40.0% 和 9.7% 的人口居住在更新世和全新世的沉积层上。在整个夏家店上层时期，人口比例超出期望值的地质环境有以下几类，火成岩（107+108），其面积占调查区面积的 20.5%，却分布有 36.6% 的人口；前寒武纪变质岩（119），其

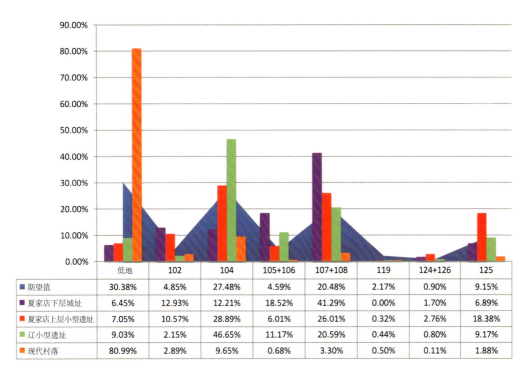

	低地	102	104	105+106	107+108	119	124+126	125
■ 期望值	30.38%	4.85%	27.48%	4.59%	20.48%	2.17%	0.90%	9.15%
■ 夏家店下层城址	6.45%	12.93%	12.21%	18.52%	41.29%	0.00%	1.70%	6.89%
■ 夏家店上层小型遗址	7.05%	10.57%	28.89%	6.01%	26.01%	0.32%	2.76%	18.38%
■ 辽小型遗址	9.03%	2.15%	46.65%	11.17%	20.59%	0.44%	0.80%	9.17%
■ 现代村落	80.99%	2.89%	9.65%	0.68%	3.30%	0.50%	0.11%	1.88%

图 4.53　夏家店下层时期（仅含防御性遗址）、夏家店上层时期（大型城镇除外）、辽时期（松山州除外）
　　　　分布在不同地质类型内的人口比例

面积占调查区面积的 2.2%，但是分布有 8.4% 的人口；斑岩（124+126），其面积占调查区面积的 0.9%，分布有 3.7% 的人口（图 4.52）。这几类岩石通常会被认为多用于修建夏家店上层时期的墓葬。不过，夏家店上层时期修建墓葬对石料的需求，要低于夏家店下层时期修建防御性石墙对岩石资源的需求，因此这一解释并不适用于对上述现象的理解。但是，当我们排除夏家店上层时期的五个大型聚落中心后，发现情况有所变化，人们似乎对冲积土壤、火成岩和侏罗纪花岗岩更加偏爱（图 4.53）。因此，很可能是夏家店上层时期的某些大型城镇的特殊位置起了作用，它们强大的拉动力得使其他聚落远离最适合耕种的土壤，转而进入到多石、多山的地区。

第五章

社会变迁的序列

第五章　社会变迁的序列

进行区域聚落分析，必须将不同时期聚落的分布置于各个时期其他考古信息的背景中，这些考古信息来自于其他类型的田野工作，例如对聚落中的公共建筑、居址和墓葬等进行的发掘。本章延续了传统的研究思路，按照从最早的新石器时代开始到相对较晚的历史时期这一完整的时间序列，对调查区域内由聚落分布所反映的社会发展变化的进程进行分析。

兴隆洼时期（公元前 6000～前 5250 年）

可确定为兴隆洼时期的遗存并不多，在每个地点采集到的兴隆洼时期的陶片数量也较少。然而，发现有兴隆洼时期遗物的采集点都非常接近调查区域的北缘、东缘、南缘，以及中部偏西的位置（图 5.1），尤其是倾向于分布在那些紧邻河谷低地、面向东南方向的阶地上。这些地点十分适于发展农业，较为温暖，并可以躲避寒风的侵袭。当然，这里也可能非常适合进行狩猎和植物采集活动。

一些兴隆洼时期的采集点仅发现少量的陶片，同时这些采集点与其他兴隆洼时期的采集点相距甚远。这样的采集点可能根本无法代表任何已具规模的社群，相反更像是代表着一些由单个家庭组成的农庄或者是居住在一起的几个家庭，这些家庭可能在此只居住了一段时间。根据兴隆洼时期未经平坦化处理的人口居住密度图上显现的山峰（图5.2 和图 5.3）判断，在少数地点，几个兴隆洼时期的采集点聚集在一起，形成了小型的地方性社群。其中，坐落在研究区域东北角和研究区域西北角的两个社群，延伸了 2000米左右的距离，对于"地方性"社群的概念而言，这个分布范围已经很大了。当然，这两个社群可以被细分为几个更小的单位，但考虑到在社群之间存在大片的空白区域，因此对于这种层次的集群还是要给予足够的关注。由于这两个社群的分布范围达 2000 米，而居住人口又很稀少，而且几乎没有任何临近的邻居，似乎将其定义为"分散型的地方

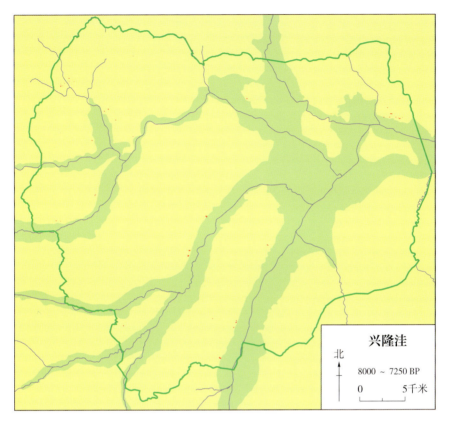

图 5.1 调查中发现兴隆洼时期陶片的采集点的分布

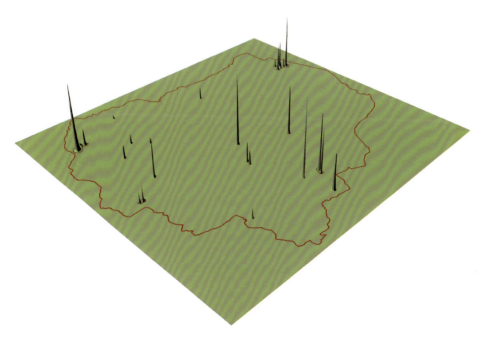

图 5.2 未经平坦化处理的兴隆洼时期的人口居住密度图

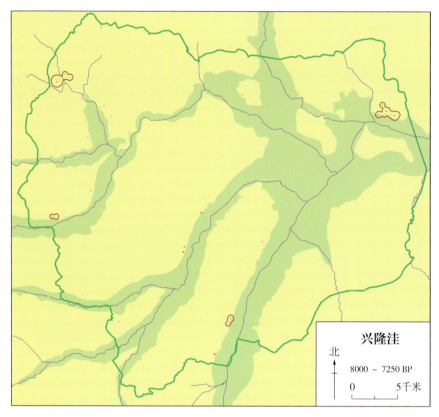

图 5.3　从未经平坦化处理的人口居住密度图（参见图 5.2）中按照一定密度阈值划分出的兴
　　　　隆洼时期的地方性社群

性社群"而不是"超地方性社群"或"社区"更加准确。在调查区域的其他地点，我们
也发现了几组不相连但彼此临近的居住区域，这些居住区域可以聚集在一起，形成小型
的地方性社群．如果采用一个更具包容性的社群划分标准，使用更低值的等高线作为划
分的基准，在调查区域中还可以划分出一到两个新社群。从图 5.3 中显示的聚集情况看，
共计有 19 个聚落单位，这些单位既包括由单个家庭组成的农庄，也包括一些分散的小
型村庄，其中最大的聚落单位，居住人口也不过 25 ~ 50 人（图 5.4）。因此可以说，
整个调查区域内的人口都居住在一些非常小型的地方性社群，或称之为 "小村庄"中。
当然，一些社群居住的人口数量，也可能在兴隆洼时期的某一阶段中超过 25 ~ 50 人，
而大量的兴隆洼时期的人口都是居住在由几个家庭组成的地方性社群里（图 5.5）。假
如在划定集群的时候，选择一个较低值的等高线，聚落单位的总数可能会减少一至两个，
但它们的规模依然界于由单个家庭组成的农庄和小型分散的小村庄之间。图 5.4 和图 5.5
中柱状图的整体规律也不会因此产生明显改变。在调查区域内，兴隆洼时期的人口总数
大约为 100 ~ 200 人。这个数字反映的是兴隆洼时期一个较为平均的人口数量，具体到

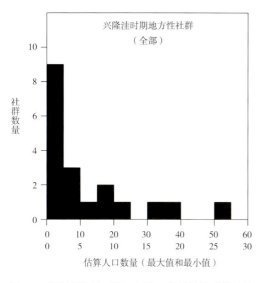

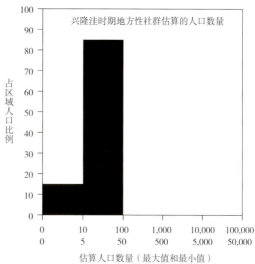

图 5.4　根据兴隆洼时期不同人口规模的社群数量绘制的柱状图

图 5.5　根据兴隆洼时期生活在不同人口规模社群中的人口所占区域人口的比例绘制的柱状图

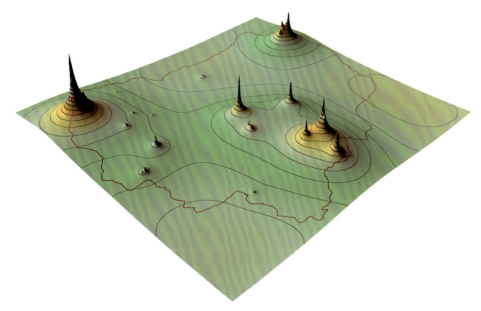

图 5.6　经过平坦化处理后的兴隆洼时期的人口居住密度图

某些阶段，真实的人口数量可能比这个数字稍高或稍低。

就整个调查区域而言，并没有令人信服的证据显示兴隆洼时期存在着超地方性的社群。从未经平坦化处理的人口居住密度图中，我们可以辨别出几个聚集在一起的采集点，但正如前所述，这些集群更像是分散的小型地方性社群，而非社区。当人口居住密度图经过平坦化处理后，大多数区域并没有出现新的聚落单位的集群。唯一的例外可能出现在调查区域的南部，在那里的一个集群显示了三个峰，这个集群由一个小型地方性群落（包括两处居住遗迹）和两片连续的小居住区构成。然而，这些非常小的聚落单位之间的距离十分遥远，以至于将它们按照上述方式聚集为一组似乎显得很牵强。对兴隆洼时期的地方性社群进行的等级－规模分析，与我们的推测一致，其等级－规模曲线呈"凸型"分布（A=0.139，图5.7），对于在调查区域内松散分布但彼此之间又相互联系的社群系统而言，在这段时间里，既不能实现政治上的一体化，也很难实现经济上的整合。

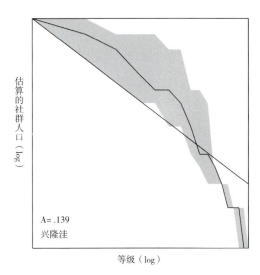

图 5.7　兴隆洼时期地方性社群的等级－规模图（在90% 置信度下）

在兴隆洼时期的早期阶段，气候条件较现在更加温暖和湿润，平均气温比现在高出2℃～4℃（参见第三章第二节）。在兴隆洼时期的初始阶段，当时并不具备良好的排水设施，洪水灾害将是一个非常严重的问题，因此河谷低地并不适合人类居住。在湿润的河谷低地，野生植物和动物资源可能非常丰富，但十分湿润的气候却使得这一地带不适合进行农耕。当时的高地可能被森林覆盖，具有丰富的野生资源，不过如果将森林植被清除，这些高地可能是最适合进行农业种植的地方。这是因为当时的气候湿润，在高地进行农业生产并不会发生像现在由于干旱而导致这些地点的农作物歉收的状况。在公元前5800～前5600年以后，气候逐渐趋于干燥和寒冷，气温和降水量与今天相当，这使得河谷低地变得更适合人类的居住和利用。

对兴隆洼时期的聚落分布与环境因素之间的关系进行的系统分析（参见第四章第四节），更加证实了我们最初的观察，即靠近河谷低地边缘的地带常常受到特殊的偏爱，特别是那些面向东和东南的地点。由于人口规模很小，居住地点非常分散，调查区域内兴隆洼时期的居住者可能享有充足的资源，并且在选择居住地点上有着很大的空间，可以不受其他因素的限制。已经发现的绝大部分兴隆洼时期的居住地点在今天都是农业生产用地。如上文所述，兴隆洼时期的大部分时间里，气候较今天更加湿润，这非常不利于低洼地区的农业种植，不过这些地区的野生资源可能成为对当时人们的主要吸引力所在。那些发掘过的兴隆洼时期的遗址已经明确显示，当时的人们过着定居式的村落生活，食物主要依靠各种驯化以及野生的资源。在兴隆洼时期房屋内的地面上，以及各种储存用窖穴和垃圾坑中，发现了大量的野生动物骨骼，以鹿和野猪为主❶，表明狩猎行为在当时亦十分重要。从兴隆沟遗址中，找到了种植和食用普通粟的直接证据❷。虽然兴隆沟遗址植物遗存的详细资料尚未发表，但采集野生植物在当时很可能与种植驯化植物并存。赤峰地区兴隆洼时期的聚落分布与上述生计模式完全一致，即以驯化的植物和动物为主要食物资源，同时在相当程度上依靠采集野生植物和狩猎。在兴隆洼时期，存在一些非常大型的村落社群，例如白音长汗❸、南台子❹、兴隆洼❺和查海❻，但考虑到在赤峰调查中尚未发现任何颇具规模、密集分布的聚落遗址，因此可以认为，调查区域内兴隆洼时期的主要人口是居住在非常小型的村落甚至是由单个家庭组成的农庄里。

赵宝沟时期（公元前 5250 ~ 前 4500 年）

在赤峰调查中，就陶片数量而言，赵宝沟时期要多于兴隆洼时期。这些陶片以更高的密度出现在更多不同的地点。调查区域内赵宝沟时期的整体平均人口大约为700 ~ 1300 人，差不多是兴隆洼时期估算人口的七倍。因此，从长期的平均的角度来看，赵宝沟时期的人口呈现出明显的增长趋势。由于赵宝沟时期延续的时间非常长，我们很难想象人口会出现"爆炸式"的增长，但在赤峰调查区域内，居住人口数量大幅度增长，却是不争的事实。不过，虽然人口数量有所增长，但整体而言，赵宝沟时期的人口规模仍然比较小，居住亦十分分散，当时的区域人口密度可能低于 1 人 / 平方千米。与兴隆洼时期的情况相似，赵宝沟时期的人口亦较为广泛地分布在调查区域内（图 5.8），但是有一些转变却已初露端倪。在调查区域的中心位置，赵宝沟时期的遗物特别丰富，而在这一区域兴隆洼时期的遗物却非常少。那些邻近河谷低地，尤其是面向东南方向的阶地

---

❶ 中国社会科学院考古研究所内蒙古工作队：《内蒙古敖汉旗兴隆洼聚落遗址 1992 年发掘简报》，《考古》1997 年 1 期，第 1 ~ 26 页。

❷ Dorian Q.Fuller, Emma Harvey and Ling Qin, Presumed Domestication? Evidence for Wild Rice Cultivation and Domestication in the Fifth Millennium BC of the Lower Yangtze Region. *Antiquity* 2007,81:326；赵志军：《从兴隆沟遗址浮选结果谈中国北方旱作农业起源问题》，《东亚古物》（A 卷）2004 年，第 188 ~ 199 页。

❸ 内蒙古自治区文物考古研究所：《内蒙古林西县白音长汗新石器时代遗址发掘简报》，《考古》1993 年 7 期，第 577 ~ 586 页。

❹ 内蒙古自治区文物考古研究所：《克什克腾旗南台子遗址》，魏坚：《内蒙古文物考古文集》第 2 辑，中国大百科全书出版社，1997 年，第 53 ~ 78 页。

❺ 中国社会科学院考古研究所内蒙古工作队：《内蒙古敖汉旗兴隆洼聚落遗址 1992 年发掘简报》，《考古》1997 年 1 期，第 1 ~ 26 页；杨虎、刘国祥：《兴隆洼聚落遗址发掘再获硕果》，《中国文物报》1993 年 12 月 26 日。

❻ 辽宁省文物考古研究所：《阜新查海新石器时代遗址试掘简报》，《辽海文物学刊》1988 年 1 期，第 11 ~ 16 页；辽宁省文物考古研究所：《辽宁阜新县查海遗址 1987 ~ 1990 年三次发掘》，《文物》1994 年 11 期，第 4 ~ 9 页。

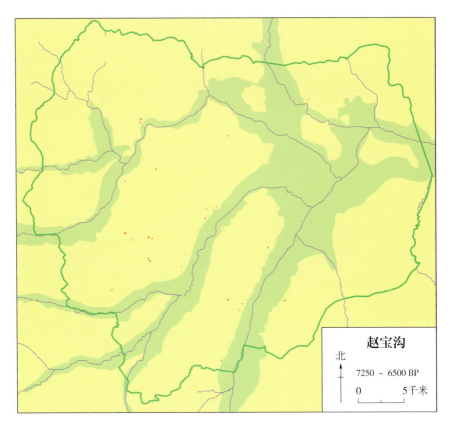

图 5.8 调查中发现赵宝沟时期陶片的采集点的分布

依然受到人们的偏爱，此外，一些相对远离河谷低地边缘的高地似乎得到了更多的利用。

从未经平坦化处理的人口居住密度图可以观察到，有几组相互临近的赵宝沟时期的采集点聚集成一个独立的地方性社群（图 5.9 和图 5.10)，而在兴隆洼时期，我们没有发现这样分散分布的组群。赵宝沟时期的地方性社群明显地更加集中，且人口更多。经过估算，最大的社群可能拥有 150～300 人，还有几个社群的人口在 50～100 人（图 5.11），最小的社群可能仍然只是单个的家庭。通过观察共计有大小 28 个聚落单位。在调查区域内，可以看到人口趋向于居住在更大规模的地方性社群中，我们可以称之为"村落"，即大部分的人口都定居在这些村落里（图 5.12）。

和兴隆洼时期的情况一样，在经过平坦化处理的赵宝沟时期的人口居住密度图上，没有任何令人信服的证据表明当时存在着"超地方性社群"（图 5.13）。对赵宝沟时期的地方性社群进行等级－规模分析，其等级－规模曲线分布依然呈"凸型"分布，但与兴隆洼时期相比，其更接近于对数正态分布曲线（A=0.025，图 5.14）。在调查区的中东部存在着一处大型的村落，如果这一大型村落在区域聚落中扮演着一个权力中心的角

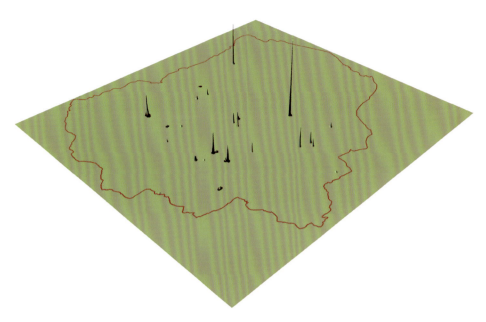

图 5.9　未经过平坦化处理的赵宝沟时期的人口居住密度图

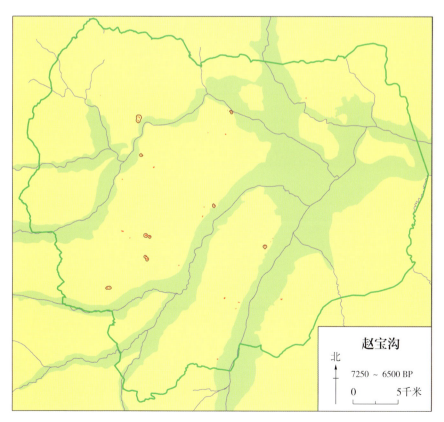

图 5.10　从未经过平坦化处理的人口居住密度图（参见图 5.9）中按照一定的密度阈值划分出
　　　　的赵宝沟时期的地方性社群

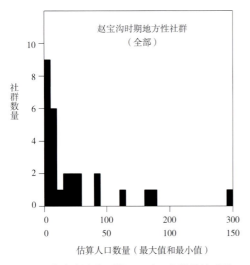

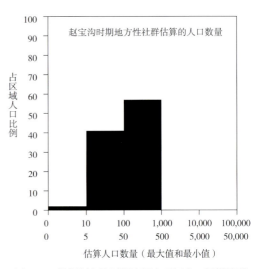

图 5.11　根据赵宝沟时期不同人口规模的社群数 量绘制的柱状图

图 5.12　根据赵宝沟时期生活在不同人口规模社群 中的人口所占区域人口比例绘制的柱状图

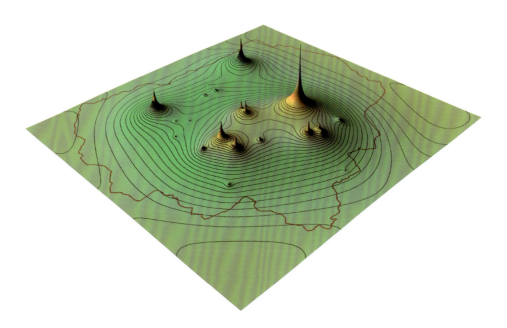

图 5.13　平坦化处理后的赵宝沟时期的人口居住密度图

色，那么将对其周边那些较小规模的地方性社群产生凝聚力，使得周边的地方性社群表现出向其靠拢的趋势，但实际上并没有出现这种现象。因此，从兴隆洼时期到赵宝沟时期，社群组织的分布模式并没有发生太大的变化，唯一的变化在于，更多的人口居住在规模更大、数量更多的村落里。这些村落的居住者彼此之间保持着联系，拥有相同的文化，但没有任何证据表明当时已经出现了区域性的集权中心。

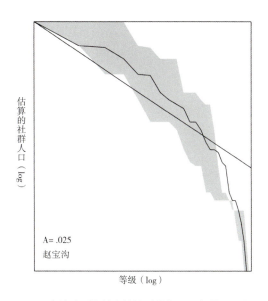

图 5.14　赵宝沟时期地方性社群的等级 – 规模图（在
　　　　90% 置信度下）

在赤峰调查区域内，赵宝沟时期的气候条件与兴隆洼时期的早期阶段非常接近（参见第三章第二节），此时的气候比今天更加温暖和湿润。与兴隆洼时期早期阶段的情况一样，在河谷低地的野生植物和动物资源十分丰富，但并不适合居住或者进行农业生产。当时在高地森林中的野生资源亦十分丰富，不过人们也有可能对森林进行砍伐后，在这些地方进行农业种植，由于当时的气候温暖而湿润，因干旱而对在高地进行的农业生产产生影响的可能性比较小。

对赵宝沟时期的聚落分布与环境因素之间的关系进行的系统分析，更加确认了我们最初的观察，即赵宝沟时期的人们特别偏爱邻近河谷的地带，尤其是那些面向东方的地点。赵宝沟时期的人口规模仍然不大，远远低于当时本地区农业和野生食物资源所能供给的人口数量，因此赵宝沟时期的居民依旧享受着丰富的生活资源，并且可以自由选择居住地点。如前所述，持续性的强降水使得当时的低洼地区并不适于农业种植，因此当时的居民并不喜欢居住在低洼地区，但是与兴隆洼时期相同，绝大多数赵宝沟时期的居住地点今天都被用于农业种植。在远离河谷低地数千米的高地上，居住地点的数量有所增加，这主要得益于降水量的增加，丰富了这些地点的水资源，农业生产因此可以得到保障，同时这里的野生资源也更加丰富。对赵宝沟时期的遗址进行发掘的结果明确表明，当时的人们过着定居式的村落生活，食物依靠以猪为主的家畜、谷物以及各种野生资源[1]。赤峰地区赵宝沟时期的聚落分布完全符合以下的生计模式：食物仍然以驯化动物和种植农作物为主，但同时采集野生植物和狩猎活动也占有重要地位。赤峰调查的结果中包括了几个大型、密集的地方性社群，在规模上与赵宝沟时期的村落以及其他已经发掘的遗址相当[2]。虽然一些小村落和由单

[1]　Gideon Shelach, The Earliest Neolithic Cultures of Northeast China: Recent Discoveries and New Perspectives on the Beginning of Agriculture. *Journal of World Prehistory* 2000（14）：363 ~ 413；中国社会科学院考古研究所：《敖汉赵宝沟：新石器时代聚落》，中国大百科全书出版社，1997 年。

[2]　Gideon Shelach, Economic Adaptation, Community Structure, and Sharing Strategies of Households at Early Sedentary Sites in Northeast China. *Journal of Anthropological Archaeology* 2006（25）：318 ~ 345；中国社会科学院考古研究所：《敖汉赵宝沟：新石器时代聚落》，中国大百科全书出版社，1997 年。

个家庭组成的农庄在赵宝沟时期依然存在，但少数通过被完全发掘的遗址所表现出的那种村落式生活已经成为主流。在赵宝沟时期的遗址中，发现了小型石刻、陶质雕像、装饰着精美动物纹饰的陶器，以及用于祭祀的建筑结构的遗迹，这些均证实了宗教活动的存在 ❶。

红山时期（公元前 4500 ~ 前 3000 年）

和赵宝沟时期相比，赤峰调查区域中分布有红山时期陶片的地点增加了很多（图 5.15）。整个调查区域中红山时期的全部人口约在 2300 ~ 4600 人，几乎是赵宝沟时期全部人口数量的三倍。柯睿思（Christian E. Peterson）对福山庄遗址红山时期的陶器进行了深入的研究，其年代主要集中在红山时期的中期和晚期 ❷，这与学术界对赤峰临近地区已发掘的红山时期陶器的研究相似。虽然在对采集到的陶片进行分析时，我们并没有区分红山时期早期和晚期的遗物，但从已有研究集中在红山时期中期和晚期这一特点判断，红山时期的人口水平在早期阶段可能仍然很低，直到中期和晚期才不断增加。由于人口估算是将整个红山时期的遗存进行了平均化处理，因此，很可能红山时期的最高人口数量——可能出现在红山时期的末期——要高于平均人口数量。红山时期的聚落分布仍然遍及整个调查区域。那些邻近河谷低地，尤其是面向东南方向的阶地依然受到人们的偏爱。此外，受到同样重视的还有那些高地地点。那些临近狭窄河谷的高地以及调查区域中东部赤峰盆地的北部边缘，都得到当时人们的重视。就上述北部边缘地区而言，可以确定的是，在红山时期时，这里曾居住过一些人口，但却很少发现其他时期的遗存。

从未经平坦化处理的人口居住密度图（图 5.16 和 5.17），可以观察到红山时期地方性社群的结构十分明显，图中出现了很多代表着较高人口水平的高峰，表明相关采集点内红山时期的陶片密度很高，并且这些采集点彼此紧凑地聚集在一起，形成了不同的集群。这些集群在空间上通常最多延续几百米的范围，居住者们在日常生活中可以有面对面的交流和互动，完全符合我们对于地方性社群的传统定义。在划定的 156 个地方性

---

❶ 承德地区文物保管所、滦平县博物馆：《河北滦平县后台子遗址发掘简报》，《文物》1994 年 3 期，第 53 ~ 74 页；Gideon Shelach, The Earliest Neolithic Cultures of Northeast China: Recent Discoveries and New Perspectives on the Beginning of Agriculture. *Journal of World Prehistory* 2000（14）:389 ~ 394；中国社会科学院考古研究所内蒙古工作队：《内蒙古敖汉旗小山遗址》，《考古》1987 年 6 期，第 481 ~ 506 页；中国社会科学院考古研究所：《敖汉赵宝沟：新石器时代聚落》，中国大百科全书出版社，1997 年。

❷ Christian E. Peterson, *"Crafting" Hongshan Communities? Household Archaeology in the Chifeng Region of Eastern Inner Mongolia, PRC.* Ph.D. Dissertation, Department of Anthropology, University of Pittsburgh, 2006.

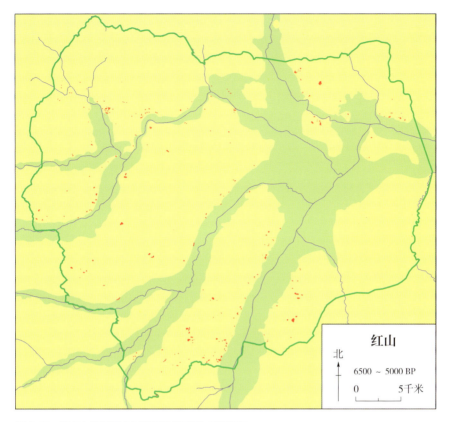

图 5.15　调查中发现红山时期陶片的采集点的分布

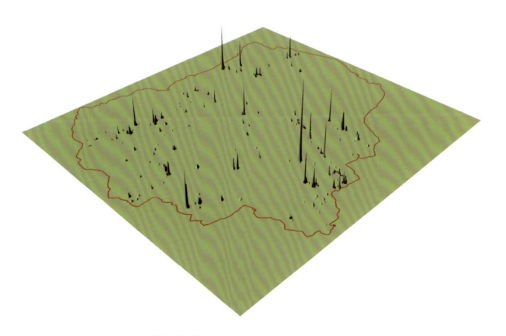

图 5.16　未经过平坦化处理的红山时期的人口居住密度图

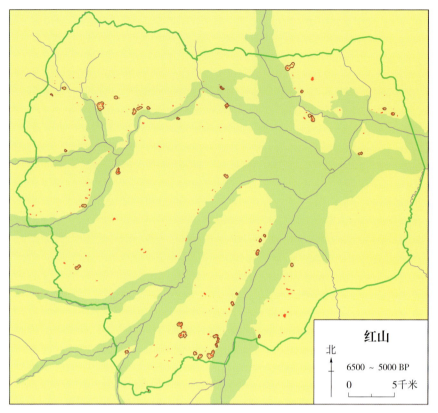

图5.17　从未经过平坦化处理的人口居住密度图（参见图5.16）中按照一定的密度阈值划分
　　　　出的红山时期的地方性社群

社群中，约3/4的社群可能仅包括一个或两个家庭，剩下的1/4为由两个以上家庭组成的农庄，这其中有大约一半的社群属于村落级别，居住人口为50～100人或者更多（图5.18）。居住在最大规模地方性社群的人口可能达到200～400个，高于赤峰调查区域内兴隆洼和赵宝沟时期聚落的人口数量，但是并没有超过东北地区其他地方的兴隆洼时期和赵宝沟时期，以及黄河中游地区仰韶早期的村落人口规模。在一些年代非常早的早期新石器时代时期的村落中，尽管没有证据表明已经出现社会阶层，如黎凡特（Levant）和美国西南部，但其人口数量也基本与上述规模相当或者更高。在赤峰调查区域内，红山时期的居民仍然倾向于选择在更大的地方性社群中定居（图5.19）。尽管红山时期的村落在规模上较之前的时期更大，但就人口分布而言，与赵宝沟时期并无太大的差别。

　　从经过平坦化处理后的人口居住密度图中，可以发现开始出现了一些超地方性集权的迹象。大规模的村落似乎承担着"区域中心"的角色，其所具有的凝聚力吸引了其周围的居住人口，从而使得其周边地区人口分布逐渐稀疏。这些"区域中心"在经平坦化处理的人口居住密度图中表现为高峰（图5.20）。在兴隆洼时期和赵宝沟时期，人口居

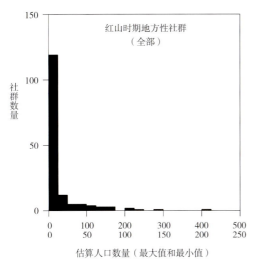

图 5.18　根据红山时期不同人口规模的社群数量绘制的柱状图

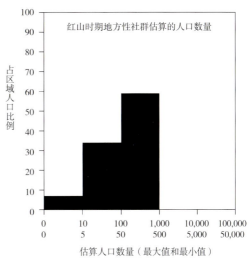

图 5.19　根据红山时期生活在不同人口规模社群中的人口所占区域人口比例绘制的柱状图

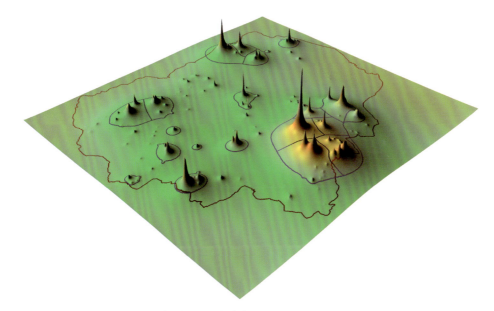

图 5.20　平坦化处理后的红山时期的人口居住密度图

住密度图中最高的峰一般是代表着一个独立的地方性社群。然而，到了红山时期，情形有所变化，最高的峰由一些小型地方性社群围绕在一个大型村落周边而形成，因此这样的集群就代表着超地方性的社群，或称之为"社区"。在经平坦化处理后的人口居住密度图上，我们可以通过等高线将这些超地方性社群划定出来（图 5.21）。正如调查区域中西部显示的那样，设置一个较低的等高线，可以给许多社区划出边界，从而将它们相

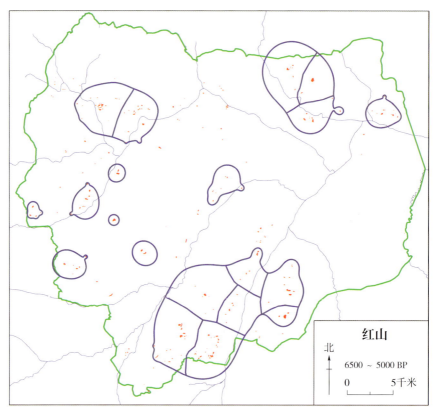

图 5.21　从经过平坦化处理的人口居住密度图（参见图 5.20）中按照一定的密度阈值划分出
　　　　的红山时期的超地方性社群

互区分。有时，两个或者更多的社区会因较低的等高线而划在一起，这个现象以调查区
域的南部最为明显。尽管如此，在这些包含有多个社群的地方，拥有不同高峰的集群之
间依然存在着清晰的界限，这个所谓的界限体现在不同集群之间存在着居住密度的"低
谷"区域，沿着这些居住密度的低谷，可以将这些集群区分开。在最终的分析结果中，
我们划分出了一些超地方性社群的集群。那些区分不同社群的界线不再是地理意义上的
边界，而是代表着有哪些聚落单位彼此聚集。少数情况下，我们将一些小规模的居住区
域与在河流对面的一个中心村落聚集在一起。考虑到调查区域中的那些小河流并不对人
群交流构成主要影响，这种划分亦应合理。换句话说，即使将这些小规模的聚落单位
与河流对岸的聚落单位分开，其结果也不会影响到我们对区域内社群结构和互动模式
的解读。

　　从空间范围和人口规模上讲，红山时期的社区比较小。最大的社区大约绵延 6 或 7
千米，总面积达 30 平方千米，人口数量不超过 400 人。我们共划分出 20 个这样的社区。

在这样的划分中，一些较小的社区成为拥有相近人口的单个村落。另外，还存在着大量
独立的小型聚落，完全不属于上述任何集群，但是其所居住的人口不到整个调查区域的
20%。对调查区域内红山时期的地方性社群进行等级－规模分析后发现，其曲线呈现非
常强烈的"凸型"分布（A=0.249，图 5.22），这表明，从调查区域整体来看，几乎不
存在任何政治或者经济的集中化或一体化。然而，如果以社区为单位进行等级－规模分
析，则发现其首位度❶很高。对包括有 6 个或更多的地方性社群的 5 个社区进行等级－
规模分析，其平均 A 值达到 −0.986（图 5.23）。在每一个独立的社区内部，政治或者经
济似乎都呈现出高度的集中化。

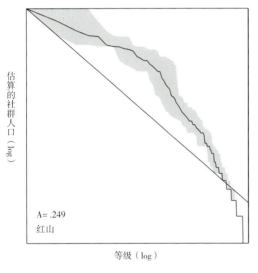

图 5.22　红山时期地方性社群的等级－规模图（在
　　　　　90% 置信度下）

图 5.23　一处典型的红山时期社区中地方性社群
　　　　　的等级－规模图（在 90% 置信度下）

对大多数较大规模的红山时期村落来说，其所处的位置在今天已被精耕细作的农田
所覆盖，地表再也看不见那些古代建筑的遗迹。在调查区域西北部的高地上，那里较为
干燥，集约型耕作欠发达，因而地表遗物的保存状况最好。位于西北部红山时期最远的
社区中，以福山庄遗址❷为代表的中心村落保留着四个较大和三个较小的石建平台。根
据最大的四个平台所分布的位置，可以划出一个 50 米 ×100 米的露天广场。在其中三
处平台上，发现了一些无底筒形器的彩陶残片，根据已有的研究，这些无底筒形器曾在

---

❶　从现代意义上讲，首位度指的是一个地区内最大城市和第二大城市的规模比值。

❷　Christian E.Peterson, *"Crafting" Hongshan Communities? Household Archaeology in the Chifeng Region of Eastern
　　Inner Mongolia, PRC.* Ph.D. Dissertation, Department of Anthropology, University of Pittsburgh, 2006.

红山时期的"坛、庙、冢"中被大量使用，而这些遗物所反映出的仪式和祭祀活动在形成将周围的乡村人口吸引到中心村落来的"向心力"的过程中扮演着重要角色。因此，在赤峰地区的社会发展序列中，红山时期第一次清楚地显示出超越地方性的社会集中化。值得注意的是，这种社会集中化发生在如此低的区域人口密度水平（5人/平方千米或者更低）上，以至于对生计资源完全不构成压力。没有证据表明当时的聚落已经出现了防御性设施，从聚落分布的位置看，也不存在对具有防御性地点的偏爱。

在红山时期前三分之一的时间里，赤峰调查区域内的居民可能享受着和赵宝沟时期一样的气候条件，气温比今天更高，降水量比今天更为充沛（参见第三章第二节）。红山时期后三分之二的时间里，气候变得不太稳定，出现了几个寒冷期，但我们尚不清楚这种较低的气温是否对当时的农业生产造成了影响。到了红山时期的后期，降水量可能出现了较大幅度的变化。在更为干燥的间歇期，农作物遭受旱灾的概率增加，但受灾程度可能较今天稍低。此时，对河谷地区的农业生产来说，其遭受旱灾的可能性要低于高地，加上排水良好，洪水灾害较少，极大增加了这一地带的吸引力。在更加湿润的时期，由于旱灾风险大大降低，高地地区的旱作农业可能具有特别的吸引力。许多红山时期的社群分布在高地和河谷低地的交会处，在这些地方，人们可以轻易地对两个环境区域里的资源进行开发和利用。

对红山时期的聚落分布与环境因素之间的关系进行的系统分析，再一次确认了我们最初的观察，即当时的人们特别偏爱邻近河谷低地的地带，尤其是那些面向南方和东南方的地点。在赵宝沟时期，我们就注意到人们开始对远离河谷低地的地点进行利用，这样的情形在红山时期依然存在。这种现象可以被解释为在某种程度上出现了资源压力，使得一些小型地方性社群的居住者不得不在稍欠理想的地区进行农业生产。然而，正如我们在上文所提到的那样，在当时相对简单的生产技术条件下，整个区域内的人口水平似乎仍然远远低于自然资源所能承受的最大人口数量。考虑到红山时期的气候比较湿润，而定居在远离河谷地区的人口数目明显增长，这可能反映出一个简单的事实，即和今天相比，高地旱作农业在当时是一个更加有效、更加可靠的生计模式，而低洼地区由于排水较差，则非常容易受到洪灾的影响。尽管当时的居民并不喜欢居住在低洼地区，但和赵宝沟时期相似，绝大多数红山时期的居住地点在今天都用于农业种植，在远离河谷低地并向高地延伸地方的土地得到了更多的利用。那些在今天属于农田和草场混合区域的地方，在红山时期非常受欢迎。鉴于红山时期的降水量比今天更高，当时这些混合区域的土地可能具有比现在更高的生产力。在大多数红山时期里，伴随着湿润的气候条件，人们逐渐加强了对上述混合区域的开发和利用，这与农业生计系统的巩固和对驯化作物逐渐增强的依赖性相一致。和之前时期相比，粟的种植证据更加充分和明显，在蜘蛛山、四分地和兴隆沟等几个遗址中，都发现了驯化作物种粒的遗存❶。经过发掘，在许多红山时期的居住地点周围，都发现了用于储藏食物的窖穴❷。石片、磨制石器、细石器工具似乎已在农业种植、动物饲养及狩猎中得到使用❸，这反映出红山时期农业生产的重要性在不断增加❹。此外，驯养的猪和羊以及狩猎获取的鹿同样是红山时期居民食谱中重要的组成部分。❺

在一些发掘过的红山时期的居住遗址中，人口的居住密度可能比赤峰调查中的许多遗址要高，例如白音长汗❻，或者位于蚌河河谷下游的6384号遗址。大多数已发掘的红

❶ An Zhimin, Prehistoric Agriculture in China. In *Foraging and Farming: The Evolution of Plant Exploitation,* G. C. Hillman, ed., pp. 643–649. Boston: Unwin Hyman, 1989; Li Xinwei, *Development of SocialComplexity in the Liaoxi Area, Northeast China.* BAR International Series 1821. Oxford: Archaeopress, 2008；任式楠：《我国新石器——铜石器并用时代农作物和其他食用植物遗存》，《史前研究》1986年3/4合刊，第77~94页。

❷ 内蒙古自治区文物考古研究所：《克什克腾旗南台子遗址发掘简报》，李逸友、魏坚：《内蒙古文物考古文集》第1辑，中国大百科全书出版社，1994年，第87~95页；内蒙古自治区文物考古研究所：《克什克腾旗南台子遗址》，魏坚：《内蒙古文物考古文集》第2辑，中国大百科全书出版社，1997年，第53~78页；内蒙古自治区文物考古研究所：《白音长汗：新石器时代遗址发掘报告》，科学出版社，2004年；中国社会科学院考古研究所内蒙古工作队：《赤峰西水泉红山文化遗址》，《考古学报》1982年2期，第183~193页。

❸ 巴林右旗博物馆：《内蒙古巴林右旗那斯台遗址调查》，《考古》1987年6期，第507~518页；Guo Dashun, Hongshan and Related Cultures. In *Beyond the Great Wall: The Archaeology of Northeast China,* Sarah M.Nelson, ed., pp. 21–64. London: Routledge, 1995；【日本】滨田耕作、水野清一：《赤峰红山后》日本东亚考古学会丛刊第六册，1938年；李宇峰：《辽宁建平县红山文化遗址考古调查》，《考古与文物》1984年2期，第18~22、31页；内蒙古自治区文物考古研究所：《巴林左旗友好村二道梁红山文化遗址发掘简报》，李逸友、魏坚：《内蒙古文物考古文集》第1辑，中国大百科全书出版社，1994年，第96~113页；内蒙古自治区文物考古研究所：《克什克腾旗南台子遗址发掘简报》，李逸友、魏坚：《内蒙古文物考古文集》第1辑，中国大百科全书出版社，1994年，第87~95页；内蒙古自治区文物考古研究所：《克什克腾旗南台子遗址》，魏坚：《内蒙古文物考古文集》第2辑，中国大百科全书出版社，1997年，第53~78页；内蒙古自治区文物考古研究所：《白音长汗：新石器时代遗址发掘报告》，科学出版社，2004年；中国社会科学院考古研究所内蒙古工作队：《赤峰蜘蛛山遗址的发掘》，《考古学报》1979年2期，第215~244页；中国社会科学院考古研究所内蒙古工作队《赤峰西水泉红山文化遗址》，《考古学报》1982年2期，第183~193页。

❹ 易华：《红山文化定居农业生活方式》，赤峰学院红山文化国际研究中心：《红山文化研究》，文物出版社，2006年，第205~215页。

❺ Guo Dashun, Hongshan and Related Cultures. In *Beyond the Great Wall: The Archaeology of Northeast China,* Sarah M.Nelson, ed., pp. 21~64. London: Routledge, 1995；【日本】滨田耕作、水野清一：《赤峰红山后》日本东亚考古学会丛刊第6册，1938年。

❻ 内蒙古自治区文物考古研究所：《白音长汗：新石器时代遗址发掘报告》，科学出版社，2004年；Li Xinwei, *Development of SocialComplexity in the Liaoxi Area, Northeast China.* BAR International Series 1821. Oxford: Archaeopress, 2008.

山时期的遗址，像红山后❶、蜘蛛山❷、西水泉❸、兴隆沟❹、白音长汗❺、南台子❻、那斯台❼和二道梁❽等，其房址都很小。但是在西水泉和白音长汗，也发现了少数大型房址，面积达到100平方米，可能是居住着一些地位较高的家庭。随着这种社会阶层的不断发展，通常认为会出现一些大规模的超地方性社群，如同我们在赤峰调查的结果中所发现的那样。位于赤峰东南方向的遗址，如牛河梁❾和东山嘴❿，因发现公共设施和祭祀建筑引起了人们的强烈关注。此类建筑的出现同样是社会结构中新型元素的一部分，其中最突出的特点是，公共建筑由石砌平台和碎石平台组成，宽20多米，包含许多圆形或方形的台阶，沿着这些台阶，通常摆放着上百个大型彩绘筒形器。在平台里，分布着一些墓葬，墓葬中有石板、石块组成的棺以及雕刻精美的玉器，这些玉器明显具备象征和宗教的意义。在赤峰地区，虽然尚未发现与牛河梁规模相当的复杂的建筑群，但代表红山时期超地方性社群的中心村落（例如福山庄）的出现，说明类似的祭祀设施在当时也曾偶尔出现，这进一步支持了如下推测，即对赤峰地区这些早期中心村落而言，祭祀活动应当是其主要的功能之一。同时也表明，位于赤峰地区东南方向的牛河梁、东山嘴等遗址那些复杂的建筑群，对于推动当地超地方性社群的出现也起着至关重要的作用。

❶ 【日本】滨田耕作、水野清一：《赤峰红山后》日本东亚考古学会丛刊第6册，1938年。
❷ 中国社会科学院考古研究所内蒙古工作队：《赤峰蜘蛛山遗址的发掘》，《考古学报》1979年2期，第215～244页。
❸ 中国社会科学院考古研究所内蒙古工作队《赤峰西水泉红山文化遗址》，《考古学报》1982年2期，第183～193页。
❹ 中国社会科学院考古研究所内蒙古第一工作队：《内蒙古赤峰市兴隆沟聚落遗址2002～2003年的发掘》，《考古》2004年7期，第3～8页。
❺ 内蒙古自治区文物考古研究所：《白音长汗：新石器时代遗址发掘报告》，科学出版社，2004年。
❻ 内蒙古自治区文物考古研究所：《克什克腾旗南台子遗址发掘简报》，李逸友、魏坚：《内蒙古文物考古文集》第1辑，中国大百科全书出版社，1994年，第87～95页；内蒙古自治区文物考古研究所：《克什克腾旗南台子遗址》，魏坚：《内蒙古文物考古文集》第2辑，中国大百科全书出版社，1997年，第53～78页。
❼ 巴林右旗博物馆：《内蒙古巴林右旗那斯台遗址调查》，《考古》1987年6期，第507～518页。
❽ 内蒙古自治区文物考古研究所：《巴林左旗友好村二道梁红山文化遗址发掘简报》，李逸友、魏坚：《内蒙古文物考古文集》第1辑，中国大百科全书出版社，1994年，第96～113页。
❾ 朝阳市文化局、辽宁省文物考古研究所：《牛河梁遗址》，学苑出版社，2004年；辽宁省文物考古研究所：《辽宁牛河梁红山文化"女神庙"与积石冢群发掘简报》，《文物》1986年8期，第1～17页；辽宁省文物考古研究所：《牛河梁红山文化遗址与玉器精粹》，文物出版社，1997年。
❿ 郭大顺、张克举：《辽宁省喀左县东山嘴红山文化建筑群址发掘简报》，《文物》1984年11期，第1～11页。

小河沿时期（公元前3000～前2000年）

与红山时期相比，在赤峰调查区域中发现的小河沿时期的遗存要少得多，导致出现这一现象的原因可能有两方面，或是由于区域人口数量的迅速减少，或者因为对小河沿时期的年代和陶片特点在认识上有所欠缺。如果考虑到已确认的小河沿时期遗存的数量和分布范围，整个调查区域内的人口总数仅为300～600人，这是一个相当低的数值，在小河沿时期之前的2000年甚至更久的时间内，都未曾出现过这么低的人口水平。在调查区域的东部，几乎没有发现任何小河沿时期的遗存，而在其他地区，则发现了分布广泛但非常稀疏的小河沿时期的遗存（图5.24）。邻近河谷的阶地边缘仍旧有定居地点，但显然不如之前那么受欢迎。

少数采集点在空间上彼此临近，在未经平坦化处理的人口居住密度图上，这些采集点可以划为同一个地方性社群。除此之外，大多数采集点较为分散，彼此之间相隔较远（图5.25和5.26）。发现的小河沿时期的遗存数量少，表明当时人口数量很低，甚至有

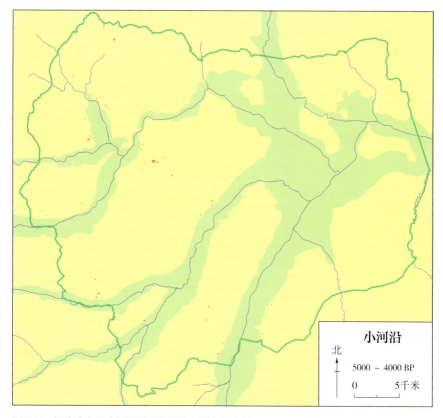

图 5.24 调查中发现小河沿时期陶片的采集点的分布

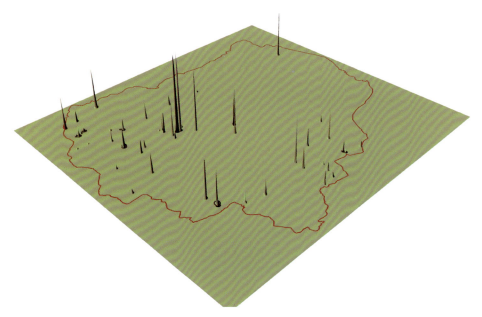

图 5.25　未经过平坦化处理的小河沿时期的人口居住密度图

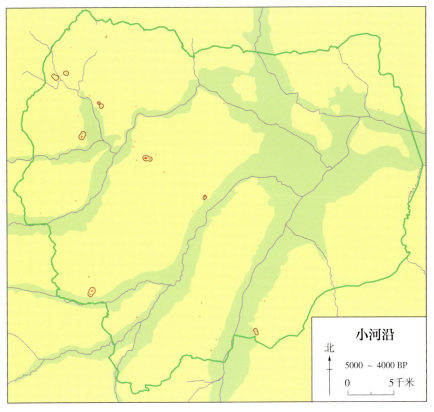

图 5.26　从未经过平坦化处理的人口居住密度图（参见图 5.25）中按照一定的密度阈值划分
　　　　出的小河沿时期的地方性社群

人怀疑，在如此低水平的人口数量下是否有可能形成所谓的"社群"。然而，人口的互动结构显示，当时的确存在着小型的地方性社群。我们共计发现了 47 个小河沿时期的聚落单位，其中只有 12 个左右的聚落单位由两个以上的家庭组成（图 5.27）。据估算，最大规模的地方性社群拥有约 80 ~ 160 个居住者，比第二大规模的地方性社群的人口数量高出三倍多。与红山时期和赵宝沟时期相比，小河沿时期居住在小型社群中的人口比例更高（图 5.28）。

　　由于小河沿时期的遗存分布离散，没有迹象表明存在着超地方性的社群（图 5.29）。在调查区域的中西部，有一个独立的居住地点非常突出。这个突出的高峰沿着各个方向向外伸展，强度逐渐减弱，最终形成了一个集群，同时以这个较大规模的聚落为中心，将周边一些较小的聚落凝聚在一起。对小河沿时期的聚落进行等级 – 规模分析，其曲线分布与对数正态分布线十分接近（A= –0.103，图 5.30）。鉴于小河沿时期的遗存数量较少，暗示当时的人口规模很小，因此这里不可能成为一个覆盖数百平方千米的区域中心。围绕着这个最大村落形成的集群可能代表着一个社区，其规模与红山时期的社区规模接近。

　　与红山时期后期相比，小河沿时期的气候条件更加稳定，而小河沿时期非常低的人口规模就出现在这样的气候条件下（参见第三章第二节）。从长期的平均数值看，小河沿时期的气候条件与红山时期相差不大，气温仍然较现在高，降水量也较现在充沛。野生植物和动物资源以及农业生产条件与之前大致相同，唯一的区别在于，小河沿时期的气温和降水量更加稳定，因此，各种资源和农业生产更加有保障。

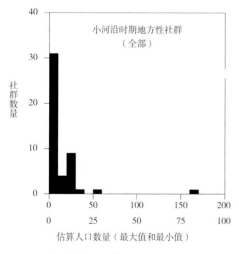

图 5.27　根据小河沿时期不同人口规模的社群
　　　　　数量绘制的柱状图

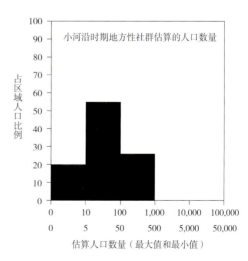

图 5.28　根据小河沿时期生活在不同人口规模社群
　　　　　中的人口所占区域人口比例绘制的柱状图

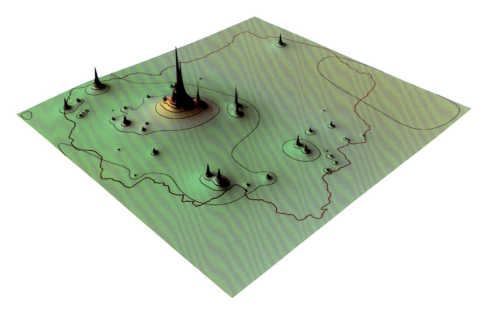

图 5.29 经过平坦化处理后的小河沿时期的人口居住密度图

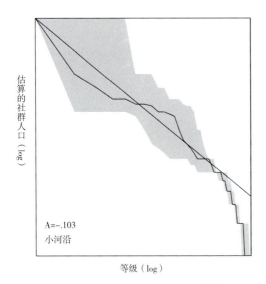

图 5.30 小河沿时期地方性社群的等级 – 规模图（在
90% 置信度下）

最终，由于赤峰地区可断定为小河沿时期的遗存非常少，这给我们的解读工作带来很大困难。更令人不解的是，赤峰地区的这种状况并非偶然，在中国东北地区更大的范围内，都很难找到公元前 3000 年到公元前 2000 年（小河沿时期即在这个时间范围内）的遗存。从表面上看，这种现象可能暗示着一场极其剧烈的人口骤减。更准确地讲，这种现象可能表明，持久的干旱给红山时期的人口规模造成了致命性的打击，以至于曾经出现的那些超地方性社群消失不见。然而，当我们尽力将气候变化记录与文化序列对应起来时，才发现小河沿时期并未出现剧烈的干旱气候，相反，当时的农耕条件比现在还要好一些。事实证明，与之前时期相比，小河沿时期的定居地点更多地位于远离河谷的地方，这一现象与我们"在小河沿时期出现过剧烈的干旱气候"的假设完全不符。因为如果是在干旱条件下，人们应当选择在靠近水源的地方定居。在上述解释之外，我们又提出一个至少在逻辑上是合理的综合性解释，那就是，目前由于我们对公元前 3000 年到公元前 2000 年这一时期陶片的认识尚不完全，导致部分原本属于小河沿时期的遗物被误判为小河沿时期之前或之后的遗存。起初，我们认为，小河沿时期的陶器组合或许并不是一个可以定义的组合，并且与红山时期或者夏家店下层时期的陶器难以区分。然而，在对位于赤峰调查区域北方的翁牛特旗大南沟墓地进行的发掘中❶，出土了非常"纯粹"的小河沿时期的陶器组合，则推翻了这种观点。在调查区域南方的敖汉旗南台地遗址，则发掘出了小河沿时期的四个房址❷。由于到目前为止，已发掘的小河沿时期遗址的数量和所获信息都非常欠缺，仅据已有的对小河沿时期陶器的认识，我们尚无法探讨与之相关的这一时期的经济和社会组织的模式。

与小河沿时期和红山时期相关的放射性碳十四数据极少，因此，我们很难在这两个时期之间划出界限。对于小河沿时期最晚期和夏家店下层时期最早期在时间上的重合部分，很可能是由于夏家店下层时期的起始年代可以早到公元前 2500 年左右，而并非是小河沿时期一直延续到公元前 2000 年左右。这样的认识将在很大程度上缩短小河沿时期的时间跨度，不过目前这还只是一种推测。考虑到这些不确定性以及相关证据的缺乏，关于小河沿时期的生业、聚落和社会组织情况，我们目前无法得出任何确定的结论。

夏家店下层时期（公元前 2000 ～ 前 1200 年）

夏家店下层时期遗存的分布范围比此前任何一个时期都要广泛。据估算，这一时期调查区域内的人口总数大约为 40000 ～ 80000，这比之前人口数量最多的红山时期高出近二十倍，意味着人口密度达到 30 ～ 60 人 / 平方千米。居住遗存遍及调查区域的各个角落，包括调查区域东部以及围绕着赤峰盆地的地方，最为明显的是在调查区域西部地区发现了大量的居住遗存（图 5.31）。临近河谷并面向东南的阶地边缘再次受到青睐，临近河谷低地向高地平缓过渡的高地边缘通常也是主要的居住地点。红山时期在邻近河谷的阶地上就分布有比较密集的居址，到了夏家店下层时期则发现了更加密集的居址，这种连续性表明早期分布于河谷阶地边缘的居住遗存并没有被随后的堆积所覆盖。在面向南边和西边且海拔较高的小河谷，以及位于调查区域东北部围绕着坡度平缓的赤峰盆地的地方，都可以观察到不同时期居住遗存分布的连续性，表现出人们对邻近河谷低地边缘区域的利用，而这种利用最早可以追溯到兴隆洼时期。这种聚落的分布状况表明，

---

❶ 辽宁省文物考古研究所、赤峰市博物馆：《大南沟——后红山文化墓地发掘报告》，科学出版社，1998 年。
❷ 赵宾福：《东北石器时代考古》，吉林大学出版社，2003 年，第 256 ～ 258 页。

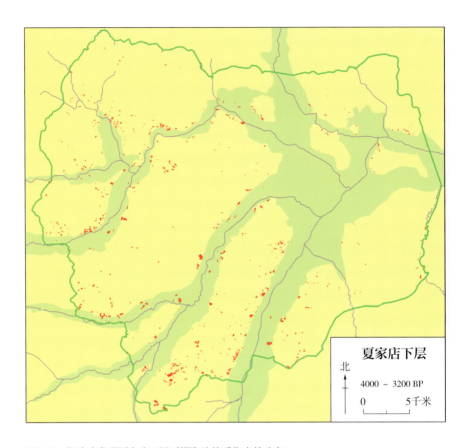

图 5.31　调查中发现夏家店下层时期陶片的采集点的分布

即使在很早的时候，地质过程也没有对河谷低地的居住遗存造成严重影响（参见第三章第三节）。

在夏家店下层时期，地方性社群的结构十分明显。这一时期出现了更多的集群，这些集群将那些密集分布的居住地点整合为更大型的地方性社群（图 5.32 和 5.33）。从未经过平坦化处理的人口居住密度图中可以看到，划分集群的等高线值在整个调查区域内都发挥着作用，恰到好处地将临近的采集点聚集在一起，形成一个或两个较大面积的地方性社群。利用这种方法，我们共划分出 416 个地方性社群。然而，大多数地方性社群的规模较小，据估算，其居住人口低于 100 ~ 200 人（图 5.34），与赤峰地区之前的任何时期相比，夏家店下层时期居住在这种小型村落中的人口数量明显减少。从比例上看，居住在由一个或两个家庭组成的农庄里的人口很可能小于全部人口的 2%（图 5.35），其余 98% 的人口居住在最高达 2500 ~ 5000 人的大型聚落里。至少有 15 个地方性社群的人口数量超过 1000 人，整个区域半数以上的人口居住在由 500 ~ 1000 人或者更多人口组成的社群里。赤峰调查区在此之前的任何一个时期没有一个社群会容纳如此多的人

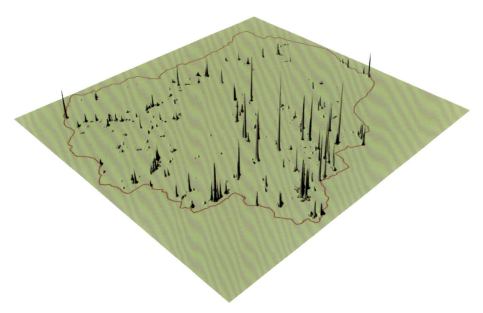

图 5.32　未经过平坦化处理的夏家店下层时期的人口居住密度图

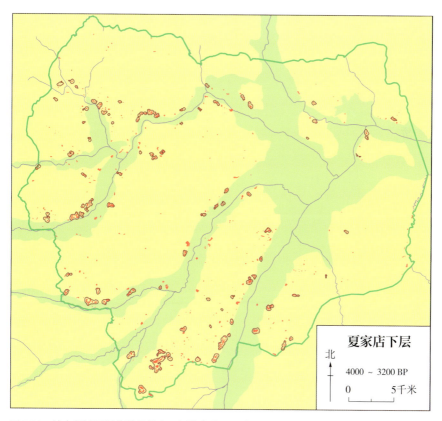

图 5.33　从未经过平坦化处理的人口居住密度图（参见图 5.32）中按照一定的密度阈值划分
　　　　出的夏家店下层时期的地方性社群

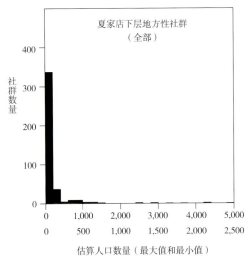

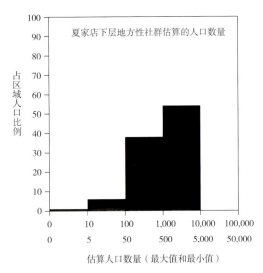

图 5.34　根据夏家店下层时期不同人口规模的社群　　图 5.35　根据夏家店下层时期生活在不同人口规模社
　　　　　数量绘制的柱状图　　　　　　　　　　　　　　　　　群中的人口所占区域人口比例绘制的柱状图

口，因此夏家店下层时期这种可称之为"城镇"的大型地方性社群的大量出现带来了一种全新的局面，以前那种以村落和农庄为中心的居住模式被以城镇为中心的居住模式所替代，很多城镇分布密集，并且有严密的防御设施。

　　从经过平坦化处理后的夏家店下层时期的人口居住密度图中，可以划分出数个规模相当的社区（图 5.36 和 5.37）。集中分布在调查区域西南部的社区的布局非常清楚，在

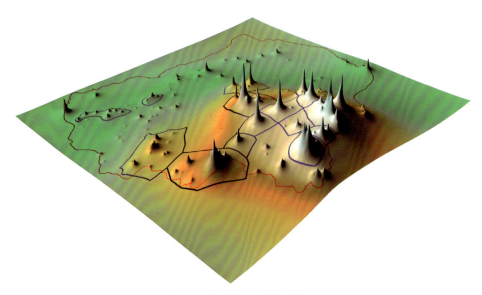

图 5.36　经过平坦化处理后的夏家店下层时期的人口居住密度图

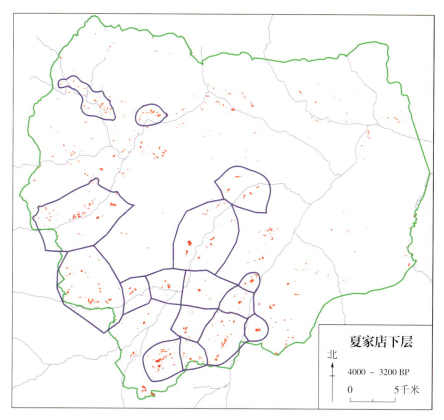

图 5.37　从经过平坦化处理的人口居住密度图（参见图 5.36）中按照一定的密度阈值划分出
的夏家店下层时期的超地方性社群

这些社区中，通常都出现一个人口高度密集的区域中心——一个城镇。少数几个社区分
布得比较松散，乍一看很难清楚地观察到任何中心社群。在调查区域的北部，亦可以划
分出几个社区，但这些社区的结构并不那么清晰，代表的人口数量和人口密度亦较低。
此外，在调查区域的西北端、东南端以及最北端的地方，尚有一些社区没有被划分出来，
不过从聚落呈集群分布的状态可以确定它们的存在。在调查区域的北部和东部，只发现
了一些分散的、小型的夏家店下层时期的聚落，没有明确的证据表明那里存在着超地方
性社群。从整个调查区域的聚落分布状态看，那些数目较多、规模相当的社区并不意味
着当时已出现了区域性的政治集权中心；相反地，这应该表明当时存在着若干个独立的
小型政体。对夏家店下层时期的社群进行的等级 – 规模分析则很好地支持了上述看法，
其等级规模——曲线呈显著的"凸线型"（A=0.242，图 5.38）。

　　大量出现的防御设施表明，这些小型的政体之间或多或少地存在着持续的敌对状态。
通常，在邻近河谷低地边缘的地区，分布着一些人口密集的居住遗址，这些遗址均建有

大量的防御设施。在某些情况下，一些修建有防御设施的遗址仅保留了非常少的居住遗迹，其中一些这样的遗址位于遥远的山顶上，这表明当时的人们很可能在这些遗址上只居住了很短的时间，或是偶尔居住，也可能这些遗址是用于战时的避难场所。图 5.39 显示了田野调查时在地表发现有夏家店下层时期具有防御设施遗址的位置，主要集中出现在调查区域的西部，尤其是西北部，毫无疑问，在其他地点应当也出现过类似的防御设施，只不过其暴露在地表的遗迹已经被近现代的地表改变所破坏。和其

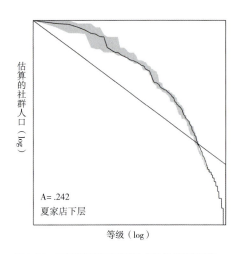

图 5.38　夏家店下层时期地方性社群的等级 – 规模图

他时期一样，夏家店下层时期的遗址主要分布在冲积地层上，但是，保留下来的具有防御设施的遗址则主要分布在具有火山岩、砂岩和泥岩的地质环境中，这些岩石为修建防

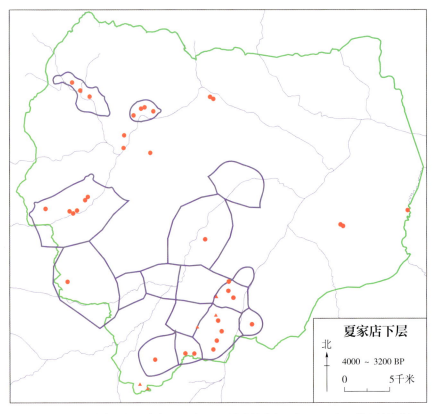

图 5.39　至今仍保存完好的夏家店下层时期防御性遗址分布示意图，三角形代表地处偏远、遗物密度很低的防御性遗址

御性设施提供了很好的原料。在调查区域的西部，在那些陡峭山坡上分布有岩石，正好给那些位于山顶、通过建造石墙以进行防御的遗址提供了条件。在调查区域的东部和东南部，山坡较缓，即使是在高地上，仍然会有很厚的土壤层，这里的防御设施则以壕沟和夯土墙为主。现代的土地改造对调查区域的东部产生了特别强烈的影响，从而导致这些防御设施没能很好地保存下来。

经过分析，我们划分出六个超地方性社群，或者称为"政体"，最小的社群约有1000人，最大的社群则高达7000人。此外，尚有四到五个独立的地方性社群由于人口数量达到了上述范围的下限，本身亦可被视为是由一个独立的城镇组成的小型政体。这种由若干个规模相当的小型社区组成的聚落模式，可以与红山时期的聚落布局进行比较。从空间分布看，夏家店下层时期的社区与红山时期的社区十分相似，不同之处在于前者拥有更多的人口。和红山时期的社区一样，夏家店下层时期的社区在内部结构上呈现出非常强烈的"中心化"趋势，这导致其等级–规模曲线图呈现出很高的首位度，对 11 个包含有六个以上地方性社群的夏家店下层时期社区进行了等级–规模分析，其平均 A 值为 −0.977（图5.40）。夏家店下层时期还有大约 25% 的人口居住在不属于任何上述集群的地方性社群中。

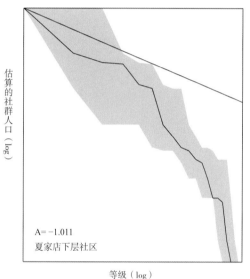

图 5.40　一处典型的夏家店下层时期社区中地方性社群的等级–规模图（在 90% 置信度下）

赤峰地区夏家店下层时期的地方性社群的规模与黄河中游仰韶时代晚期的聚落（其年代早于夏家店下层时期）十分接近，而黄河中下游龙山时代的地方性社群（年代同样早于夏家店下层时期）则较夏家店下层时期的城镇要大得多。与夏家店下层时期几乎处在同一时期的二里头遗址，根据估算，居住人口数以万计。从更广阔的全球性视角来看，一些经常被称之为"酋邦"的社会，有些规模实际很小。例如，坐落于墨西哥瓦哈卡（Oaxaca）谷地的 San Jose Mogote "酋邦"社会，其全部居住人口不足 1500 人。又例如哥伦比亚马格达雷那高地（Alto Magalena）地区古典时期的酋邦社会，其规模与夏家店下层时期一些较大的政体差不多。而美国东南部密西西比地区的 Cahokia 酋邦社会，则具有相当高的人口数量，甚至超过赤峰地区最大的夏家店下层时期的政体。

夏家店下层时期较高的人口水平最早应该是出现在湿润的气候条件背景下（参见第三章第二节）。在当时，由于降水量较多，最受欢迎的生计模式无疑当属高地的旱作农业。和今天相比，这种生产方式在当时具备更高的生产力，也更加可靠。另一方面，由于排水系统很差，并且有遭受洪水灾害的危险，当时在河谷低地从事农业生产应该受到相当大的限制。总而言之，按照当时的气候条件，要养活如此大规模的人口并不困难。然而，到了夏家店下层时期的后期，干旱性气候席卷了整个中国北方地区，在这个大背景下，赤峰调查区域可能经历了越来越频繁的干旱，并且旱灾的严重程度不断增加。对于无法进行灌溉的高地来说，农业生产所面临的风险和现在相当，若考虑到干旱的周期性，在某些时间段里，农业生产的风险性可能更加严重。河谷低地的农业生产所受到的影响应该与高地相似，因为干旱将改变河谷低地的湿润环境。然而，在夏家店下层时期的后期，尽管就整体而言，当时已经比较干燥，但由于气候变得非常不稳定，使得洪水灾害对河谷低地的农业生产造成不良影响的可能性仍然大大增加。在赤峰地区附近，木本植物的花粉比例减少，而杂草类的花粉比例增加，出现这一现象要么归因于越来越干旱的气候，要么归因于为追求耕地以满足不断增加的区域人口对粮食的需求从而愈演愈烈的森林砍伐行为。将两个方面结合起来，我们发现，在夏家店下层时期的后期，更高的人口水平和更加干旱的气候给赤峰地区居民的生存和生产带来更大的风险。在上述两方面因素的共同作用下，存在于夏家店下层时期那些超地方性社群之间的矛盾和冲突则日渐加剧。

对夏家店下层时期的聚落分布与环境因素之间的关系进行的系统分析（参见第四章第四节），再一次确认了我们最初的观察，即当时的人们特别偏爱邻近河谷的阶地边缘地带，尤其是那些面向南方和东南方的地点。在距离河谷低地 500 米远的地方，居住人口超过区域人口总数的 60%，高于之前以及之后的任何一个时期。此外，还有 10% 的人口居住在河谷低地，主要是位于阶地下方的地带，使高地 – 低地这一交错地带成为关注的焦点。若配套有灌溉设施的话，这些地点都非常适合进行精耕细作的农业生产。事实上，这一地区在今天已成为区域农业生产力最高的地方。超过 20% 的夏家店下层时期的人口居住在今天进行灌溉农业的地方，而在现代土地利用的分析中，这一地区仅占到区域调查面积的 3%。河谷边缘距高地的距离范围都在 2 ~ 3 千米，而对于世界上许多地方的人群而言，出于生计需要通常每天都要走 2 ~ 3 千米的距离。这就意味着，对大多数夏家店下层时期的聚落居住者而言，他们不仅可以充分利用区域内最好的可灌溉土地，同时也可以利用那些依靠降雨进行农业生产的高地，这些高地尽管生产率稍低，却不容易遭受洪水的侵袭。于是，大多数地方性社群表现出的对高地和河谷低地农业生产的依赖，这很可能是当时一个稳定的生业体系的核心。而高地上那些土壤层较薄、坡度较陡的地方，可以作为居住在河谷低地边缘的村庄日常放牧绵羊、山羊或者牛群的场地。

一直以来，那些邻近河谷低地的地点总是受到人们的青睐，到了夏家店下层时期，这种偏爱达到了一个新的高度。对于居住在这些地点上的人口而言，他们所处的地方是一个最佳位置，既能够利用到赤峰地区最上等的农业资源，也可以尽其所能地对土地进行最广泛的开发。根据对342号遗址和674号遗址进行试掘的结果，可以清楚地看到，对赤峰地区夏家店下层时期的社群来说，农业在经济中占据着非常重要的位置。我们对这两处遗址中夏家店下层时期的地层堆积进行了浮选，共计获得9821个植物标本，其中的73%为粟。而试掘中出土的动物遗存，则反映出在夏家店下层时期，家养的食草性动物同样重要。最终，从未扰乱的夏家店下层时期的地层中，我们获得了192块可作为肉食资源的动物骨骼，其中，78%的骨骼来自家养动物的牛、绵羊、山羊和猪。在这组主要的家养动物中，牛占到7%（n=10），绵羊和山羊共占到26%（n=39），相比之下，猪的比例高达67%（n=101）。家养动物的这种构成模式符合完全定居的村落生活，这些村落以种植农作物和饲养家畜这一混合式的经济方式为基础，对地区内的各种生计资源进行着最充分和最广泛的利用，以养活前所未有的庞大人口。在对赤峰调查区域内的大山前遗址进行的发掘中，获取了更多的来自夏家店下层时期的动物遗存，其构成模式或多或少与上述两个遗址相似。在2145块已确认的动物骨骼中，家养的肉食资源占到76%，仅有1%的骨骼属于野生动物种类。在最主要的家养动物中，牛的比例占到32%（n=512），绵羊和山羊占5%(n=80)，而猪则占到63%（n=1034）[1]。在大甸子遗址的墓葬中[2]，夏家店下层时期的墓葬仅以猪（占到全部动物骨骼的64%）和狗（占到全部动物骨骼的36%）作为殉牲，可以想象猪和狗在这里应当是作为一种祭祀的动物组合，而和它们以往作为生计资源的用途完全不同。

近期，考古工作者对赤峰调查区域内的一个夏家店下层时期带有防御设施的三座店遗址，以及辽宁省西部北票市附近的康家屯遗址进行了发掘，其最终结果与区域调查分析的结果非常吻合。从这些遗址的布局、防御性围墙的建造技术以及建设规模可以看出，当时的社会可以有组织性地调用劳动力和资源。从夏家店下层时期的墓葬数据中，可以看到出现了不同的社会阶层[3]，虽然其水平要低于"国家"层次的社会分层，但却符合

[1] 王立新：《辽西区夏至战国时期文化格局与经济形态的演进》，《考古学报》2004年3期，第256页。

[2] 中国社会科学院考古研究所：《大甸子——夏家店下层文化遗址与墓地发掘报告》，文物出版社，1996年，第362～409页。

[3] Rowan K.Flad, Ritual or Structure? Analysis of Burial Elaboration at Dadianzi, Inner Mongolia. *Journal of East Asian Archaeology*, 2001,3:23－52; Gideon Shelach, Apples and Oranges? A Cross～Cultural Comparison of Burial Data from Northeast China. *Journal of East Asian Archaeology*, 2001,3:53～90.

上述有组织的人员和资源的调动。考虑到赤峰调查区域内任何一个夏家店下层时期的地方性社群，至多也不过是一个独立的超地方性社群，都可以很容易的提供充足的劳动力来完成遗址建设，因此当时在这里并没有出现大规模的区域集权政治❶。

夏家店上层时期（公元前 1200～前 600 年）

　　根据估算，调查区域内夏家店上层时期的人口总数在 60000～120000 人，超出夏家店下层时期的人口总数约 50%。这个数字代表着赤峰地区所有时期中最高的人口数量，当时的人口密度大约为 50～100 人/平方千米。面向东南的阶地边缘以及高地地区仍然十分受欢迎（图 5.41）。在整个调查区域的东部，夏家店上层时期的遗存分布极为稀少，而分布在调查区域的西部和北部的居住遗迹则非常密集。如果这样的分布模式在之前的时期也曾出现过，我们就需要考虑，在调查区域东部比较平坦和地势较低的地方，许多早期的居住遗迹可能会被后来的堆积物所掩盖。然而，事实上，在调查区域东部地势较低的地方，我们反而发现了更多的早期居住遗迹，这完全不符合"地貌的变化逐渐破坏了早期遗存"的说法（参见第三章第三节）。

　　地方性社群依然是反映人群互动最主要的结构（图 5.42 和图 5.43）。在调查区域的西部，居住遗迹更加密集，在那里发现了几个由临近的居住遗址聚集在一起而形成的大面积的居住区域，每一片区域在地表绵延 2～3 千米。按照地方性社群之间日常"面对面"式的交流标准，2～3 千米是很大的一个范围。即便如此，在这些大规模的地方性社群内部，居住人口的密度有时候非常高，甚至于在每一个被确定为地方性社群的内部，都形成了数个居住密度颇高的"居住核心"（图 5.43）。这些地方性社群的人口规模达到了前所未有的高度，最大的地方性社群拥有 6000 至 12000 人。此外，至少还有三个地方性社群在人口数量上超过了夏家店下层时期最大的地方性社群（图 5.44）。将近 30 个地方性社群的人口规模达到了 1000 人以上。在我们的分析中，有 255 个地方性社群属于那种由一个或两个家庭组成的农庄，但是，居住在这种地方的人口大约仅占全部人口的 0.5%（图 5.45）。80% 的区域人口居住在人口规模超过 500～1000 人的聚落中，而在夏家店下层时期，只有 60% 的人口居住在相似规模的聚落中。因此，在夏家店下层时期已经出现的城镇布局，到了夏家店上层时期进一步强化。夏家店上层时期的城镇数量更多，人口水平更高，居住人口在区域人口总数中所占的比例也更加提升。

---

❶ Gideon Shelach, Kate Raphael and Yitzhak Jaffe, Sanzuodian: The Structure, Function, and Social Significance of the Earliest Stone Fortified Sites in China. *Antiquity* 2011, 85:11～26.

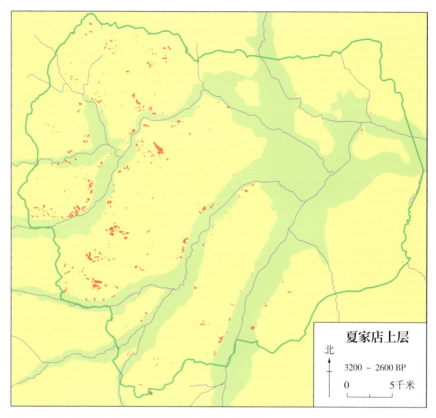

图 5.41　调查中发现夏家店上层时期陶片的采集点的分布

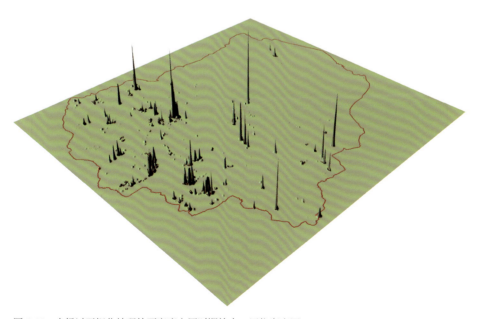

图 5.42　未经过平坦化处理的夏家店上层时期的人口居住密度图

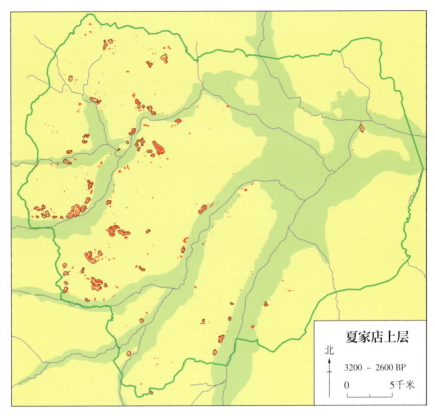

图 5.43　从未经过平坦化处理的人口居住密度图（参见图 5.42）中按照一定的密度阈值划分
　　　　出的夏家店上层时期的地方性社群

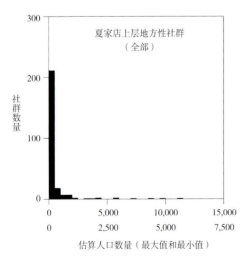

图 5.44　根据夏家店上层时期不同人口规模的
　　　　社群数量绘制的柱状图

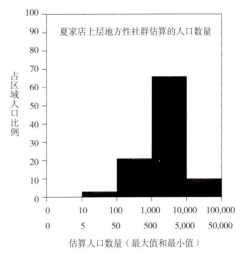

图 5.45　根据夏家店上层时期生活在不同人口规模社
　　　　群中的人口所占区域人口比例绘制的柱状图

与红山时期和夏家店下层时期的情况相似，在夏家店上层时期的聚落分布中，涌现出数个超地方性的社群（图 5.46 和 5.47）。在调查区域西边的高地上，相邻分布着四个几乎同等大小、具有同样人口规模的超地方性社群，或可称之为"社区"。在聚落分布中，代表最高人口水平的高峰对应着第五个社区，其居住人口在 10000 至 20000 人。如果孤立地看待夏家店上层时期的等级－规模曲线，则反映出整个调查区域属于一个独立的、一体化的政治或者经济体系（A=－0.638，图 5.48）。然而，这种解释存在一个问题，那就是第五个社区分布在调查区的东北部，在空间上远离由其他四个社区形成的政治组织中心，其周围的缓冲带也将其与其他社群和社区分隔开来，这并不符合区域一体化的特征。那么，如下的解释似乎更为合理，即第五个社区只不过是夏家店上层时期一系列主要的超地方性社群或社区中的一个，而并非将所有社群或社区整合起来的"首都"或者"区域性中心"。此外，还有八个人口规模稍小的超地方性社群零散分布在调查区域内的西部，其中最小的居住人口大约为 2000 到 3000 人。在人口居住密度图中，仍然可以看到有一些更小的峰可以被定义为超地方性社群，但它们所代表的人口水平都很低。若对各个社区进行等级－规模分析，则可以看出，这些社区的内部组织仍然反映出强烈的集中化倾向。六个夏家店上层时期均包含有六个以上地方性社群的社区，其等级规模曲线的平均 A 值为 －1.377（图 5.49）。夏家店上层时期的社区居住的人口数量差异很大，有些小型的政体在人口数量上已经超过了夏家店下层时期最大规模的社区。平均来说，夏家店上层时期比夏家店下层时期的政治集权程度更高。

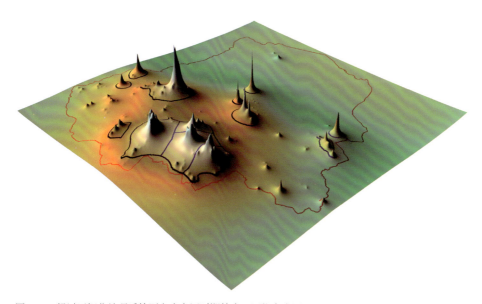

图 5.46　经过平坦化处理后的夏家店上层时期的人口居住密度图

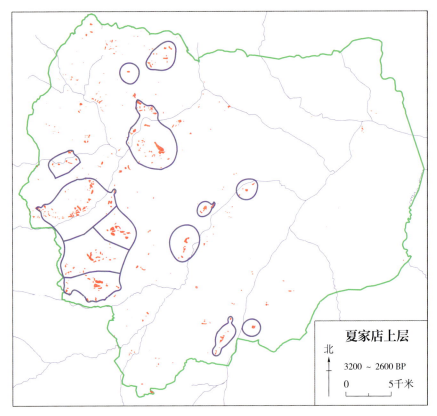

图 5.47　从经过平坦化处理的人口居住密度图（参见图 5.46）中按照一定的密度阈值划分出
　　　　 的夏家店上层时期的超地方性社群

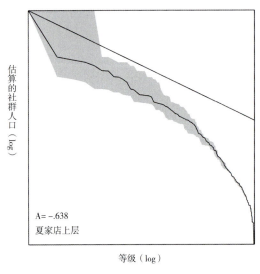

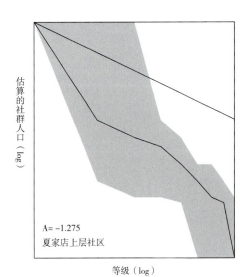

图 5.48　夏家店上层时期地方性社群的等级－规模图
　　　　（在 90% 置信度下）

图 5.49　一处典型的夏家店上层时期社区中地方
　　　　 性社群的等级－规模图（在 90% 置信
　　　　 度下）

　　总之，在红山时期出现的数量众多、相对小型的超地方性社群分布模式，在夏家店下层时期得到了强化，到了夏家店上层时期，这种聚落分布模式得到了进一步的加强，政体的数量有轻微的减少，而最大社区的人口规模则有所增加。这些政体仍然以居住人口密集的城镇为中心，这些城镇留下了大量的建筑遗存，而此时的防御性设施已不再如夏家店下层时期那般引人注目。

　　在夏家店上层时期，居住在赤峰地区的居民经历了持续性的气候变化。与夏家店下层时期相比，此时的气候更加干燥（参见第三章第二节），在这种干旱气候最为严重的时候，降水量可能下降到今天的平均水平。因此，与在河谷低地从事农业生产相比，在高地进行旱作农业生产可能遭受更大的风险，不过，两者的生产效率应该都很高，这一点和今天的情形一样。

　　对夏家店上层时期的聚落分布与环境因素之间的关系进行的系统分析（参见第四章第四节），又一次确认了我们最初的观察，即当时的人们特别偏爱河谷的边缘地带，不过，此时定居在河谷低地以及周边500米以内的人口比例已经下降到50%以下，这个数字与红山时期定居在此地的人口比例相当，但低于夏家店下层时期的人口比例。居住在高地（距离河谷低地2～3千米）上的人口比例重新上涨，是相关土地面积占所有土地面积的比例、即期望值的二倍。大量人口居住在距离河谷低地2～3千米的范围，其中包括分布在调查区域西部的几个大型城镇的居住人口。如果排除这几个城镇重新进行分析，可以看到，在距离河谷边缘2～3千米的范围中居住的人口比例则与期望值比较接近，与红山时期在此居住的人口比例相当，但仍然高于夏家店下层时期。在排除了上述几个城镇的分析中，我们发现，居住在平坦的河谷低地或其周边500米范围内的人口比例与夏家店下层时期同一地区的人口比例非常相似。从与现代土地利用的关系来看，如果不考虑遗迹分布稀疏的小河沿时期，那么在草地这个类别中居住的人口数量第一次超过了期望值，而其中很大一部分是由于在调查区域西部的几个大城镇中居住了大量的人口，因此很可能食草性动物在生计经济中的重要性有所增加，与夏家店上层时期较为干燥的气候条件似乎十分吻合。水资源不足一直以来都是赤峰地区农业生产的一个主要障碍，因此可以推测，当降水量欠缺的时候，农业生产产出的数量和质量会出现下降，赤峰地区的居民因而更多地转向畜牧业，这种情况与有关蒙古的历史文献和民族志中记载的游牧经济的适应性很相似。

　　然而，对于上述解释仍然存在一些问题。第一，赤峰地区夏家店上层时期的社群规模比之前任何时期都大，居住更加密集，其产生的大量的建筑和生活垃圾形成了文化层堆积。毫无疑问，这一时期已经属于完全定居式的生活。第二，虽然夏家店上层时期的气候条件比夏家店下层时期更加干燥，但与现在的气候相比，仍然要湿润一些。今天，那些高地上的旱作农业非常发达，在生业经济中，放牧业所占的比例稍小于农业种植。第三，如果干燥气候影响到农业系统，并因而使得人口转向放牧业，在这种情况下，就不会发生在有着较宽阔的溪流，水源十分充足的赤峰区域东部存在着那么多未开发的土地，而大量的人口都拥挤到调查区域西部几个相对集中分布的城镇。聚落分布的这种转变很难带来以牛、绵羊或者山羊等为主的放牧业生产率的增加。第四，在342号遗址和674号遗址进行试掘出土的动物遗存中，不同种属动物的比例仅发生了些许的改变，这种转变的方向显示，畜牧动物的重要性不仅没有增加，反而是减少。在这两个遗址，我们没有发现未被扰动的夏家店上层时期的地层堆积，因此无法与夏家店下层时期的数据进行对比，但是，我们却发现了夏家店下层时期与夏家店上层时期混合堆积的地层，这至少能够部分地体现从夏家店下层时期到夏家店上层时期生业经济的转变性质。就这组材料而言，在未扰动的夏家店下层时期的堆积里，绵羊和山羊的骨骼占据了主要家养肉食资源的26%。然而，到了夏家店下层和夏家店上层时期的混合堆积中，这一比例下降到19%（n=22），而在混合堆积的地层中，牛和猪的骨骼所占的比例则分别上升到11%和70%（n=12和n=79），可以看到，畜牧动物骨骼的总数还是有所下降。在大山前遗址中，人们从未经扰动的夏家店上层时期的堆积地层中发现了动物遗存，其中的动物组合可能更直接地反映了赤峰地区夏家店上层时期的食物来源❶。在大山前遗址出土的驯化动物遗存中，牛占到14%（n=19），绵羊或山羊占到15%（n=21），猪则占到71%（n=97）。另外，我们通过浮选法，从342号遗址和674号遗址的夏家店下层和夏家店上层时期的混合堆积地层中获取了825个鉴定出种属的植物样本，其中，粟的比例为60%。虽然在这些混合堆积地层中，粟仍然是植物遗存中最主要的构成部分，但是，亦可从中看出，夏家店上层时期的粟有明显的减少。而其中野生植物比例的增加可能反映出人们当时对田间野草以及其他采集到的野生资源进行了更加充分的利用，当然，这些野生植物也可能是以家养动物粪便的形式沉积在地层中的。

总而言之，在赤峰地区，夏家店下层时期的聚落分布暗示着当时存在着一种混合经济，而到了夏家店上层时期，这种经济形式仍然持续发展。考虑到夏家店上层时期的人口规模更大，尤其是此时的人口不再广泛地分布在区域的各个地方，而是集中于调查区域的西半部，这可能意味着混合经济在当时已经得到了很大程度的强化。如果当时在调查区域西部加强了对各类资源的大量利用，其部分动力来自于人口压力的话，这个压力

---

❶ 王立新：《辽西区夏至战国时期文化格局与经济形态的演进》，《考古学报》2004年3期，第257页。

似乎不能被描述为"由于区域人口的整体增长最终接近了生产潜能的极限"。将大多数人口密集的城镇设置在距离河谷低地边缘 2～3 千米的范围，这种做法更多地可能是出于以下考虑，即不让居住区域占据最具农业生产力的土地资源，同时又便于管理和利用这些土地资源。至于为什么人口会集中在调查区域的西部，这个问题十分难以理解，有可能与一个比赤峰调查区域更大规模的政治或者经济模式有关。

有学者提出，夏家店上层时期人们"过着高度游牧化的生活"。显然，在赤峰地区进行的区域性调查结果并不支持这个观点。不过，赤峰调查的结果与下述观点并不矛盾，即绵羊和山羊在夏家店上层时期的生业经济中起着更加重要的作用，例如在赤峰调查区域以西的克什克腾旗关东车遗址 [1]，以及那些在夏家店上层时期陶片分布范围最西端的、位于内蒙古中部或者甘肃省境内的遗址中的发现 [2]。夏家店上层时期遗存的分布范围非常广阔，没有什么特别的理由让我们相信，所有夏家店上层时期的社群都采用了相同的生业模式。很可能存在这样一种情况，即在公元前第二个千年的后期到第一个千年的早期这段时间里，一些北方地区人群的居住模式更加游牧化，生计方式更多地依靠于绵羊和山羊。然而，这种情况并没有出现在赤峰地区，所有证据都表明，赤峰地区当时的生业经济以农业和定居式的动物饲养这一混合经济为基础。

与夏家店上层时期相关的一个最广为人知的考古学现象就是青铜业的大规模发展。在夏家店上层时期的墓葬中，发现了大量的青铜刀、匕首、装饰品以及其他器物，均装饰有写实性的动物纹饰 [3]。虽然在夏家店上层时期遗存的分布范围内发现了铸造模具以及开采铜矿的证据 [4]，但是，这些铸造模具的风格，尤其是其普遍使用的动物纹饰，将它们与整个北方地区以及更远的内蒙古北部、西伯利亚南部和中亚地区的动物风格艺术联系起来。[5] 许多器物的使用方式都具有强烈的视觉效果，如缀附在衣服上或者挂在项

[1] 朱永刚：《夏家店上层文化向南的分布态势与地域文化变迁》，吉林大学边疆考古研究中心：《庆祝张忠培先生七十岁论文集》，科学出版社，2004 年，第 422～436 页。

[2] Gideon Shelach, *Prehistoric Societies on the Northern Frontiers of China: Archaeological Perspectives on Identity Formation and Economic Change during the First Millennium BCE*. London: Equinox, 2009, 52～54.

[3] Katheryn M.Linduff, Archaeological Overview. In *Ancient Bronzes of the Eastern Eurasian Steppes: The Arthur M. Sackler Collection*. Emma C. Bunker, Trudy S. Kawami, Katheryn M. Linduff and En Wu, eds., pp. 18-98. New York: Abrams, Sackler/Freer Gallery, Smithsonian Institution, 1997, 67～73.

[4] 李延祥、朱延平：《塔布敖包冶铜遗址初步考察》，《有色金属》2003 年，55：第 149～152；王刚：《林西县大井古铜矿遗址》，《内蒙古文物考古》1994 年 1 期，第 45～50；朱永刚：《夏家店上层文化的初步研究》，苏秉琦：《考古学文化论集》，文物出版社，1987 年，第 99～128 页。

[5] Katheryn M.Linduff, Archaeological Overview. In *Ancient Bronzes of the Eastern Eurasian Steppes: The Arthur M. Sackler Collection*. Emma C. Bunker, Trudy S. Kawami, Katheryn M. Linduff and En Wu, eds., pp. 18-98. New York: Abrams, Sackler/Freer Gallery, Smithsonian Institution, 1997, 67～73；Gideon Shelach, *Prehistoric Societies on the Northern Frontiers of China: Archaeological Perspectives on Identity Formation and Economic Change during the First Millennium BCE*. London: Equinox, 2009, 126～133.

链和腰带上，说明它们的功能是在日常交流与丧葬仪式中标识拥有者的身份[1]。这种艺术风格也经常被理解为反映了动物在游牧生活中的重要性。从赤峰地区调查所显示的结果来看，没有理由怀疑上述这一解释。但是同时，它也强调了另外一种观察的视角，即对身份的标识是一种与生业追求全然不同的活动。对赤峰调查区域内夏家店上层时期的居住者们而言，虽然他们似乎都参与了这种与动物风格艺术相关的文化认同行为，在其生业经济中也包括了畜牧业，但是他们的聚落模式并非"可移动式"，他们的生业模式也不能称之为"游牧化"经济。

战国至汉时期（公元前 600 ~ 前 200 年）

与夏家店上层时期相比，赤峰调查区域发现的战国至汉时期的遗存数量有所减少。根据估算，整个调查区域的人口总数大约为 15000 ~ 30000 人，仅达到夏家店上层时期人口规模的四分之一，同时也低于夏家店下层时期的人口水平。区域人口密度下降到大约 10 ~ 20 人 / 平方千米。这一时期的遗迹遍及整个区域的各个地方，虽然调查区域西部的居住遗迹仍然比东部更加密集。但是东、西部在遗迹分布上的不平衡并不像夏家店上层时期那么严重（图 5.50）。

地方性社群依然是反映人群交流最主要的结构（图 5.51 和 5.52），从未经平坦化处理的人口居住密度图中，我们很容易确定出一个等高线值，可以将彼此临近的单元划分在一起，最终划分出 361 个地方性社群，远远超出夏家店上层时期的地方性社群数量。考虑到战国至汉时期的区域人口总数急剧减少，如此多的地方性社群显然意味着每一个社群的规模都非常小。最大的地方性社群拥有大约 1500 ~ 3000 个居住者，而居住人口超过 500 ~ 1000 人的地方性社群数量很可能少于 10 个（图 5.53）。接近 50% 的地方性社群由一个或两个家庭组成，而区域人口总数的 20% 则居住在人口规模小于 100 人的地方性社群中（图 5.54）。很明显，夏家店下层时期和夏家店上层时期以城镇为中心的居住模式有所减弱，那种小村落、小村庄以及由一个或两个家庭组成的农庄再次成为聚落模式的主流。最大规模的聚落拥有 1500 ~ 3000 个居住者，这更像一个大村落而不是一个小城镇。与之前的时期相比，这些家庭的分布更加分散，大多数人并不是居住在"地方性社群"中，而是居住在小村庄中。在那里，他们从事着各种农业生产活动以获取食物。

从战国至汉时期的遗址中，我们仍然可以划分出数个超地方性社群，或称为"社

---

[1] Gideon Shelach, *Prehistoric Societies on the Northern Frontiers of China: Archaeological Perspectives on Identity Formation and Economic Change during the First Millennium BCE.* London: Equinox, 2009, 81 ~ 86.

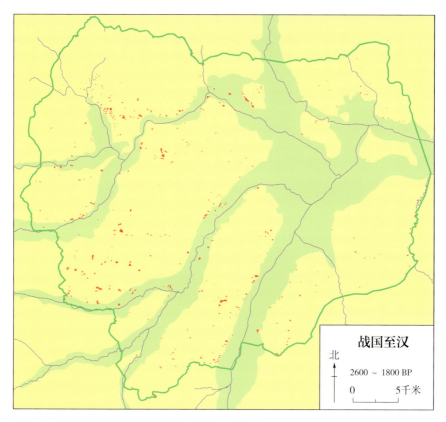

图 5.50　调查中发现战国至汉时期陶片的采集点的分布

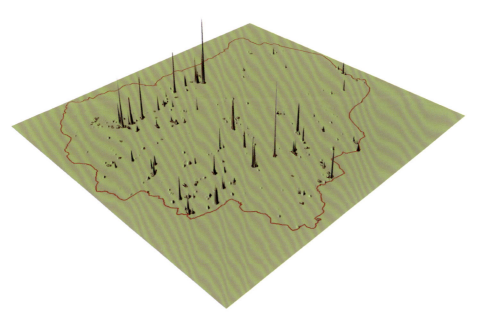

图 5.51　未经过平坦化处理的战国至汉时期的人口居住密度图

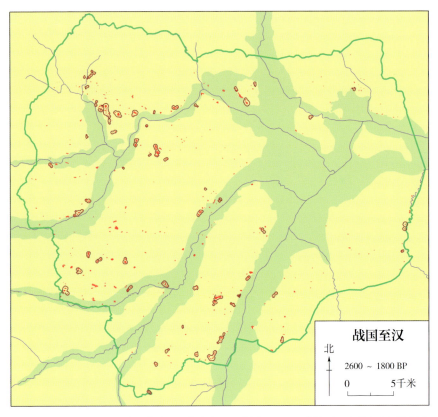

图 5.52 从未经过平坦化处理的人口居住密度图（参见图 5.51）中按照一定的密度阈值划分
出的战国至汉时期的地方性社群

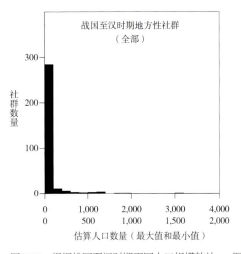

图 5.53 根据战国至汉时期不同人口规模的社
群数量绘制的柱状图

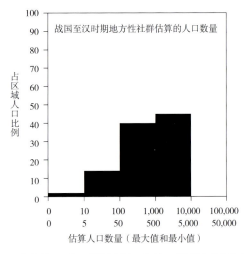

图 5.54 根据战国至汉时期生活在不同人口规模社群中的人
口所占区域人口比例绘制的柱状图

区"（图 5.55 和图 5.56）。其中的两个社区拥有 3000 ～ 6000 个居住者，但除此之外，大多数社群的规模非常小，有一些社群仅有不到 1000 个居住者。整个调查区域的等级 - 规模曲线显示出非常强烈和显著的"凸线型"（A=0.137，图 5.57），表明整个区域内不存在一个独立的和高度集中化的政治或者经济单位，这个结果与调查区域内那些超地方性社群极为分散的分布模式相符。在战国至汉时期，不同的超地方性社群都被它们之间的缓冲带非常清晰地划分开来，这种现象在之前的任何时期中都没有出现过，即使在夏家店下层时期出现的大量防御设施表明当时的超地方性社群之间存在强烈的敌对，也没有出现过这种情况。不过，这些社区的内部组织仍然显示出强烈的中心化趋势，四个均由六个以上独立的地方性社群组成的社区，其等级规模曲线的平均 A 值为 -0.962（图 5.58）。众所周知在战国至汉时期，赤峰调查区域处在一个更大的政治背景之中，此时出现了跨越整个中国北方的更大规模的政体，并且这些政体之间进行着激烈的竞争。与之前较早的时期相比，战国至汉时期赤峰调查区域内的超地方性社群，或称为社区的基本组织原则并未发生大的变化，然而，其政体的规模无论在人口规模还是在空间分布上都变得更小。

大体上讲，战国至汉时期赤峰调查区域的气候条件与夏家店上层时期基本相似（参见第三章第二节）。气温和降水量仍然上下浮动，偶尔出现比之前略显干燥的气候。由于调查区域的人口水平大幅度降低，任何对资源的压力也随之减少。

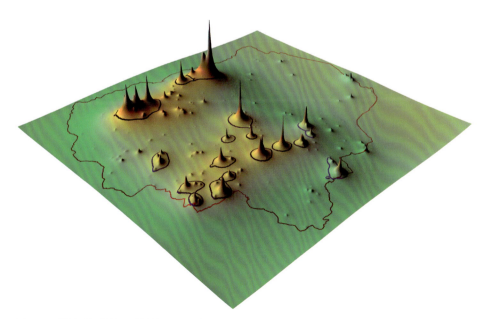

图 5.55　经过平坦化处理后的战国至汉时期的人口居住密度图

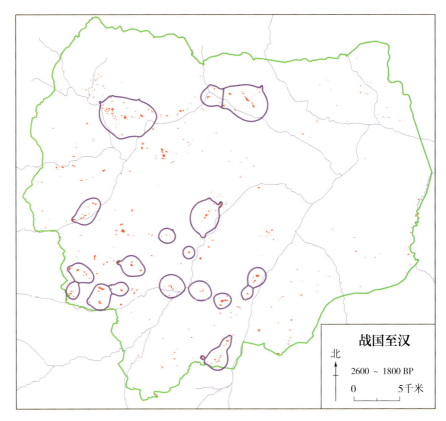

图 5.56 从经过平坦化处理的人口居住密度图（参见图 5.55）中按照一定的密度阈值划分出的战国至汉时期的超地方性社群

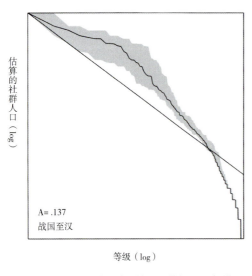

图 5.57 战国至汉时期地方性社群的等级 – 规模图（在 90% 置信度下）

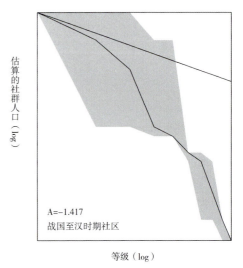

图 5.58 一处典型的战国至汉时期社区中地方性社群的等级 – 规模图（在 90% 置信度下）

对战国至汉时期的聚落分布与环境因素之间的关系进行的系统分析，我们发现，几乎不见夏家店上层时期出现的那些很特殊的聚落分布模式，而与夏家店下层时期的状况比较相似。距离河谷低地边缘 500 米的范围里居住了占区域人口总数大约 60% 的人口。另外，占区域人口总数大约 10% 的人群定居在河谷低地。那些面朝南和东南方向的坡地特别受人们的欢迎。大多数居住遗址的分布地点在今天被用于农业生产，而那些在现代土地利用图上被划分为草地的区域，其在战国至汉时期的实际居住人口所占比例则略低于期望值。

在战国至汉时期，赤峰地区超地方性社群的规模比较小，这很可能与当时这一区域曾先后作为燕国和秦汉政权的边疆地区有关。在赤峰调查区域以西分布有战国和秦汉时期的长城遗迹[1]，这可能表示当时位于其南部的政权将这个地区视为其边界地带。调查区域内人口减少可能反映出一个现象，即赤峰地区的人口逐渐向长城以南更加蓬勃发展的社会转移。一座战国至汉时期的大型城市，即现在的黑城，就坐落在长城以南临近赤峰调查区域的宁城县。战国时期，这个聚落还只不过是燕国政权一处相对较小的军事城堡，到了秦或者西汉时期，遂发展成为一座大型的城市。汉代是其发展的顶峰时期，黑城的夯土城墙面积达到了 1800 米 ×800 米[2]，比赤峰调查区域内任何一处聚落的规模都大，聚落布局也更加复杂。虽然在确定黑城性质的时候，没有找到直接的证据表明这是一处历史上确实出现过的汉代城市，但是，其引人注目的城墙、城内复杂的建筑，以及出土的器物组合均说明它属于汉王朝的辖区，并且是包括赤峰调查区域在内的地方政府的所在地[3]。根据调查区域内居住遗址的整体分布以及地方性社群和超地方性社群的规模和组织，我们认为这一地区的农业人口过着自给自足的生活，也可能为更大的政治和行政中心，如黑城，提供一些食物作为贡赋。

辽时期（公元 200 ~ 1300 年）

根据估算，这一时期整个调查区域的人口总数大约为 30000 ~ 60000 人，是战国至汉时期人口总数的两倍，区域人口的密度达到 25 ~ 50 人 / 平方千米。虽然已知的辽代文献中没有提到赤峰地区确切的人口数字，但是根据文献进行估算后可知，包括赤峰调

---

[1] 国家文物局：《中国文物地图集：内蒙古自治区分册 . 卷一》，西安地图出版社，2003 年，第 59 页。

[2] 中国历史博物馆遥感与航空摄影考古中心、内蒙古自治区文物考古研究所：《内蒙古东南部航空摄影考古报告》，科学出版社，2002 年，第 78 ~ 81 页。

[3] 冯永谦、姜念思：《宁城县黑城古城址调查》，《考古》1982 年 2 期，第 155 ~ 164 页。

查区域在内的整个辽代中京道地区的人口数量大约为1210000人❶。中京道包括今天辽宁省西部和河北省东北部的大部分地区,以及西拉木伦河以南、赤峰市周边的一大片地域。赤峰调查区域的人口大约占到中京道估算人口数量的2%～4%,这个数值应当是相当可信的。王孝俊对整个中京道地区的人口密度进行了估算,结果为11.4人/平方千米,低于我们估算的人口密度。但是考虑到中京道地区可能存在地域差异,以及其中一部分土地的生产力要低于赤峰调查区域,这似乎并不是一个很大的差异。

与之前的时期相比,辽时期的人口水平要低于夏家店下层时期的人口水平,差不多是夏家店上层时期人口数量的一半。居住遗址广泛地分布在调查区域中,可以看出,人们对调查区域西部并没有像之前的时期那样表现出非常强烈的偏爱。需要特别指出的是,在此前的时期中,调查区域的南部,尤其是东南部很少发现居住遗址,但是到了辽时期,发现的居住遗址数量开始增加。这些居住遗址广泛地分散在高地地带,而不似此前的那些时期较为集中地分布在河谷低地的边缘地带。如果分布在靠近河谷地带的居住遗址受到后来堆积物的影响,那么年代越早,其分布在靠近河谷地带的遗址就越不容易被发现,而年代越晚,如辽时期的遗址则会被大量发现。但赤峰调查的结果恰恰相反,在靠近河谷边缘的地带发现大量居住遗址的年代要远远早于辽时期。

地方性社群依然是反映人群交流的主要结构(图5.60和5.61)。此时,大多数地方性社群由一个或者数个连续的采集点组成,通常拥有很小的人口规模。在调查区域的某些地方,地方性社群的分布相当密集。在调查区域的少数几个地方,发现了一些令人困惑的采集点的组合,它们在地表跨越了约1千米的长度,很可能是高密度农庄的结果,而并非真正较大型的地方性社群。但是如果在未经平坦化处理的人口居住密度图上,选择一个较高的等高线值,就会错失掉许多在其他区域里看起来仍然合理的采集点组合。在分析中,我们共分出673个地方性社群,这个数字以绝对优势成为所有时期中地方性社群数目之最。接近50%的地方性社群是由仅包含一个或两个家庭的小农庄组成(图5.62),其余的则规模也都非常小,这一时期的聚落模式仍然延续了战国至汉时期重现的聚落模式,即大多数人群居住在非常小的社群或者私人小农庄中。然而,与战国至汉时期相比,最大的区别是在调查区域中辽时期最大的单个古代聚落,是文献记载中的松山州。根据在松山州遗址发现的古代遗存,我们估计,当时这个聚落拥有15000～30000个居住者。调查区域中将近一半的人口都居住在这个城镇里(图5.63)。因此,在辽时期,人们十分密集地居住在城镇中。就地方性社群的生活而言,城镇居住

---

❶ 王孝俊:《辽代人口研究》,郑州大学博士论文,2007年,第112页。

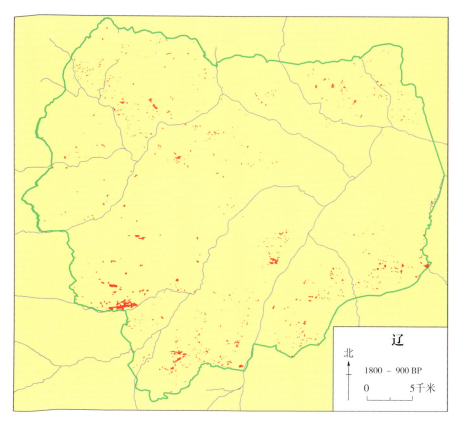

图 5.59　调查中发现辽时期陶片的采集点的分布

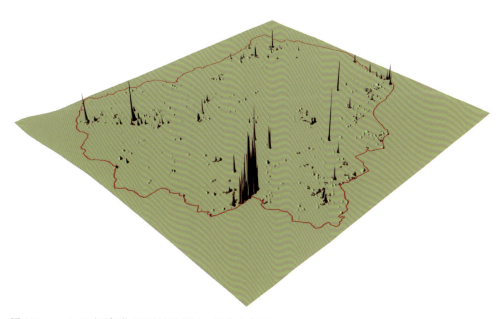

图 5.60　未经过平坦化处理的辽时期人口居住密度图

2018 年，我开始着手 *Settlement Patterns in the Chifeng Region* 中文版本的工作，对由李涛和王文婧翻译的正文部分的中译本进行了通校，对报告中的插图、部分表格、注释等其他部分进行了翻译，并请时在以色列希伯来大学学习的中国留学生涂栋栋翻译与石器相关的部分表格。在对中译本进行通校和翻译其他部分的过程中，我与周南教授多次就书中的许多问题进行了沟通和讨论，以期得到最为准确和合适的中文表达，同时对英文版报告中的个别错误进行了修正，最终形成了现在的中文版。与中国考古学报告的署名方式不同，本报告的作者均依其撰写部分在各章节分别进行署名，而第五章作为赤峰国际联合考古研究项目组全体成员共同完成的、也是最终的研究成果，没有单独署名。

赤峰国际联合考古研究项目最初设想的提出者——张忠培先生已于 2017 年 7 月 5 日离开了我们。在项目进行期间，先生曾几次亲临赤峰工地进行指导，中方项目组成员也多次到北京小石桥胡同先生的寓所，和先生一起就项目的多方面工作进行讨论，这些场景至今都还历历在目。由于各种原因，先生未能在生前看到这本由他担任总设计师、凝聚着他心血的报告出版，这使得我常常在心底感到一种无法弥补的缺憾。同时，让我心心念念放不下的还有那些在烈日下、在风雨中，跑遍了赤峰调查区域每一寸土地的调查队员们，他们中有的已退休，有的卧病在床，有的已经故去，每每想起这些，就感到有一种责任担在肩上，总觉得要给大家一个交代。在项目完成后的十二年，在先生离开后的三年，这本报告的中文版终于得以出版，这不仅是普通意义上的对田野工作所获材料的报告与研究，更是我们对先生的纪念，同时也是向曾经参与赤峰项目工作的所有人员的致敬。

最后，感谢吉林大学边疆考古研究中心资助了本报告的出版。感谢在本报告的出版中付出努力、提供帮助的各位同仁。

滕铭予

吉林大学考古学院

2020 年 12 月 10 日

致　谢

赤峰国际联合考古研究项目的田野调查工作得到了美国国家科学基金会（The National Science Foundation）、蒋经国基金会（Chiang Ching-Kuo Foundation）的资助，匹兹堡大学国际研究中心（Center for International Studies，University of Pittsburgh）及核心研究与发展基金（Central Research and Development Fund of University of Pittsburgh），以及内蒙古文物考古研究所、吉林大学和希伯来大学（The Hebrew University）提供了旅费和设备方面的资助。该报告英文版在2011年由美国匹兹堡大学比较考古学中心（Center for Comparative Archaeology, University of Pittsburgh）出版，其出版以及在线数据库的建设得到了亨利·卢斯基金会（The Henry Luce Foundation）的部分支持，中文版的出版经费由吉林大学边疆考古研究中心资助。

许多没有出现在本报告各章节作者名单的研究人员和学生参与了赤峰国际联合考古研究项目的田野调查工作，他们为该项目研究数据的获取做出了重要贡献。

参加赤峰国际联合考古研究项目的中方人员

◎北京故宫博物院

张忠培

◎内蒙古文物考古研究所

塔　拉　郭治中　王仁旺　冯吉祥　杨新宇　张文平　张亚强

◎中国社会科学院考古研究所

朱延平

◎呼和浩特市文物事业管理处

刘晓军

◎吉林大学

滕铭予　杨建华　王立新　王培新　汤卓炜

◎吉林大学（学生）

卑琳	陈博	陈超	豆海锋	邰向平	顾继慧	韩金秋	何林珊
洪梅	侯静波	井中伟	李冬楠	李洪志	梁松石	刘波	马冀
沈莎莎	盛之翰	宋丽	宋蓉	宋小军	王乐文	王涛	王宇
严志斌	阴会莲	张闯辉	张春旭	张玉霞	赵欣	郑丽慧	周海峰

参加赤峰国际联合考古研究项目的外方人员

◎美国匹兹堡大学（University of Pittsburgh）

林嘉琳（Katheryn M. Linduff）　　周　南（Robert D. Drennan）

◎以色列希伯莱大学（The Hebrew University）

吉　迪（Gideon Shelach–Lavi）

◎以色列地质调查局（Geological Survey of Israel）

Yoav Avni　　Yoav Nachmias

◎美国伊利诺伊大学香槟分校（University of Illinois, Champaign–Urbana）

邱兹惠（Chiou–Peng Tze–huey）

◎加拿大莱斯布里奇大学（University of Lethbridge）

Andrea M. Cuéllar

◎美国夏威夷大学（University of Hawai'i）

柯睿思（Christian E. Peterson）

◎加拿大多伦多大学（University of Toronto）

乔晓勤

◎美国匹兹堡大学（University of Pittsburgh）（学生）

Christopher Brennan　　Elaine Greisheimer　　尹贵格（Gregory G. Indrisano）

江　瑜　　Kim Bumcheol　　来　磊　　Charlene Suwan　　吴霄龙

◎以色列希伯来大学（The Hebrew University）

Yoni Goldshmit　　哈　克（Yitzchak Jaffe）　　Silvia Krapiwko　　Kate Raphael

◎美国加州大学洛杉矶分校（University of California, Los Angeles）

关玉琳（Gwen Bennett）

◎美国芝加哥大学（University of Chicago）

林　鹄